Objectif WEB

2ième édition

WordPress

Conception et personnalisation des thèmes

ISBN : 978-2-7460-9447-5
Imprimé en France

Editions ENI
ZAC du Moulin Neuf
Rue Benjamin Franklin
44800 St HERBLAIN
Tél. 02.51.80.15.15
Fax 02.51.80.15.16

e-mail : editions@ediENI.com
http://www.editions-eni.com

Auteur : Christophe AUBRY
Collection **Objectif Web** dirigée par Corinne HERVO

WordPress est actuellement le CMS le plus utilisé. Ses atouts ne sont plus à démontrer : installation rapide, interface de gestion simple à utiliser, il s'adapte à tous les types de contenu (blog, site institutionnel, e-commerce, portfolio...).

Vous le savez, les thèmes de WordPress permettent de déterminer l'affichage de vos sites web. C'est le thème qui définit le design, l'ergonomie et l'apparence de tous les contenus que vous créez : les articles, les pages, les images...

Ce livre s'adresse à toute personne connaissant déjà WordPress et souhaitant débuter dans la création de nouveaux thèmes ou la personnalisation de thèmes existants.

Nous commencerons par revoir la gestion des thèmes dans l'administration de WordPress.

Ensuite, nous aborderons les bases du langage PHP, pré-requis nécessaire puisque les thèmes sont créés avec les trois langages « fondamentaux » du Web : HTML, CSS et PHP. L'objectif n'est pas d'apprendre le PHP, mais d'avoir juste un « vernis » pour comprendre les instructions PHP utilisées dans les thèmes. Une bonne connaissance de l'HTML et des CSS est recommandée, voire indispensable pour bien maîtriser la mise en forme et la mise en page des thèmes.

Nous verrons ensuite comment sont structurés les thèmes WordPress et quels sont les fichiers qui les composent. Nous créerons alors un premier thème très simple pour mettre en pratique ces premières notions.

Dans un deuxième temps, nous créerons un thème complet, avec tous les fichiers nécessaires à l'affichage de tous les types de contenu : la page d'accueil, les articles seuls, les pages, les commentaires et les archives : catégorie, mot-clé, auteur...

Ensuite, nous créerons les pages « spéciales » pour les formats des articles, les modèles des pages et nous utiliserons les champs personnalisés.

Nous terminerons en analysant dans le détail le thème proposé par défaut dans WordPress, TwentyTwelve, afin de bien comprendre son fonctionnement dans le but de l'utiliser comme thème parent pour créer des thèmes enfants.

Ce livre vous fournit toutes les bases nécessaires pour vous lancer dans la personnalisation de thèmes existants et dans la création de vos propres thèmes.

Notez que vous pouvez télécharger tous les fichiers d'exemples des thèmes créés depuis le site des Éditions ENI.

Introduction

Chapitre 1 : Gérer les thèmes

Chapitre 2 : Des notions sur PHP

Chapitre 3 : La structure des thèmes

Chapitre 4 : La hiérarchie des templates

Chapitre 5 : Un thème simpliste

Chapitre 6 : Un thème complet

Chapitre 8 : Le thème Twenty Fifteen

Chapitre 9 : Les thèmes enfants

Chapitre 10 : Les thèmes starter

Chapitre 1 : Gérer les thèmes

A. Les objectifs

Dans ce premier chapitre, nous allons revoir l'utilisation des thèmes de WordPress. Nous verrons comment choisir un thème et comment l'installer.

Nous allons voir, dans un chapitre dédié, comment paramétrer les thèmes qui utilisent l'interface de personnalisation standard de WordPress.

B. Utiliser les thèmes

Vous le savez, ce sont les thèmes qui déterminent l'affichage de vos sites sous WordPress. Il est donc fondamental de bien choisir le thème, dès le départ du projet, au moment de la conception du site.

Le thème livré et activé par défaut à l'installation de WordPress 4.1 est le thème **Twenty Fifteen**. Ce thème, parfaitement utilisable, est plutôt une « vitrine » pour les utilisateurs de WordPress et pour les développeurs de thème. **Twenty Fifteen** a été créé pour montrer les possibilités et les fonctionnalités utilisables dans les thèmes WordPress.

Il faut bien comprendre que les thèmes WordPress sont pour la plupart créés par des designers indépendants qui réalisent des thèmes selon leurs propres envies. À l'exception des créations des thèmes totalement personnalisés pour des clients. Ce qui veut dire que les fonctionnalités de WordPress utilisées et affichées dans les thèmes dépendent totalement du bon vouloir des designers.

De même, chaque designer fait ce qu'il veut pour le paramétrage des thèmes. Certains thèmes proposent de très nombreux paramètres pour personnaliser l'affichage de votre site, d'autres vous proposeront très peu de paramètres, voire pour certains thèmes aucun. Pour la personnalisation des thèmes, WordPress propose aux designers une interface standard nommée **Theme Customization API** : http://codex.wordpress.org/Theme_Customization_API. Dans le meilleur des mondes, tous les designers devraient utiliser cette interface standard, ainsi les utilisateurs que nous sommes pourraient personnaliser leur thème à l'aide d'une même interface, avec les mêmes fonctionnalités. C'est l'objectif même des standards. Hélas, trop peu de designers utilisent cette API. La conséquence est que la personnalisation des thèmes se fait de façon très différente, dans des interfaces propres à chaque designer. De plus, beaucoup de thème propose des personnalisations qui sont souvent très complexes à utiliser, au détriment de l'ergonomie. Espérons que cette API soit utilisée par de plus en plus de designers pour le confort de tous les utilisateurs.

En ce qui concerne l'acquisition des thèmes, certains peuvent être payants, d'autres sont gratuits.

Les thèmes gratuits ont certaines limitations :

- ils peuvent avoir un design « ancien »,
- ils ne sont pas toujours mis à jour avec les nouvelles versions de WordPress,
- parfois ils ne sont pas « irréprochables » d'un point de vue développement,
- ils peuvent être peu ou pas paramétrables,

- ils sont très utilisés du fait même de leur gratuité, vous n'aurez donc pas un design original,
- attention certains thèmes gratuits peuvent contenir du code malveillant qui provoque par exemple des affichages de publicité vers des sites pas toujours recommandables. Voir l'article très intéressant : Il ne faut jamais chercher un thème WordPress gratuit sur un moteur de recherche, paru sur le site de la communauté française de WordPress (http://www.wordpress-fr.net/2011/01/26/il-ne-faut-jamais-chercher-un-theme-wordpress-gratuit-sur-un-moteur-de-recherche/, de janvier 2011).

Mais ne soyons pas manichéens, il ne faut pas accabler les thèmes gratuits de tous les maux. Il existe de très nombreux thèmes gratuits de très bonnes qualités, que nous pouvons utiliser sans aucun problème. Je vais d'ailleurs vous proposer l'utilisation d'un thème gratuit à la fin de ce chapitre.

Les thèmes payants ont plusieurs avantages :

- ils sont souvent créés avec un design actuel,
- ils sont plutôt régulièrement mis à jour avec les nouvelles versions de WordPress,
- d'une manière générale, le développement est de qualité,
- ils sont souvent très paramétrables,
- le prix d'achat est très abordable, par rapport au budget de création d'un site web. Cela varie de 30 à 75 $ l'unité, sachant que souvent les designers proposent des achats groupés de thèmes.

Voici quelques adresses (parmi beaucoup d'autres) de designer et de place de marché pour trouver des thèmes WordPress de qualité.

- FabThemes : http://www.fabthemes.com (thèmes gratuits de qualité)
- Arras Themes : http://www.arrastheme.com (thèmes gratuits de qualité)
- themeforest : http://themeforest.net/category/wordpress
- PRESS 75 : http://press75.com/
- Elegant themes : http://www.elegantthemes.com/
- ORGANICTHEMES : http://www.organicthemes.com/
- WP Shower : http://wpshower.com/
- WOO THEMES : http://www.woothemes.com/
- MOJO themes : http://www.mojo-themes.com/categories/wordpress/
- Acosmin : http://www.acosmin.com/
- Obox : http://www.obox-design.com/
- The theme foundry : http://thethemefoundry.com/
- wpthemespro : http://wp-themes-pro.com/
- ruedutheme : http://ruedutheme.com

Pour terminer, sachez que l'utilisation des thèmes se fait en plusieurs étapes :
- rechercher et choisir un thème qui répond à vos besoins,
- télécharger le thème trouvé,
- installer le thème dans l'administration,
- activer le thème,
- le paramétrer,
- et au final, utiliser le thème.

C. Choisir un thème depuis le site officiel

1. Rechercher un thème

Pour rechercher un thème, vous pouvez aller sur le site officiel de WordPress, dans la rubrique des thèmes : http://wordpress.org/extend/themes/

Vous trouverez des thèmes gratuits organisés dans la barre de navigation :
- les thèmes mis en avant avec le lien **Featured**. C'est le lien actif dans la barre de navigation.
- les thèmes les plus populaires, avec le lien **Popular**.
- les thèmes les plus récents, avec le lien **Latest**.

Vous pouvez aussi effectuer une recherche par mots-clés en anglais, dans le champ de recherche.

La recherche se fait automatiquement et WordPress vous liste tous les thèmes répondant à vos critères de recherche.

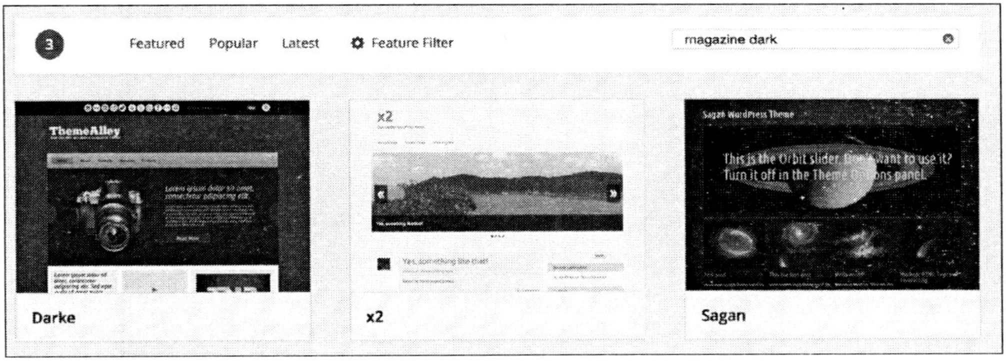

2. Choisir un thème

➔ Pour choisir un thème, affichez les détails du thème voulu, en cliquant sur son nom ou sur la vignette d'aperçu du thème.

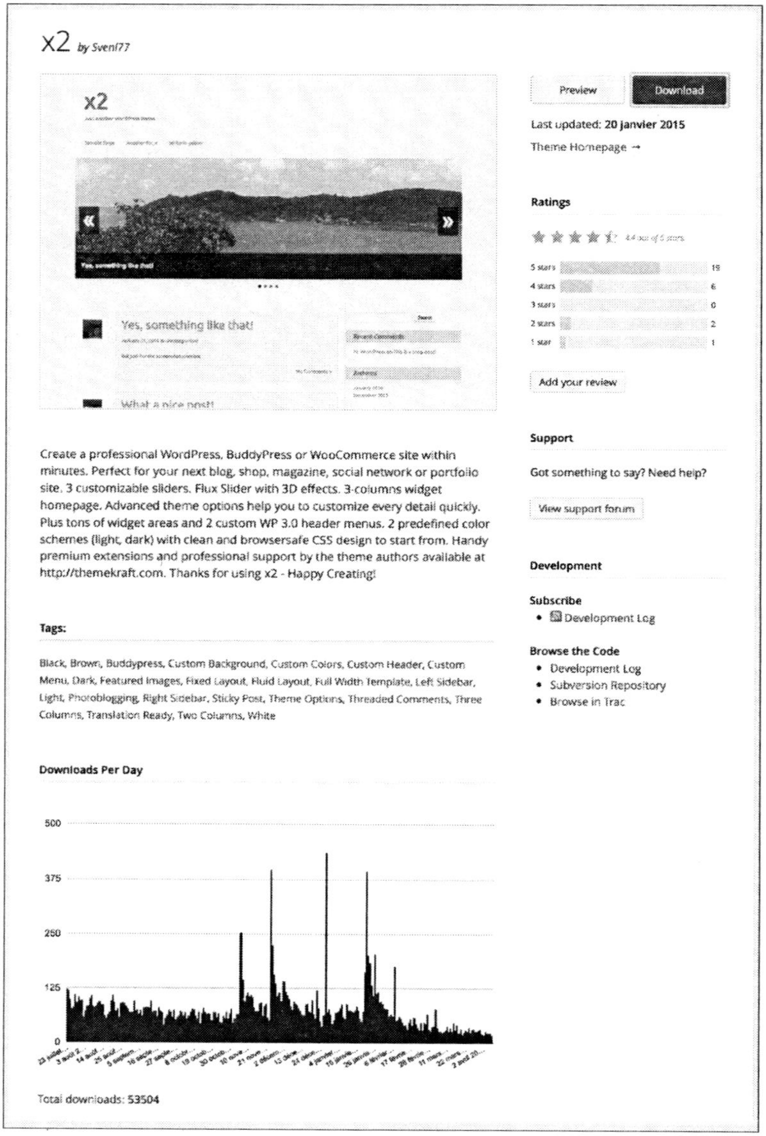

Vous avez dans cet écran, tous les détails techniques du thème choisi.

Sous l'aperçu du thème, vous avez la **description** complète du thème.

En dessous, dans la zone **Tags**, vous avez la liste des mots-clés affectés à ce thème.

En bas, la zone **Downloads Per Day** permet de visualiser le nombre de téléchargements journaliers et le nombre total de téléchargements.

Sur la droite, le bouton **Preview** permet d'avoir un aperçu du thème.

Le bouton **Download** permet de télécharger le thème sous la forme d'une archive au format .zip.

Juste en-dessous, **Last updated** vous indique la date de la dernière mise à jour.

Le lien **Theme Homepage** vous permet d'aller sur la page du thème, sur le site du créateur.

La zone **Ratings** indique, pour ce thème, la note moyenne attribuée par les utilisateurs inscrits sur le site officiel de WordPress. Il faut naturellement mettre en relation la note, le nombre de votants et le nombre de téléchargements, afin de modérer cette note.

Les zones **Support** et **Development** permettent d'avoir des informations plus techniques sur le thème.

3. Télécharger un thème

Quand vous avez trouvé le thème qui vous convient, dans la page des détails, cliquez sur le bouton **Download**.

Vous téléchargez un fichier au format **.zip**. Ne décompressez pas cette archive car l'installation des thèmes se fait avec ce format de fichier.

4. Installer un thème

- Une fois votre thème téléchargé, connectez-vous en tant qu'administrateur à l'interface de gestion de votre site.
- Dans le menu **Apparence**, choisissez **Thèmes**.

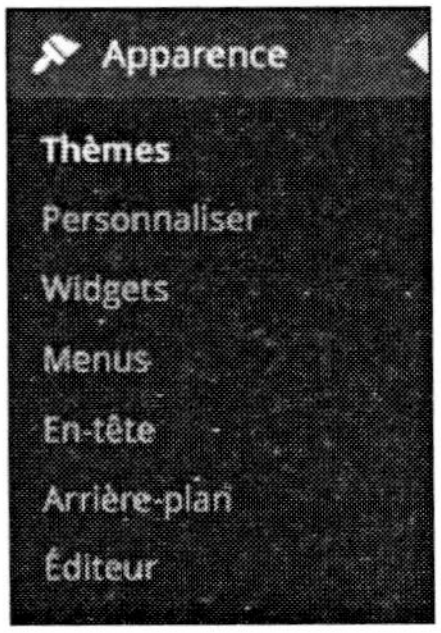

Dans l'écran des thèmes, WordPress liste tous les thèmes déjà installés.

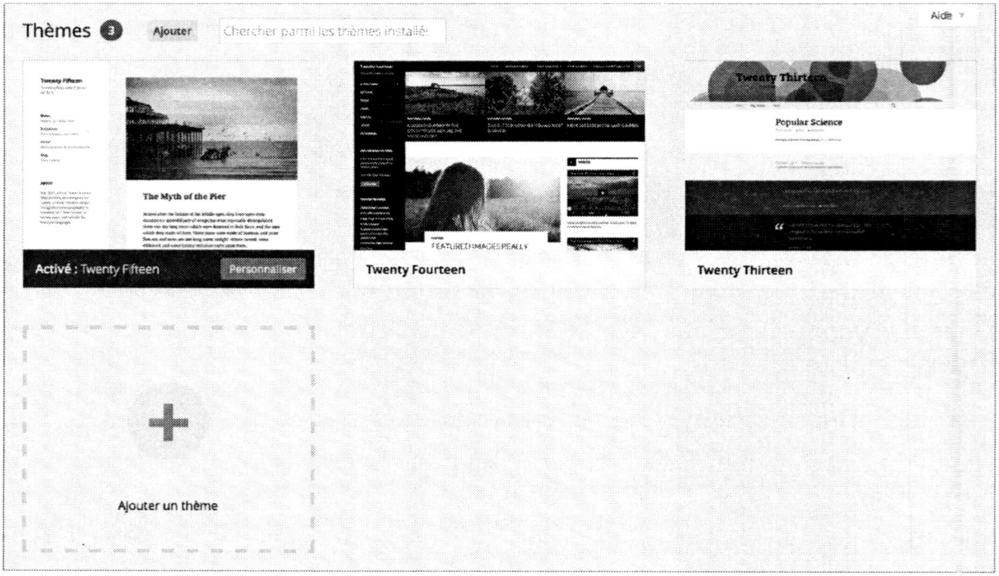

- Cliquez sur les boutons **Ajouter** ou **Ajouter un thème**.
- Cliquez sur le bouton **Mettre un thème en ligne**.

- Cliquez sur le bouton **Choisir le fichier** et sélectionnez l'archive au format .zip précédemment téléchargée.

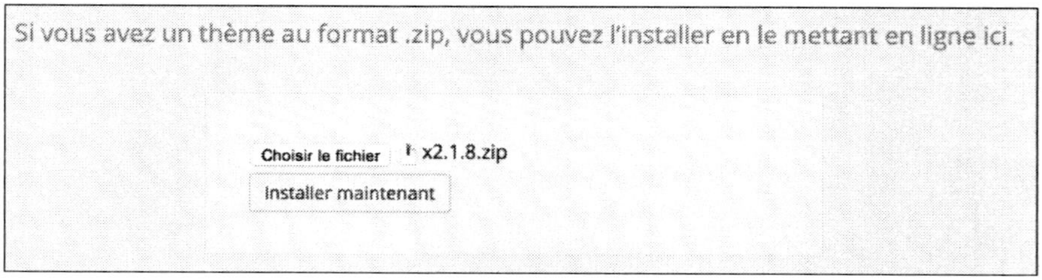

- Cliquez sur le bouton **Installer maintenant**.

WordPress vous informe que le thème est bien installé.

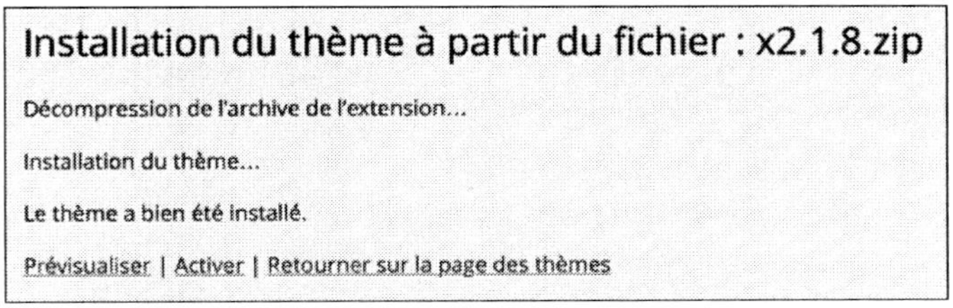

Vous pouvez cliquer sur le lien **Prévisualiser** pour afficher votre site avec ce nouveau thème.

Vous pouvez cliquer sur le lien **Activer** pour activer immédiatement le thème sur votre site.

→ Nous allons simplement cliquer sur le lien **Retourner sur la page des thèmes** pour voir apparaître dans la liste ce thème installé. Vous pouvez aussi choisir **Thèmes** dans le menu **Apparence**.

Le thème installé apparaît bien dans la liste **Thèmes**.

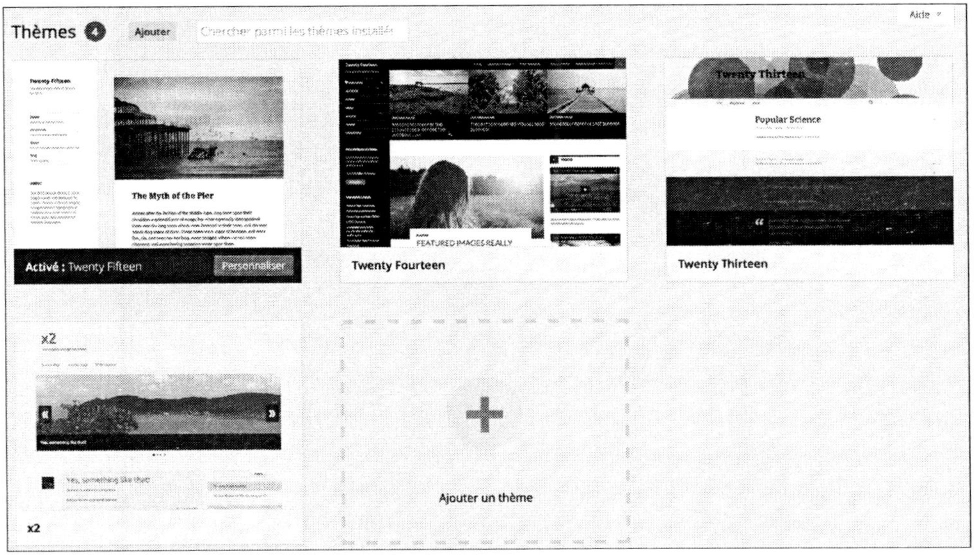

5. Activer un thème

Quand vous avez installé le nouveau thème dans votre site, la dernière étape consiste à l'activer. Cela va permettre de l'appliquer à votre site.

Avant cela, vous pouvez prévisualiser votre site et son contenu avec le thème installé.

- Dans le menu **Apparence**, choisissez **Thèmes**.
- Dans la liste des thèmes disponibles (voir la copie d'écran précédente), cliquez sur le bouton **Prévisualiser** qui apparaît au survol du thème.

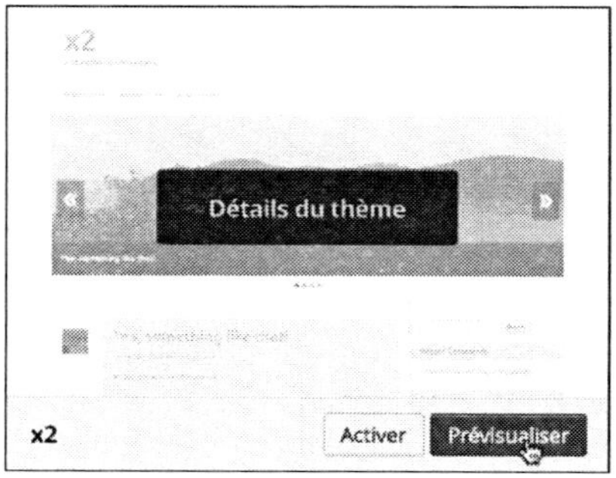

Votre site avec son contenu est affiché avec le nouveau thème.

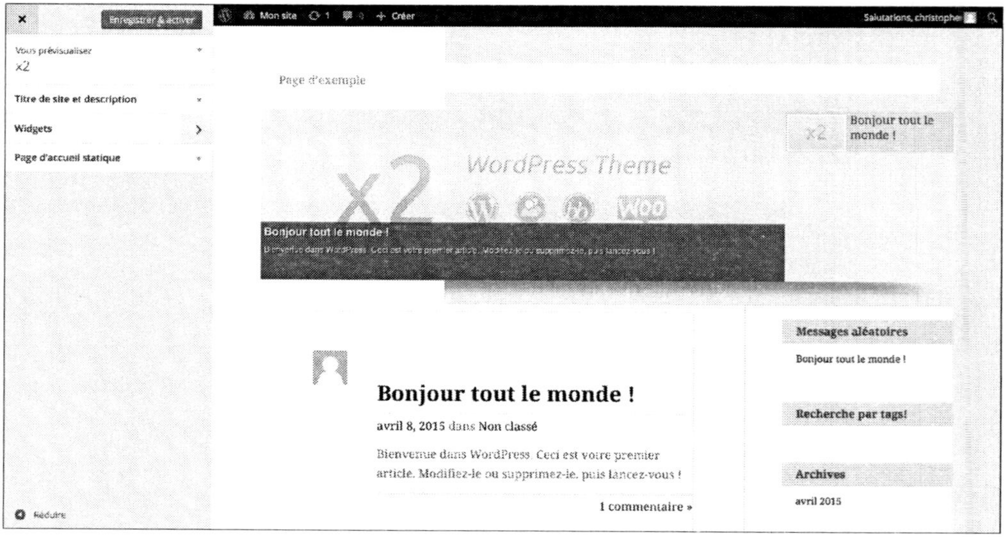

- En haut à gauche, cliquez sur la case de fermeture pour fermer la prévisualisation.
- Une fois cette vérification faite, dans la liste des thèmes disponibles, cliquez sur le bouton **Activer** qui apparaît au survol du thème.

Le thème est activé et WordPress vous informe de l'activation dans un bandeau en haut de l'écran. Enfin, ce thème apparaît avec un bandeau **Activé**.

6. Gérer les thèmes

→ Pour gérer tous les thèmes installés, dans le menu **Apparence**, choisissez **Thèmes** : vous visualisez tous les thèmes installés. Pour chacun d'entre eux, au survol des boutons apparaissent pour les gérer.

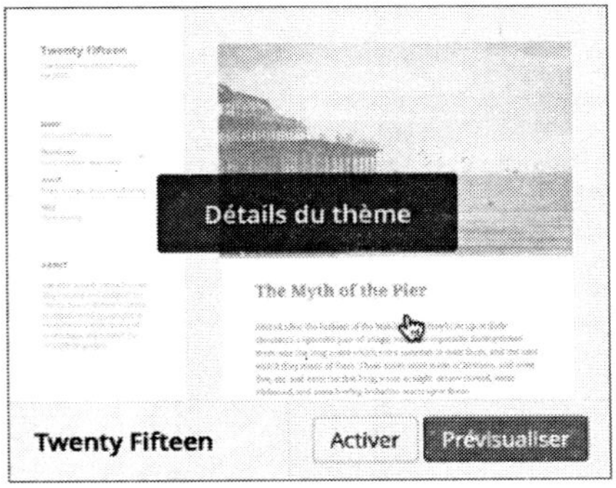

Vous avez la miniature et le nom du thème.

Au survol, vous avez trois boutons :

- **Activer** pour activer le thème, pour l'appliquer à votre site.
- **Prévisualiser** pour avoir un aperçu de votre site et de son contenu avec ce thème.
- **Détails du thème** permet d'afficher des informations détaillées sur ce thème.

- Dans la fenêtre des détails du thème, le bouton **Supprimer** permet de supprimer ce thème. WordPress vous demande de confirmer cette suppression.

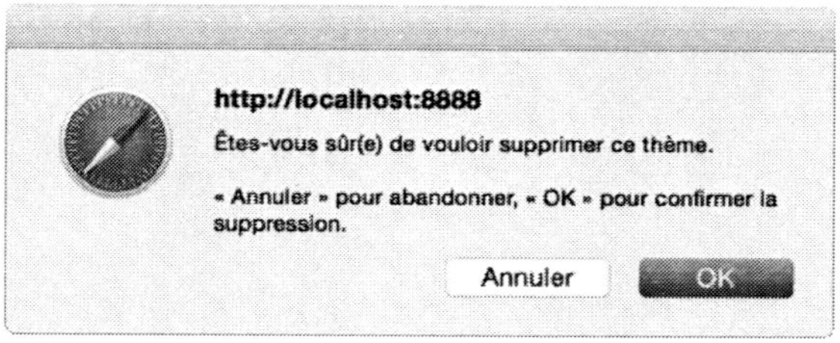

Enfin, vous disposez d'un champ de recherche par mots-clés et par fonctionnalités, dans les thèmes disponibles.

D. Choisir un thème depuis l'administration

1. Rechercher un thème

Nous venons de voir comment choisir un thème depuis le site officiel de WordPress. Sachez que vous pouvez faire la même démarche depuis l'interface d'administration de votre site.

➜ Dans le menu **Apparence**, choisissez **Thèmes** et cliquez sur les boutons **Ajouter** ou **Ajouter un thème**.

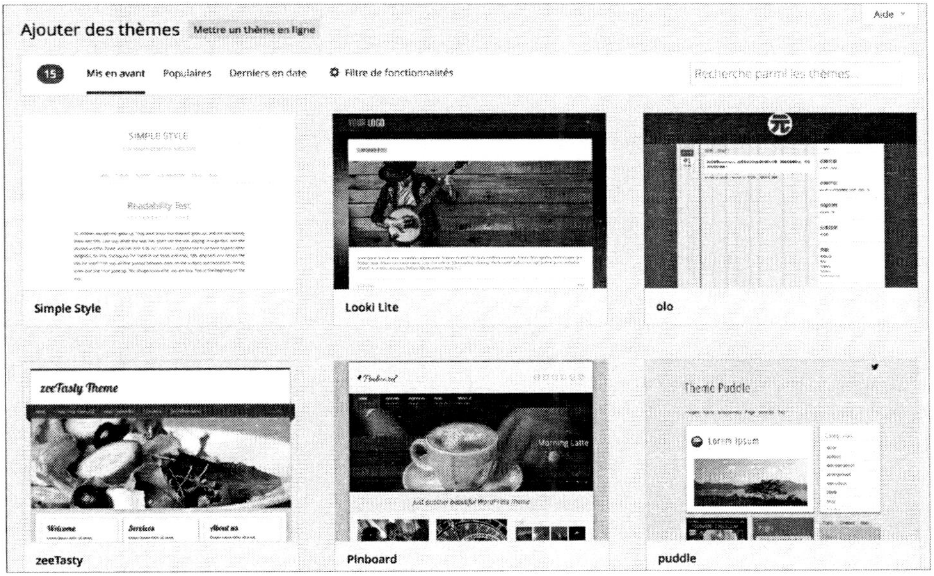

Les liens **Mis en avant**, **Populaires** et **Derniers en date** correspondent à ce que nous avions dans le site officiel des thèmes WordPress.

➜ Pour effectuer une recherche par fonctionnalités, cliquez sur le lien **Filtre de fonctionnalités**.

Dans cet exemple, quatre fonctionnalités ont été cochées : **Bleu** (catégorie **Couleurs**), **Deux colonnes** (catégorie **Arrangement**), **Menu personnalisé** (catégorie **Fonctionnalités**) et **Photoblogging** (catégorie **Thème**).

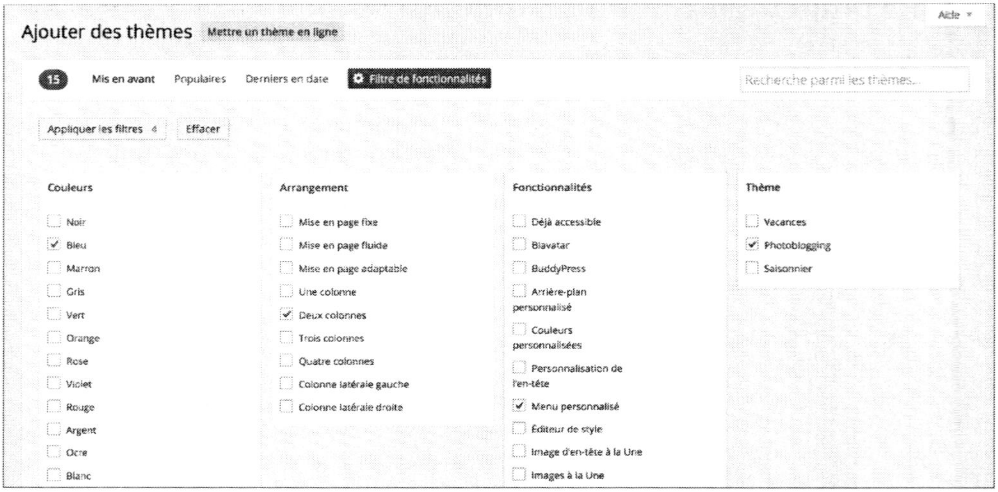

➜ Pour lancer la recherche, cliquez sur le bouton **Appliquer les filtres X**.

WordPress affiche les résultats de cette recherche :

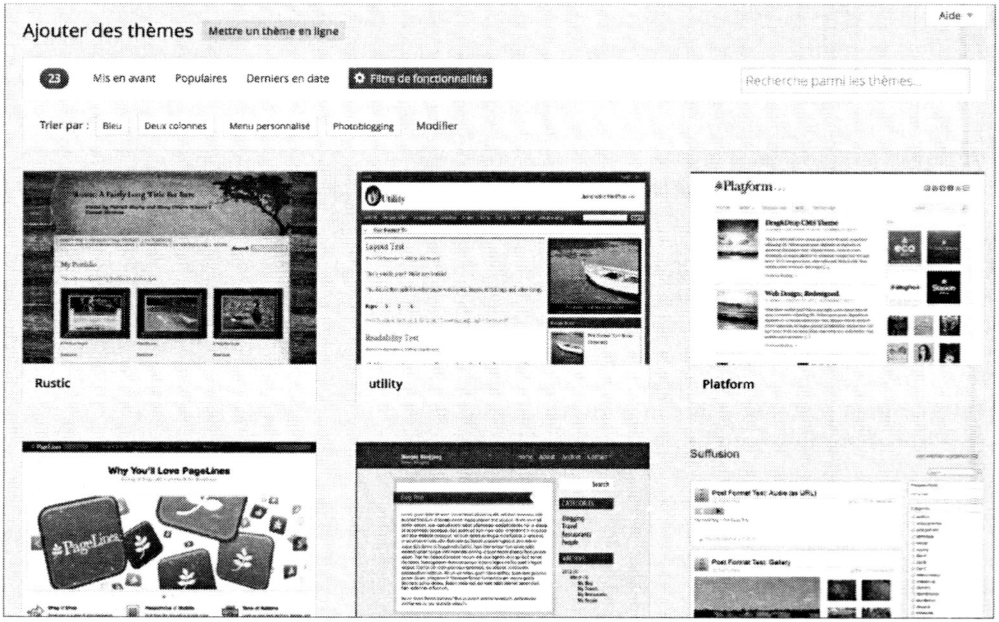

Pour chaque thème trouvé, vous visualisez une miniature ainsi que les boutons **Installer**, **Aperçu** et **Détails et prévisualisation**.

- Enfin, le champ **Recherche parmi les thèmes** vous permet d'effectuer une recherche par mots-clés.

Voici le résultat de la recherche avec les mots-clés : **blue 2 columns magazine**.

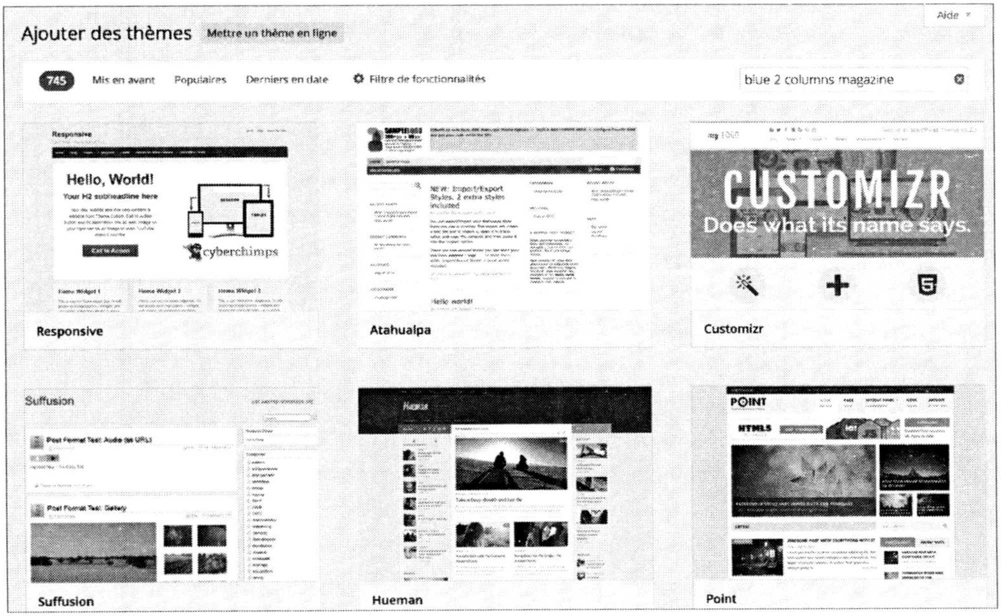

À nouveau, pour chaque thème trouvé, vous visualisez une miniature associée aux boutons **Installer**, **Aperçu** et **Détails et prévisualisation**.

E. Le thème Twenty Fifteen

1. Le thème par défaut

La version 4.1 de WordPress est livrée avec le thème par défaut **Twenty Fifteen**. Comme nous l'avons vu au début de ce chapitre, ce thème est surtout un thème de démonstration, pour montrer ce que les développeurs peuvent faire lors de la création d'un thème. Mais il est parfaitement utilisable au quotidien pour vos sites WordPress.

Une fois ce thème activé, la personnalisation de celui-ci se fait dans le menu **Apparence**, dans l'élément de menu **Personnaliser** ou au survol de la vignette du thème en cliquant sur le bouton **Personnaliser**.

Comme nous l'avons indiqué en début de chapitre, les designers de thème peuvent ou non utiliser l'API standard de WordPress pour la personnalisation de leur thème. Donc en fonction du thème choisi, vous auriez plus ou moins de paramètres accessibles dans cette interface. Naturellement, WordPress utilise cette API pour son thème par défaut **Twenty Fifteen**.

2. Personnalisation du titre et de la description

→ Pour personnaliser le titre et la description du site, utilisez le volet **Titre de site et description**.

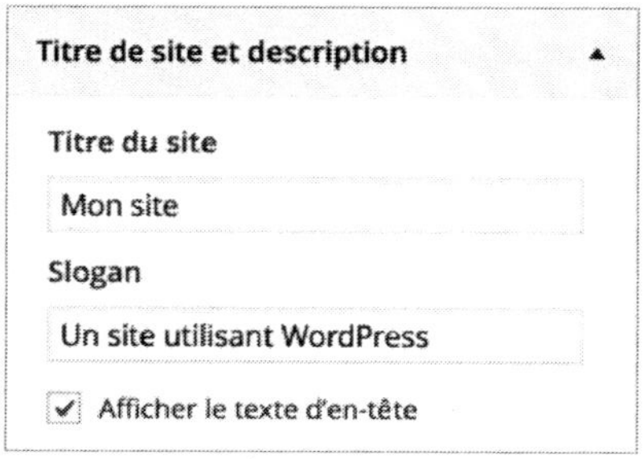

Le champ **Titre du site** reprend le contenu qui a été saisi lors de l'installation de WordPress. Vous retrouvez ce champ dans le menu **Réglages**, **Général**, dans le champ **Titre du site**.

→ Faites les modifications voulues et cliquez sur le bouton **Enregistrer & Publier**.

Le champ **Slogan** reprend le contenu qui a été saisi dans le champ **Titre du site**, dans le menu **Réglages**, **Général**. La saisie **Un site utilisant WordPress** est la valeur par défaut.

→ Faites les modifications voulues et cliquez sur le bouton **Enregistrer & Publier**.

Dans l'aperçu du site, vous visualisez immédiatement vos modifications.

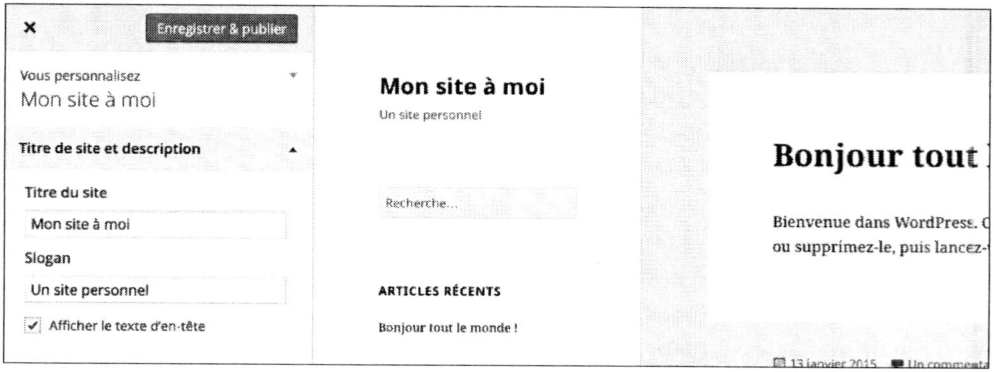

L'option **Afficher le texte d'en-tête** cochée permet d'afficher ces deux paramètres. Si elle n'est pas cochée, le titre et le slogan ne sont pas affichés.

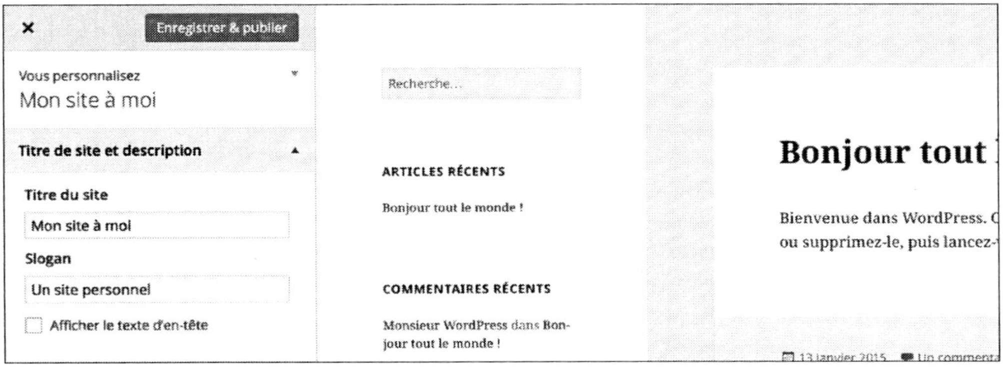

3. Personnalisation des couleurs

→ Pour personnaliser les couleurs affichées dans le site, utilisez le volet **Couleurs**.

Dans la liste déroulante **Jeu de couleurs de base**, vous pouvez changer la gamme des couleurs.

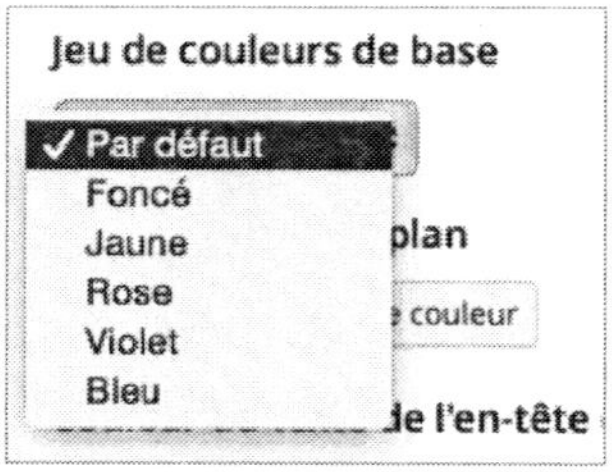

À nouveau, vous prévisualisez immédiatement votre choix dans l'aperçu de votre site.

Le choix de la gamme de couleurs modifie aussi les autres couleurs paramétrables : **Couleur d'arrière-plan**, **Couleur du texte de l'en-tête et la barre latérale** et **Couleur de fond de l'en-tête et de la barre latérale**.

→ Pour chacun de ses paramètres, vous pouvez modifier la couleur affichée en cliquant sur le bouton **Sélectionner une couleur**.

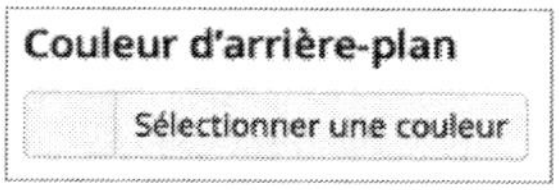

Une roue chromatique s'affiche pour que vous puissiez changer la couleur.

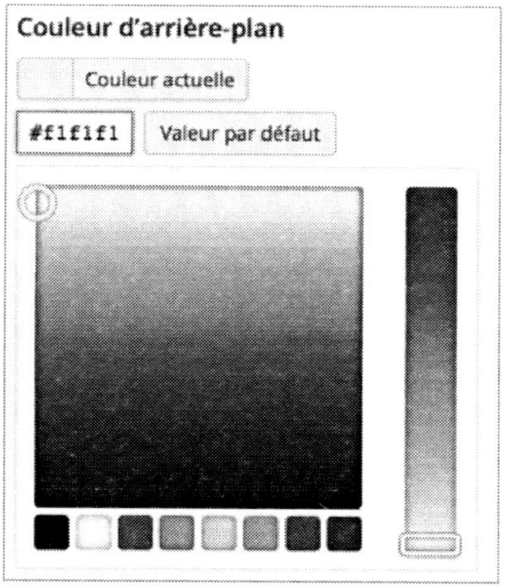

Vous pouvez sélectionner une couleur prédéfinie, utiliser les sélecteurs de teinte, de luminosité et de saturation ou bien saisir vous-même la valeur hexadécimale de la couleur voulue.

→ Faites les modifications voulues et cliquez sur le bouton **Enregistrer & Publier**.

4. Personnalisation de l'image d'en-tête

➜ Pour ajouter une image d'en-tête, utilisez le volet **Image d'en-tête**.

Comme il est indiqué, pour avoir une image parfaitement adaptée à ce thème, ses dimensions doivent être de 1300 pixels de haut, pour une largeur de 954 pixels.

➜ Cliquez sur le bouton **Ajouter une nouvelle image**.

➜ Ajoutez une image à la bibliothèque de votre site.

➜ Sélectionnez cette image et cliquez sur le bouton **Sélectionner et rogner**.

➜ Faites le recadrage et cliquez sur le bouton **Recadrer l'image**.

L'image apparaît dans la zone **En-tête actuelle** et est affichée dans l'aperçu.

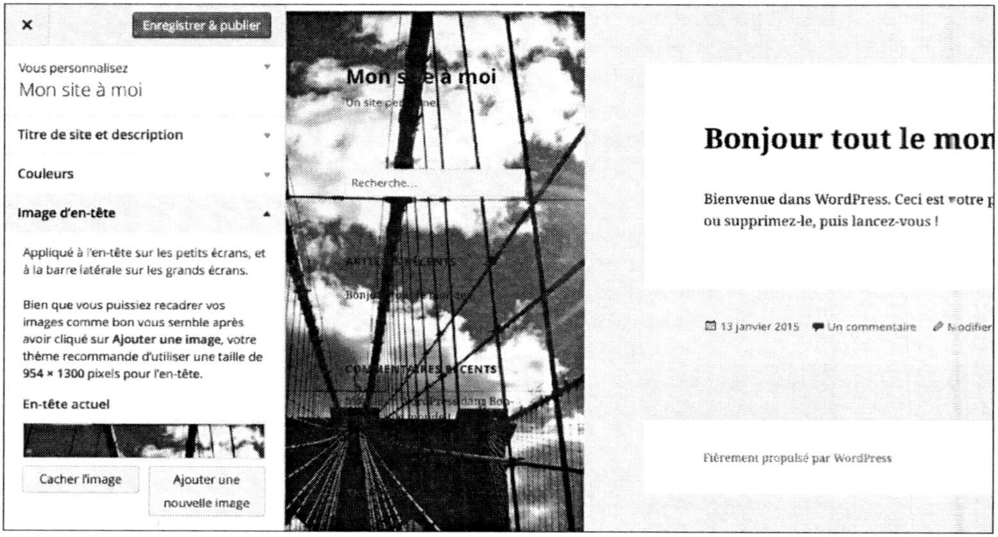

→ Vous pouvez cliquer sur le bouton **Cacher l'image** pour ne plus l'afficher.

→ Vous pouvez cliquer sur le bouton **Ajouter une nouvelle image** pour en ajouter une nouvelle.

Lorsque vous avez plusieurs images chargées, vous pouvez sélectionner celle que vous voulez dans la liste de la zone **Précédemment chargé**.

Vous pouvez aussi cliquer sur le bouton **En-têtes chargés aléatoires**, pour alterner les images.

→ Faites les modifications voulues et cliquez sur le bouton **Enregistrer & Publier**.

Pour paramétrer cet en-tête, vous pouvez aussi passer par le menu **Apparence - En-tête**.

5. Personnalisation de l'image d'arrière-plan

→ Pour ajouter une image d'arrière-plan, utilisez le volet **Image d'arrière-plan**.

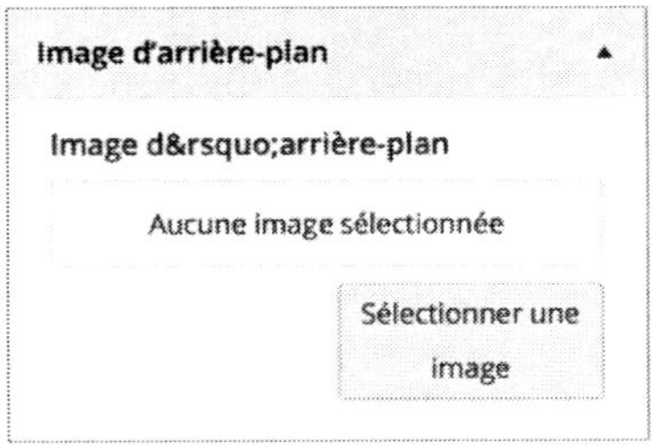

- Cliquez sur le bouton **Sélectionner une image**.
- Ajoutez une image à la bibliothèque de votre site, si besoin est.
- Sélectionnez cette image et cliquez sur le bouton **Choisir une image**.

Vous pouvez ensuite paramétrer l'affichage de cette image d'arrière-plan avec les options **Répétition de l’arrière-plan**, **Position d’arrière-plan**, **Image d’arrière-plan**.

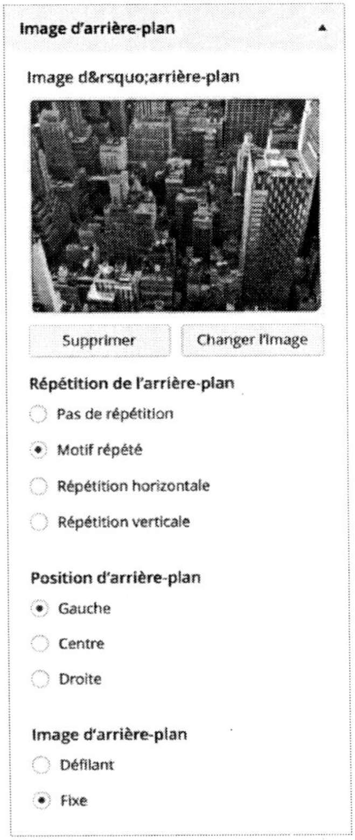

- Faites les modifications voulues et cliquez sur le bouton **Enregistrer & Publier**.

Vous pouvez ensuite utiliser les boutons **Supprimer** pour ne plus utiliser cette image et **Changer d'image** pour choisir une autre image.

Pour paramétrer cet arrière-plan, vous pouvez aussi passer par le menu **Apparence - Arrière-plan**.

6. Personnalisation des widgets et de la page d'accueil

- Pour gérer les widgets, utilisez le volet **Widgets**.
  Vous pouvez aussi passer par le menu **Apparence - Widgets**.
- Pour gérer l'affichage de la page d'accueil, utilisez le volet **Page d'accueil statique**.
  Vous pouvez aussi passer par le menu **Réglages - Lecture**.

Chapitre 2 : Des notions sur PHP

A. L'objectif

WordPress est un CMS qui crée des sites web à partir d'informations stockées dans une base de données MySQL. Les sites web et les pages construits sur ce principe sont qualifiés de « dynamiques », au contraire des pages dites « statiques » qui n'utilisent que du HTML/CSS. Pour interroger cette base de données et pour construire dynamiquement les pages demandées par les visiteurs des sites, WordPress utilise le langage de programmation PHP. Les thèmes WordPress utilisent donc du PHP.

Dans ce chapitre, nous étudierons les notions de base indispensables du language PHP, pour bien comprendre comment se créent les thèmes WordPress. L'objectif n'est pas de devenir des « pros » du PHP. Pour cela, n'hésitez pas à consulter les nombreux ouvrages spécialisés sur le langage PHP publiés aux Éditions ENI.

B. HTML et XHTML

Le HTML et sa variante XHTML sont les langages fondateurs du Web. Le HTML permet de créer des pages Web statiques qui ne font pas appel à une base de données.

Avec sa version 4.01, voici la structure d'une pageweb en XHTML strict :

```
<!DOCTYPE html PUBLIC "-//W3C//DTD XHTML 1.0 Strict//EN"
"http://www.w3.org/TR/xhtml1/DTD/xhtml1-strict.dtd">
<html xmlns="http://www.w3.org/1999/xhtml">
<head>
<meta http-equiv="Content-Type" content="text/html; charset=UTF-8" />
<title>Document sans nom</title>
</head>
<body>
...
</body>
</html>
```

Avec la version 5 de l'HTML, voici la structure de base d'une page web :

```
<!DOCTYPE HTML>
<html lang="fr">
<head>
<title>Titre du document</title>
<meta charset="UTF-8" />
<style>
...
</style>
</head>
<body>
...
</body>
</html>
```

C. Les extensions des fichiers dynamiques

Dans une page web, nous pouvons insérer du code PHP où nous voulons pour rendre dynamique cette page.

Pour enregistrer ces fichiers, il est recommandé de n'utiliser que l'extension **.php**. La page d'accueil d'un site dynamique est donc **index.php**.

D. Insérer du code PHP

1. Les balises d'insertion

Pour insérer du code PHP dans une page web, utilisez la balise d'ouverture `<?php` et la balise de fermeture `?>`. Le code inclus entre les deux balises est une instruction PHP. Elle se termine par un point-virgule.

Exemple :

```
<p>Bonjour <?php mon_action(); ?></p>
```

Le libellé `mon_action()` peut être par exemple une instruction qui permet d'afficher le nom de la personne qui s'est connectée sur un site. Cette instruction se termine par un point-virgule.

Pour faciliter la lecture du code, vous pouvez parfaitement l'écrire sur plusieurs lignes.

Exemple :

```
<p>Bonjour
   <?php
      ma_premiere_action();
      ma_deuxieme_action();
      ma_derniere_action();
   ?>
</p>
```

Les deux balises PHP d'ouverture et de fermeture sont sur deux lignes seules pour bien les individualiser et le code dynamique est lui aussi sur plusieurs lignes. Cela permet de mieux lire les instructions PHP.

2. L'insertion dans l'HTML

Comme nous l'avons vu précédemment, le code PHP peut s'insérer n'importe où dans la page HTML.

Par exemple, dans un élément appartenant à la balise `body` dans le corps de la page :

```
<body>
...
<p>Bonjour <?php mon_action(); ?></p>
...
</body>
```

Mais aussi par exemple dans l'en-tête `head` :

```
<head>
...
<title><?php mon_action(); ?></title>
...
</head>
```

E. Afficher du contenu

1. Afficher du texte

La fonction `echo` est la plus utilisée pour afficher du texte dans une page web. Utilisez des guillemets pour indiquer le texte à afficher :

```
<?php echo "Mon texte"; ?>
```

La page web affichera : `Mon texte`.

2. Insérer de l'HTML

Vous pouvez parfaitement insérer des éléments HTML de structure et de mise en forme dans la fonction `echo`.

Exemple :

```
<?php echo "<p>Mon <strong>texte</strong></p>"; ?>
```

La page web affichera : `Mon` **`texte`** dans un élément `<p>`.

F. Le code généré

1. Les pages dynamiques

Rappelons que les pages dynamiques sont exécutées sur le serveur d'application PHP et ensuite elles sont expédiées par le serveur web au client.

Il faut donc que les pages web soient bien construites et qu'elles soient valides sémantiquement.

Avec l'exemple précédent :

```
<?php echo "<p>Mon <strong>texte</strong></p>"; ?>
```

Le serveur va générer une page web avec ce code :

```
<p>Mon <strong>texte</strong></p>
```

Ce code n'est pas vraiment correct.

2. Ajouter les éléments HTML de structure

Il convient de créer des pages dynamiques qui gérèrent du code HTML bien construit. Il faut donc insérer dans la page PHP tous les éléments HTML nécessaires qui permettent de générer une page web valide.

Si nous reprenons notre exemple précédent, voilà ce qu'il faut avoir comme code, avec du HTML 4.01 strict :

```
<!DOCTYPE html PUBLIC "-//W3C//DTD XHTML 1.0 Strict//EN"
"http://www.w3.org/TR/xhtml1/DTD/xhtml1-strict.dtd">
<html xmlns="http://www.w3.org/1999/xhtml">
<head>
<meta http-equiv="Content-Type" content="text/html; charset=UTF-8" />
<title>Ma page Web correcte</title>
</head>
<body>
<?php echo "<p>Mon <strong>texte</strong></p>"; ?>
</body>
</html>
```

Et voici le code généré :

```
<!DOCTYPE html PUBLIC "-//W3C//DTD XHTML 1.0 Strict//EN"
"http://www.w3.org/TR/xhtml1/DTD/xhtml1-strict.dtd">
<html xmlns="http://www.w3.org/1999/xhtml">
<head>
<meta http-equiv="Content-Type" content="text/html; charset=UTF-8" />
<title>Ma page Web correcte</title>
</head>
<body>
<p>Mon <strong>texte</strong></p>
</body>
</html>
```

Donc lorsque vous créez vos pages web dynamiques, veillez à ce qu'elles soient bien construites, en insérant le code HTML nécessaire.

G. Les commentaires

1. Utiliser les commentaires

Il n'y a pas de « bonne programmation » sans commentaires ! C'est un peu provocant, mais c'est une habitude qu'il faut prendre dès maintenant.

En effet, vous pouvez créer une page web dynamique comportant des dizaines et des dizaines de lignes en PHP et y revenir trois mois plus tard. Cette page sera peut-être reprise par une autre personne. S'il n'y a qu'une suite interminable de lignes de code sans indication, sans commentaire, maintenir ce code sera d'autant plus complexe. De plus, n'oubliez pas que les fichiers de WordPress sont open source, cela veut dire que tout un chacun peut y accéder et les exploiter à sa guise.

Vous devez donc documenter vos lignes de code en les commentant.

2. Les commentaires sur une seule ligne

Quand vous devez indiquer un commentaire sur une seule ligne, utilisez cette syntaxe :

```
// Mon commentaire
```

Exemple :

```
<?php echo "<p>Mon <strong>texte</strong></p>";
// permet d'afficher du texte ?>
```

Les commentaires ne seront pas affichés dans la page web générée.

3. Les commentaires sur plusieurs lignes

Si votre commentaire est long et qu'il doit être saisi sur plusieurs lignes, utilisez la syntaxe :

```
/* Mon commentaire */
```

Exemple :

```
<?php
   echo "<p>Mon <strong>texte</strong></p>";
   /* permet d'afficher
   du texte
   dans ma page Web */
?>
```

4. Les commentaires HTML

Pour rappel, voilà la syntaxe pour les commentaires en HTML :

```
<!-- Le texte de mon commentaire -->
```

H. Les variables

1. Utiliser les variables

Les variables sont fondamentales dans tous les langages de programmation. Une variable permet de stocker une valeur. La variable est le conteneur et la valeur est le contenu de cette variable, de ce conteneur. Et comme son nom l'indique, la valeur d'une variable varie.

Prenons un exemple concret. Vous créez un site qui comporte des membres. À la connexion des membres, vous souhaitez les saluer, comme c'est le cas dans l'administration de WordPress. Eh bien à la connexion d'un membre, vous allez stocker son nom ou son identifiant dans une variable et vous allez afficher la valeur de cette variable pour saluer le membre qui s'est connecté. La variable est toujours la même, mais c'est bien son contenu qui varie puisque les membres sont divers et variés.

Enfin, notez bien que les variables sont accessibles uniquement dans le script où elles sont définies. Lorsque le script PHP est terminé, lorsque la page est générée, les variables sont supprimées.

2. Les différents types de variable

Il existe plusieurs types de variable.

- Les variables de type `string` : elles permettent de stocker des chaînes de caractères, c'est-à-dire du texte.
- Les variables de type `int` permettent de stocker des nombres entiers (2, 63, 123...).
- Les variables de type `float` permettent de stocker des nombres décimaux (1.2, 12.1234...). Attention, le séparateur décimal est un point et pas une virgule.
- Les variables de type `bool` permettent d'indiquer si une variable est vraie (`true`) ou fausse (`false`). Ce sont des variables booléennes.
- Les variables de type `NULL` permettent de tester si une variable est vide, si elle ne contient rien !

3. Définir une variable de texte

Les variables se définissent avec le préfixe `$`.

Attention, le nom des variables est sensible à la casse : le PHP fait la différence entre les majuscules et les minuscules. Le nom ne doit pas comporter d'espace, de caractères accentués (à, é...) et de caractères spéciaux (*, +, &...). Les caractères alphanumériques et l'underscore _ sont acceptés.

Voici la syntaxe pour définir une variable de type chaîne de caractères (`string`) :

```
<?php
   $prenom="Christophe";
?>
```

- Le préfixe `$` spécifie qu'il s'agit d'une variable.
- La variable s'appelle `prenom`.
- Le signe = permet d'affecter une valeur à la variable.
- La valeur de la variable est `Christophe`. C'est une variable de type `string`, donc la valeur est entre guillemets. Vous pouvez utiliser des guillemets simples (quote) : `'Christophe'`.
- La ligne se termine par un point-virgule. Ne l'oubliez pas ! Sinon cela ne va pas fonctionner correctement !

Si la valeur est entre guillemets et qu'elle contient un guillemet, utilisez un antislash devant ce dernier.

Exemple :

```
$texte="Mon texte, du \"Ronsard\" au moins";
```

Par contre, si vous utilisez des guillemets dans des quotes simples et inversement, l'antislash n'est pas nécessaire.

Ces définitions de variables sont correctes :

```
$texteUn='Le poète "Ronsard" et moi';
$texteDeux="Le poète 'Ronsard' et moi";
```

Le principe est le même avec les apostrophes.

Ces définitions de variables sont correctes :

```
$texteTrois="C'est moi le nouveau Ronsard";
$texteQuatre='C\'est moi le nouveau Ronsard';
```

4. Définir une variable numérique

Pour définir une variable numérique, la syntaxe est la même, sauf qu'il n'y a pas de guillemets.

Voici la syntaxe pour définir une variable de type nombre entier (`int`) :

```
<?php
   $age=35;
?>
```

- Le nom de la variable est préfixé par `$`.
- La variable s'appelle `age`.
- Le signe = permet d'affecter une valeur à la variable.
- La valeur de la variable est `35`.
- La ligne se termine par un point-virgule.

Voici la syntaxe pour définir une variable de type nombre avec décimale (`float`) :

```
<?php
   $nombre=12.34;
?>
```

5. Définir une variable booléenne

Une variable booléenne stocke une information logique dont la valeur peut être `true` (vrai) ou `false` (faux).

```
<?php
   $connecte=true;
?>
```

- Le nom de la variable est préfixé par `$`.
- La variable s'appelle `connecte`.
- Le signe = permet d'affecter une valeur à la variable.
- La valeur de la variable est `true`, c'est-à-dire qu'elle est à vrai.

6. Afficher une variable

Pour afficher la valeur d'une variable dans une page Web, utilisez à nouveau l'instruction `echo` suivie du nom de la variable à afficher.

Exemple :

```
<?php
   $prenom="Christophe";
   echo $prénom;
?>
```

- La première ligne définie la variable.
- La fonction `echo` permet un affichage.
- `$prenom` est la variable à afficher.
- La ligne se termine par un point-virgule.

La page web va afficher `Christophe`.

7. La concaténation

La concaténation est la technique qui permet de mettre « bout-à-bout » des variables et du texte fixe par exemple.

À l'exemple précédent nous ajoutons une nouvelle variable : l'âge, `$age`, et du texte fixe : « Bonjour », « tu as » et « ans ».

Voilà la syntaxe de cette concaténation :

```
<?php
   $prenom="Christophe";
   $age=35;
   echo 'Bonjour '.$prenom.' tu as '.$age.' ans.';
?>
```

- Les variables sont utilisées comme d'habitude avec le préfixe `$`.
- Les parties fixes sont entre quotes : `'Bonjour ','tu as' et 'ans'`.
- La concaténation est indiquée avec le caractère point `.` .
- La ligne se termine par un point-virgule.

Vous pouvez parfaitement insérer des éléments HTML :

```
echo '<p>Bonjour <strong>'.$prenom.'</strong> tu as '.$age.'
ans.</p>';
```

Voilà l'affichage correspondant :

```
Bonjour Christophe tu as 35 ans.
```

Voici le code généré :

```
<p>Bonjour <strong>Christophe</strong> tu as 35 ans.</p>
```

Cette syntaxe n'est pas la seule exploitable, mais en séparant bien les parties fixes des parties variables, cela permet d'avoir une syntaxe claire et facilement accessible pour des modifications.

8. Les calculs arithmétiques

Les opérateurs arithmétiques sont les suivants : + (addition), − (soustraction), * (multiplication) et / (division).

Exemple :

```
<?php
   $x=10;
   $y=4;
   $z=$x-$y;
   echo '<p>'.$x.'-'.$y.'='.$z.'</p>';
?>
```

Voilà l'affichage obtenu :

```
10-4=6
```

I. Les tableaux

1. Utiliser les tableaux

Les tableaux sont « simplement » des zones où vous pouvez stocker plusieurs variables ayant des liens entre elles.

Prenons un exemple pratique. Nous devons stocker différents paramètres d'un utilisateur : nom, prénom, ville et pays par exemple. Plutôt que de créer quatre variables, il est plus judicieux de les regrouper en un seul et même endroit : dans un tableau.

Notez bien que le tableau est lui-même une variable.

2. Les tableaux numérotés

Les tableaux numérotés sont des tableaux dans lesquels chaque entrée est placée dans une ligne numérotée.

Reprenons notre exemple des utilisateurs :

0	Aubry
1	Christophe
2	Nantes
3	France

Notez bien que la numérotation des tableaux commence à 0 et non pas à 1.

Voilà une des syntaxes de définition d'une variable tableau :

```
<?php
   $utilisateur=array("Aubry","Christophe","Nantes","France");
?>
```

- La variable de tableau s'appelle `$utilisateur`.
- Le caractère = permet l'affectation de la variable.
- `array` permet de définir un tableau.
- Chaque entrée du tableau est séparée par le caractère virgule, et les valeurs sont entre guillemets car elles sont de type chaîne de caractères.
- La ligne se termine par un point-virgule.

3. Afficher une valeur d'un tableau numéroté

Pour afficher une valeur d'un tableau numéroté, nous allons utiliser à nouveau la fonction `echo` en précisant le nom de variable du tableau et le numéro de l'entrée entre crochets.

Voilà la syntaxe pour afficher la deuxième entrée du tableau :

```
<?php
   echo $utilisateur[1];
?>
```

La deuxième entrée correspond bien au numéro, à l'index `1`.

Vous pouvez bien sûr regrouper toutes les instructions dans un même bloc PHP :

```
<?php
   $utilisateur=array("Aubry","Christophe","Nantes","France");
   echo $utilisateur[1];
?>
```

4. Les tableaux associatifs

Les tableaux numérotés ne sont pas toujours pratiques à utiliser, car la gestion des numéros n'est pas intuitive. Les tableaux associatifs permettent d'associer une étiquette unique à chaque entrée du tableau. Il est ainsi plus aisé de cibler une entrée du tableau par son étiquette, sa clé.

Voilà la syntaxe pour créer un tableau associatif :

```
<?php
$utilisateur=array(
   'nom' => 'Aubry',
   'prenom' => 'Christophe',
   'ville' => 'Nantes',
   'pays' => 'France'
   );
?>
```

- La variable de tableau s'appelle `$utilisateur`.
- Le caractère = permet l'affectation de la variable.
- `array` permet de définir un tableau.
- Chaque ligne, chaque entrée commence par la clé placée entre guillemets ou quotes.
- Les caractères => indiquent l'affectation.
- Chaque valeur de chaque clé est entre guillemets ou quotes.
- Chaque ligne se termine par une virgule `,`.

Dans cet exemple, nous sommes allés à la ligne pour chaque entrée, ce qui permet d'avoir un tableau plus clair et plus lisible. Nous aurions pu tout saisir sur une seule ligne.

5. Afficher une valeur d'un tableau associatif

Avec les tableaux associatifs, il suffit d'utiliser le libellé de la clé de l'entrée que l'on souhaite afficher :

```
<?php
   echo $utilisateur['ville'];
?>
```

L'entrée à afficher se fait par sa clé, `ville` dans cet exemple.

Comme toujours, vous pouvez insérer des éléments HTML en utilisant la concaténation :

```
<?php
   echo '<p>Ville de : '.$utilisateur['ville'].'</p>';
?>
```

J. Les constantes

1. Utiliser les constantes

Les variables possèdent des valeurs qui peuvent varier dans les lignes de code de la page Web. Vous pouvez parfaitement avoir une variable `$user` avec la valeur `Christophe` à la ligne 25, puis cette même variable prend la valeur `Mathis` à la ligne 76.

Si dans une page vous avez besoin d'avoir une donnée qui ait tout le temps la même valeur, qui ne puisse pas être redéfinie, vous devez alors utiliser une constante.

2. Définir une constante

Par convention, les constantes sont écrites en majuscules. Pour définir une constante, utilisez le mot-clé `define`.

Exemple :

```
<?php
   define('MAX',100);
?>
```

- Le mot-clé `define` permet de définir la constante.
- `'MAX'` est le nom de la constante.
- `100` est la valeur de la constante.

3. Afficher une constante

Pour afficher la valeur d'une constante, utilisez `echo`.

```
echo MAX;
```

4. Utiliser une constante

Voilà un exemple simpliste d'utilisation d'une constante dans un calcul :

```
<?php
   define('MAX',100);
   $calcul=MAX*0.1+MAX;
   echo $calcul;
?>
```

Le résultat affiché est `110`.

K. Les conditions

1. Utiliser les conditions

Dans de très nombreux cas de figure nous devons faire quelque chose **SI** une condition est vraie ou fausse.

Par exemple dans WordPress, sur la page d'accueil, nous souhaitons afficher en premier les articles qui ont l'option **Mettre ce contenu en avant** cochée. En reformulant cette phrase, cela pourrait donner : **SI** l'option Mettre en avant est **VRAIE**, **ALORS** afficher l'article en premier, **SINON** l'afficher normalement.

Nous avons une condition, nous testons cette condition et nous réalisons une action si le résultat est vrai et une autre si le résultat est faux.

2. Définir un test sur une condition

Mettons en pratique un test simple sur une condition à l'aide de la fonction `if()`. Nous définissons une variable et affichons un texte différent si la variable est supérieure ou inférieure à une autre variable.

Voici notre test :

```
<?php
   $seuil=10;
   $valeur=3;
   if ($valeur<=$seuil){
      echo '<p>La valeur '.$valeur.' est inférieure à
      '.$seuil.'.</p>';
      } else {
      echo '<p>La valeur '.$valeur.' est supérieure à
      '.$seuil.'.</p>';
      }
?>
```

- Nous définissons deux variables numériques : `$seuil` et `$valeur`.

- `if` est le mot-clé qui permet de faire notre test.
- La condition est indiquée entre les parenthèses : (`$valeur<=$seuil`).
- Nous testons si la valeur de la variable `$valeur` est inférieure ou égale à la valeur de la variable `$seuil`.
- La ligne suivante indique ce qui doit être fait si le test est vrai. Si le test est vrai, alors nous affichons un texte. L'instruction est insérée entre accolades `{` et `}`.
- Le mot-clé `else` permet d'indiquer ce qui doit être fait si le test est faux.
- Si le test est faux, alors nous affichons un autre texte. L'instruction est aussi insérée entre accolades `{` et `}`.

Dans ce cas la valeur de la variable `$valeur` est `3` et elle est inférieure à la valeur de la variable `$seuil` qui est égale à `10`.

Voici le résultat affiché :

```
La valeur 3 est inférieure à 10.
```

3. Les opérateurs dans les conditions

Voilà les opérateurs à connaître pour effectuer les tests conditionnels :

- == : est égale à.
- > : est strictement supérieur à.
- >= : est supérieur ou égal à.
- < : est strictement inférieur à.
- <= : est inférieur ou égal à.
- != : est différent de.

4. Les tests multiples

Vous pouvez parfaitement tester plusieurs conditions avec le mot-clé `else if`. Ce mot-clé correspond au « sinon si ».

Nous allons tester plusieurs conditions sur la valeur de la variable `$seuil`.

```
<?php
   $valeur=22;
   if ($valeur<=10){
      echo '<p>La valeur '.$valeur.' est inférieure à 10.</p>';
      } else if ($valeur<=20){
      echo '<p>La valeur '.$valeur.' est inférieure à 20.</p>';
      } else if ($valeur<=30){
      echo '<p>La valeur '.$valeur.' est inférieure à 30.</p>';
      } else {
      echo '<p>La valeur '.$valeur.' est supérieure à 30.</p>';
      }
?>
```

- La valeur de la variable `$valeur` est définie à `22`.
- Nous testons si `$valeur` est inférieure ou égale à `10`.
- Si ce premier test est vrai, nous affichons un texte.
- Sinon, si la valeur n'est pas inférieure à `10`, nous effectuons un deuxième test.
- Le deuxième test est de savoir si la valeur est inférieure ou égale à `20`.
- Si ce deuxième test est vrai, nous affichons un texte.
- Sinon, si la valeur n'est pas inférieure à `20`, nous effectuons un troisième test.
- Le troisième test est de savoir si la valeur est inférieure ou égale à `30`.
- Si ce troisième test est vrai, nous affichons un texte.
- Sinon, si la valeur n'est pas inférieure à `30`, nous affichons un texte qui termine la série de tests.

5. Le test sur les booléens

Nous pouvons aussi tester la valeur d'une variable booléenne pour savoir si cette valeur est vraie ou fausse.

```
<?php
   $max_atteint=false;
   if ($max_atteint==true) {
      echo '<p>Le maximum est atteint</p>';
      } else {
      echo '<p>Le maximum n\'est pas atteint</p>';
      }
?>
```

- Nous définissons la variable `$max_atteint` et l'initialisons à `false`, à faux.
- Nous testons si la variable `$max_atteint` est vraie, avec l'opérateur ==.
- Si c'est vrai, nous affichons un texte en conséquence.
- Si c'est faux, nous affichons un autre texte.

Voilà le résultat affiché :

```
Le maximum n'est pas atteint
```

Nous pourrions aussi écrire cette syntaxe plus courte pour le test :

```
if ($max_atteint)
```

Cette syntaxe teste si la condition est à `true`.

6. Les conditions avec incorporation de HTML

Il est également possible d'incorporer du code HTML dans une page en fonction du résultat d'un test conditionnel. C'est d'ailleurs ce type de syntaxe qui est utilisé dans la boucle WordPress, nous y reviendrons plus tard.

Nous définissons une variable booléenne à `true` et nous testons cette variable.

```
<?php $article=true; ?>
<?php if ($article): ?>
      <p>Mon code HTML pour le <strong>VRAI</strong>.</p>
<?php else : ?>
      <p>Mon code HTML pour le <strong>FAUX</strong>.</p>
<?php endif; ?>
```

- La première ligne définit la variable `$article` à `true`.
- La deuxième ligne teste la variable à `true` par défaut quand on ne précise pas le test.
- La troisième ligne indique le code HTML à afficher si le test est vrai.
- Les deux lignes suivantes indiquent le code HTML à afficher si le test est faux.
- La dernière ligne termine le `if` avec un `endif`.

Voilà le résultat affiché :

Mon code HTML pour le **VRAI.**

7. Les conditions multiples

Vous pouvez être amené à vouloir tester plusieurs conditions. Vous devez alors associer les conditions à l'aide des deux opérateurs logiques à votre disposition.

- La logique **ET**, avec la syntaxe `AND` ou `&&`, implique que toutes les conditions doivent être vraies pour exécuter l'instruction du vrai. Si une des conditions est à faux, c'est l'instruction fausse qui est exécutée.
- La logique **OU**, avec la syntaxe `OR` ou `||`. Il suffit qu'une seule des conditions soit à vrai pour que l'instruction vraie soit exécutée. L'instruction fausse est exécutée lorsque toutes les conditions sont fausses.

Voici un exemple de conditions multiples :

```
<?php
   $val1=24;
   $val2=27;
   $val3=29;
   if ($val1>20 AND $val2>20 AND $val3>20) {
      echo '<p>Les trois variables sont supérieures à 20.</p>';
      } else {
      echo '<p>Au moins une des trois variables est inférieure à
      20.</p>';
      }
?>
```

- Nous testons si les trois variables sont toutes strictement supérieures à `20`.
- Si le test est vrai, nous affichons un texte explicite.
- Si le test est faux, nous affichons un autre texte.

Voici le résultat affiché :

```
Les trois variables sont supérieures à 20.
```

8. Les nombreuses conditions

Dans le cas où vous avez de trop nombreuses conditions à tester, l'imbrication des `if`, `else if` et `else` n'est souvent pas pratique et peu lisible. Vous pouvez alors utiliser l'alternative `switch`.

Reprenons notre exemple où nous testions si une variable était supérieure à 10, 20 ou 30. Cet exemple est simple, certes, mais nous allons l'utiliser avec le `switch`.

Voilà la syntaxe :

```
<?php
    $valeur=22;
    switch($valeur){
        case $valeur<=10;
            echo '<p>La valeur '.$valeur.' est inférieure à 10.</p>';
        break;
        case $valeur<=20;
            echo '<p>La valeur '.$valeur.' est inférieure à 20.</p>';
        break;
        case $valeur<=30;
            echo '<p>La valeur '.$valeur.' est inférieure à 30.</p>';
        break;
        default:
            echo '<p>La valeur '.$valeur.' est supérieure à 30.</p>';
    }
?>
```

- Le paramètre de `switch` est la variable testée `$valeur` dans cet exemple.
- Chaque ligne `case` permet d'effectuer un test.
- La ligne suivant chaque `case` permet d'indiquer ce qui doit être fait si le test est vrai.
- La ligne `break` indique la fin du test.
- La ligne `default` indique ce qui doit être fait si aucun test n'est valide.

Cette syntaxe n'est pas forcément plus courte (même si vous pouvez saisir chaque test, avec son `case` et son `break` sur une seule ligne), mais elle est plus lisible et plus facilement modifiable avec un grand nombre de tests.

L. La boucle Tant que

1. Utiliser la boucle Tant que

La boucle `while`, **tant que** en langage courant, est très souvent utilisée. Elle permet d'exécuter une instruction tant qu'une condition est vraie. Dès que la condition passe à faux, la boucle s'arrête. Imaginons que vous ayez un nombre d'articles donné à afficher en page d'accueil de votre site ; vous pouvez dire : **tant que** le nombre d'articles est inférieur à 10, nous les affichons dans la page d'accueil.

2. Créer une boucle

Voilà un exemple très simple où nous affichons un texte tant que la valeur testée n'est pas inférieure ou égale à `10`.

```
<?php
   $val=1;
   while ($val<=10) {
      echo '<p>Dans la boucle. Val='.$val.'</p>';
      $val++;
   }
?>
```

- Nous définissons une variable `$val` à `1`. Ce qui donne la valeur de départ dans notre boucle.
- Le mot-clé `while` permet de définir la boucle tant que.
- Entre les parenthèses du `while` nous indiquons la condition à tester pour exécuter l'instruction de la boucle. Ici nous testons si la valeur de la variable `$val` est inférieure ou égale à `10`.
- Si la valeur est inférieure à `10`, nous affichons un texte explicite.
- Ensuite nous augmentons la valeur de la variable `$val` de `1` à chaque passage. L'opérateur `++` permet d'incrémenter, d'augmenter la valeur de `1` à chaque passage.
- Dès que la valeur testée est égale à `10`, la boucle s'arrête.

3. L'exécution de la boucle

Rentrons maintenant dans la boucle, pas à pas :

- Au départ la valeur de la variable `$val` est égale à 1.
- Nous rentrons dans la boucle `while` pour tester si la valeur de la variable est inférieure ou égale à `10`.
- C'est le cas, `1<=10`.
- Nous exécutons l'instruction d'affichage.
- Nous augmentons de `1` la valeur de la variable `$val`, elle passe à `2`.
- `2` est inférieur à `10`, nous repassons dans la boucle.

- Ainsi de suite.
- À un moment, la valeur de la variable `$val` prend la valeur de `10`.
- C'est le dernier passage. Ensuite, la condition n'est plus vérifiée, nous sortons de la boucle.

Voilà l'affichage obtenu :

```
Dans la boucle. Val=1
Dans la boucle. Val=2
Dans la boucle. Val=3
Dans la boucle. Val=4
Dans la boucle. Val=5
Dans la boucle. Val=6
Dans la boucle. Val=7
Dans la boucle. Val=8
Dans la boucle. Val=9
Dans la boucle. Val=10
```

M. La boucle Pour

1. Utiliser la boucle Pour

La deuxième boucle très souvent utilisée est la boucle `for`, **pour** en langage courant. Elle permet elle aussi d'exécuter une instruction ou une séquence d'instructions plusieurs fois. C'est très pratique pour les tâches répétitives dont on connaît le nombre de fois qu'il faudra la répéter.

2. Créer une boucle

Voilà un exemple tout aussi simple d'utilisation d'une boucle `for`. Pour une variable qui va s'incrémenter de 1 en 1, jusqu'à atteindre la valeur de 10, nous allons afficher un texte.

```
<?php
   for ($valeur = 0; $valeur <=10; $valeur++) {
      echo '<p>Dans la boucle. Valeur='.$valeur.'</p>';
   }
?>
```

- La boucle est définie avec le mot-clé `for`.
- Entre les parenthèses du `for`, nous trouvons les instructions pour exécuter la boucle.
- `$valeur = 0` indique la valeur de départ de la boucle. Nous commençons avec une valeur de `0`.
- `$valeur <=10` indique quand doit s'arrêter la boucle. La boucle doit s'arrêter quand la valeur atteint `10`.
- `$valeur++` permet d'incrémenter la variable d'une valeur de `1` à chaque passage dans la boucle.

- Chaque argument de la boucle `for` est séparé par un point-virgule `;`.
- La ligne `echo` permet d'afficher un texte.

3. L'exécution de la boucle

Détaillons l'exécution de cette boucle `for`.

- Au départ la valeur de la variable `$valeur` est de `0`.
- Nous entrons dans la boucle `for`.
- Nous définissons notre variable de départ `$valeur` avec une valeur de `0`.
- Le test est exécuté : `0` est-il inférieur ou égal à `10` ?
- Oui, nous exécutons l'instruction `echo` et la boucle `for` incrémente la variable `$valeur` de `1`. Elle passe donc à `1`.
- La variable est égale à `1` et elle est toujours inférieure ou égale à `10`.
- La boucle continue.
- À un moment, la variable `$valeur` va prendre la valeur de `10`.
- À ce moment, la variable est égale à `10`. La boucle s'arrête.

N. Le choix d'une boucle

Les deux boucles `while` et `for` se ressemblent beaucoup. Comment choisir entre les deux ? La réponse peut être simple : si vous connaissez combien de fois l'instruction doit être exécutée, choisissez plutôt le `for`, sinon choisissez le `while`.

O. Les fonctions

1. Utiliser les fonctions

Les fonctions sont tout simplement des instructions qui sont mémorisées et qui vont être exécutées par un simple appel.

PHP propose des centaines de fonctions prêtes à l'emploi, dans tous les domaines d'action. Mais vous pouvez vous-même créer vos propres fonctions qui vont répondre à vos besoins précis.

2. Des fonctions existantes

Parmi les centaines de fonctions existantes dans PHP, nous allons en exemple utiliser la fonction qui permet d'afficher la date courante, c'est la fonction `date()`.

La fonction `date()` permet d'afficher la date selon plusieurs paramètres de mise en forme : mois long ou court, année sur quatre ou deux chiffres... Pour connaître tous ces paramètres, consultez cette page : http://php.net/manual/fr/function.date.php

Voici un exemple très simple :

```
<?php
   $jour=date('d');
   $mois=date('M');
   $annee=date('Y');
   echo '<p>Nous sommes le '.$jour.' '.$mois.' '.$annee.'<p>';
?>
```

L'affichage :

```
Nous sommes le 19 Mar 2012
```

Un autre exemple qui permet de compter le nombre de caractères dans un mot, avec la fonction `strlen()` :

```
<?php
   $mot="christophe";
   $nbcar=strlen($mot);
   echo '<p>Le mot '.$mot.' contient '.$nbcar.' caractères</p>';
?>
```

L'affichage résultant :

```
Le mot christophe contient 10 caractères
```

3. Créer une fonction

Maintenant nous allons créer notre propre fonction avec le mot-clé `function`. Le nom de la fonction ne doit comporter que des caractères alphanumériques et des underscores. Dans cet exemple, la fonction permet juste de dire bonjour à la personne connectée à un site.

```
<?php
   $utilisateur="Célia";
   function bonjour($utilisateur) {
      echo '<p>Bonjour '.$utilisateur.'</p>';
   }
   bonjour($utilisateur);
?>
```

- Nous définissons une variable `$utilisateur` avec une valeur, `Célia` dans cet exemple.
- Le mot-clé `function` permet de créer une fonction.
- `bonjour` est le nom de la fonction créée.
- Entre les parenthèses de la fonction nous indiquons le paramètre qui doit être utilisé dans la fonction. Ici c'est la variable `$utilisateur`.
- Entre les deux accolades `{` et `}` est indiquée l'instruction qui doit être exécutée lors de l'appel de la fonction.
- La dernière ligne est tout simplement l'appel à la fonction, avec entre les parenthèses la valeur de la variable `$utilisateur` envoyée à la fonction.

Voici le résultat affiché :

```
Bonjour Célia
```

4. La portée des variables dans les fonctions

La notion de « portée » des variables est importante : elle définit comment et où sont accessibles les variables créées.

Une variable créée dans une fonction n'est accessible que dans cette fonction.

Reprenons l'exemple précédent en modifiant la syntaxe :

```
<?php
function bonsoir($nom) {
   $nom="Aubry";
   echo '<p>Dans la fonction : '.$nom.'</p>';
}
bonsoir ();
echo '<p>En dehors de la fonction : '.$nom.'</p>';
?>
```

- Nous définissons une fonction nommée `bonsoir()`.
- Dans cette fonction, nous définissons comme argument une variable nommée `$nom`.
- La fonction a pour objectif d'afficher cette variable `$nom`.
- Ensuite, nous appelons la fonction `bonsoir()`.
- Pour terminer, nous affichons la variable `$nom`.

Voilà le résultat à l'affichage :

```
Dans la fonction : Aubry
En dehors de la fonction :
```

La ligne `echo '<p>En dehors de la fonction : '.$nom.'</p>'` : n'indique pas le nom, car la variable `$nom` a été définie dans la fonction et elle n'est utilisable que dans cette fonction et pas en dehors.

Un autre exemple où une variable est utilisée dans et en dehors d'une fonction.

```
<?php
$prenom="Mathis";
function hello() {
   echo '<p>Dans la fonction : '.$prenom.'</p>';
}
hello ();
echo '<p>Le prénom est : '.$prenom.'</p>';
?>
```

Affichage à l'écran :

```
Dans la fonction :
Le prénom est : Mathis
```

Pour la première ligne avec `echo`, la variable `$prenom` est définie en dehors de la fonction, elle est donc « inconnue » de la fonction, elle n'est donc pas affichée.

Pour la deuxième ligne avec `echo`, la variable a été définie au départ du script, elle est donc connue lors de l'utilisation du deuxième `echo`.

5. Les variables globales

Si une variable doit être utilisée partout dans une page, aussi bien hors des fonctions, que dans les fonctions de la page, il faut la déclarer comme variable globale avec le mot-clé `global`.

Voici la syntaxe :

```
<?php
function bienvenue() {
    global $surnom;
    $surnom="Le Boss";
    echo '<p>Dans la fonction : '.$surnom.'</p>';
}
bienvenue ();
echo '<p>En dehors de la fonction : '.$surnom.'</p>';
?>
```

- Nous définissons une fonction nommée `bienvenue()`.
- Ensuite, nous définissons la variable `$surnom` avec en début de ligne le mot-clé `global`
- Puis nous affectons la valeur `Le Boss` à la variable `$surnom`.
- Toujours dans la fonction `bienvenue()`, nous affichons la variable `$surnom` avec la fonction `echo`.
- Puis nous appelons la fonction `bienvenue()`.
- Enfin, nous affichons à nouveau la variable `$surnom` avec la fonction `echo`, en dehors de la fonction `bienvenue()` .

Voici l'affichage :

```
Dans la fonction : Le Boss
En dehors de la fonction : Le Boss
```

La variable `$surnom` étant déclarée comme globale, elle est utilisable partout.

P. Des fonctions utiles sur les variables

1. Tester si une variable est définie

Lorsque vous devez utiliser une variable, vous devriez toujours tester si elle existe, si elle est définie. C'est l'objectif de la fonction `isset()`. La fonction renvoie `true` si la variable est définie, `false` si elle ne l'est pas. Notez qu'une variable est considérée comme non définie si elle n'est pas affectée d'une valeur ou si elle contient la valeur `null`. Si la variable contient une chaîne de caractères vide avec la syntaxe `""`, ou si elle contient la valeur `0` ou `false`, elle est considérée comme définie.

Le code :

```
<?php
   $varDef=isset($maVariable);
   if ($varDef) {
      echo "La variable est définie";
   } else {
      echo "La variable n'est pas définie";
   }
?>
```

- Nous définissons une variable nommée `$varDef` pour stocker le résultat de la fonction `isset()` qui teste la définition de la variable `$maVariable`.
- Nous testons avec un `if()` le contenu de la variable `$varDef`, à savoir si elle contient `true` (premier cas) ou `false` (deuxième cas).

L'affichage :

```
La variable n'est pas définie
```

Effectivement, la variable `$maVariable` n'est pas définie.

Deuxième exemple :

```
<?php
   $maVariable1='';
   $maVariable2='Oui';
   $varDef1=isset($maVariable1);
   $varDef2=isset($maVariable2);
   if ($varDef1 && $varDef2) {
      echo "Les variables sont définies";
   } else {
      echo "Les variables ne sont pas définies";
   }
?>
```

L'affichage :

```
Les variables sont définies
```

Les deux variables sont définies en début de code. L'une est vide, l'autre contient `Oui`.

2. Tester si une variable est vide

La fonction `empty()` teste si une variable est vide. Cette fonction renvoie `true` si la variable est vide, `false` si elle ne l'est pas.

Exemple :

```
<?php
    $uneVariable='';
    $varVide=empty($uneVariable);
    if ($varVide) {
        echo "La variable est vide";
    } else {
        echo "La variable n'est pas vide";
    }
?>
```

- Nous définissons une variable nommée `$uneVariable`.
- Nous lui affectons une valeur vide avec : `''`.
- Nous définissons une variable nommée `$varVide` pour stocker le résultat de la fonction `empty()` qui teste si la variable `$maVariable` est vide.
- Nous testons avec un `if()` le résultat de la variable `$varVide`, à savoir si elle renvoie `true` (premier cas) ou `false` (deuxième cas).

L'affichage :

```
La variable est vide
```

Effectivement la variable est vide, puisqu'elle ne contient pas de valeur.

Si on indique dans le code précédent : `$uneVariable='tyty';`, l'affichage est : `La variable n'est pas vide`. Effectivement nous avons affecté une valeur à la variable.

Q. Insertion de fichiers

1. Objectif

Quand vous créez un thème pour WordPress, il est judicieux de séparer les différentes zones d'affichage dans plusieurs fichiers PHP séparés. Cela permet de mieux gérer son code, de ne pas avoir des centaines de lignes de code dans un même fichier. Il est ainsi possible de séparer les zones dont l'affichage est identique sur toutes les pages (en-tête et pied de page) des zones qui varient selon la page affichée (la zone centrale de contenu).

Pour faire cela, il va falloir déterminer un fichier « maître » qui contiendra dans son code l'inclusion des autres fichiers.

2. Les différentes parties d'une page

Dans cet exemple simpliste, nous avons :

- Un fichier pour l'en-tête, nommé **en-tete.php**.
- Un fichier pour la partie centrale, nommé **corps.php**.
- Un fichier pour le pied de page, nommé **pied-page.php**.
- Un fichier « maître » qui assemble tous ces fichiers, nommé **index.php**.

3. Le fichier d'en-tête

Le fichier d'en-tête, **en-tete.php**, contient :

- Le début de la déclaration HTML de la page.
- Un titre de niveau `<h1>`.
- Un petit code PHP construisant une chaîne de caractères par concaténation.

Voici le code :

```
<!DOCTYPE html PUBLIC "-//W3C//DTD XHTML 1.0 Strict//EN"
"http://www.w3.org/TR/xhtml1/DTD/xhtml1-strict.dtd">
<html xmlns="http://www.w3.org/1999/xhtml">
<head>
<meta http-equiv="Content-Type" content="text/html; charset=UTF-8" />
<title>Mon site en PHP</title>
</head>
<body>
<h1>Titre de mon site dans l'en-tête</h1>
<?php
   $valeur='WordPress';
   $nom='Christophe';
   echo '<p>Bonjour '.$nom.', êtes vous administrateur de '.$valeur.' ?</p>';
?>
```

4. Le fichier de la zone centrale

Le fichier de la zone centrale, **corps.php**, contient :

- Un titre de niveau <h2>,
- Un paragraphe de texte statique <p>,
- Un deuxième titre de niveau <h2>,
- Un petit code PHP sur un test de variable.

Voici le code :

```
<h2>C'est le corps de ma page</h2>
<p>Cum sociis natoque penatibus et magnis dis parturient
montes, nascetur ridiculus mus. Curabitur blandit tempus porttitor.
Vestibulum id ligula porta felis euismod semper. Maecenas sed diam
eget risus varius blandit sit amet non magna. Donec sed odio dui. Sed
posuere consectetur est at lobortis.</p>
<h2>Un petit test avec if()</h2>
<?php $val=2; ?>
<?php if ($val>10): ?>
   <p>La valeur est plus grande que 10.</p>
<?php else : ?>
   <p>La valeur est plus petite que 10.</p>
<?php endif; ?>
```

5. Le fichier du pied de page

Le fichier du pied de page, **pied-page.php**, contient :

- Un titre de niveau <h2>,
- Les balises de fermeture des éléments <body> et <html>.

Voici le code :

```
<h2>Mon pied de page</h2>
</body>
</html>
```

6. Le fichier maître

Le fichier « maître », **index.php**, est celui qui va assembler tous ces fichiers. Ce fichier utilise la fonction `include()` avec comme argument le nom du fichier à inclure.

Voici le code :

```
<?php
   include ("en-tete.php");
   include ("corps.php");
   include ("pied-page.php");
?>
```

Voici l'affichage obtenu avec l'URL **index.php** :

> **Titre de mon site dans l'en-tête**
>
> Bonjour Christophe, êtes vous administrateur de WordPress ?
>
> **C'est le corps de ma page**
>
> Cum sociis natoque penatibus et magnis dis parturient montes, nascetur ridiculus mus. Curabitur blandit tempus porttitor. Vestibulum id ligula porta felis euismod semper. Maecenas sed diam eget risus varius blandit sit amet non magna. Donec sed odio dui. Sed posuere consectetur est at lobortis.
>
> **Un petit test avec if()**
>
> La valeur est plus petite que 10.
>
> **Mon pied de page**

7. Simplifier la structure

Nous pourrions parfaitement simplifier cette structure, avec la fusion du document maître **index.php** et le fichier **corps.php**.

Voilà le code du fichier **index.php** :

```
<?php
   include ("en-tete.php");
?>
<h2>C'est le corps de ma page</h2>
<p>Cum sociis natoque penatibus et magnis dis parturient montes,
nascetur ridiculus mus. Curabitur blandit tempus porttitor.
Vestibulum id ligula porta felis euismod semper. Maecenas sed
diam eget risus varius blandit sit amet non magna. Donec sed
odio dui. Sed posuere consectetur est at lobortis.</p>
<h2>Un petit test avec if()</h2>
<?php $val=2; ?>
<?php if ($val>10): ?>
      <p>La valeur est plus grande que 10.</p>
<?php else : ?>
      <p>La valeur est plus petite que 10.</p>
<?php endif; ?>
<?php
   include ("pied-page.php");
?>
```

L'affichage reste le même.

Chapitre 3 : La structure des thèmes

A. L'objectif

Nous allons voir dans ce chapitre comment sont structurés les thèmes WordPress et quels sont les fichiers qui interviennent pour créer un thème.

B. Les fichiers des thèmes

1. Les fichiers obligatoires

Les fichiers strictement obligatoires sont au nombre de deux :

- **index.php** : c'est le fichier qui est utilisé quand aucun autre fichier de mise en page (template) n'est présent dans le dossier de votre thème. Il est aussi utilisé pour afficher la page d'accueil de votre site.
- **style.css** : c'est le fichier des styles CSS qui sont utilisés pour la mise en forme et la mise en page du thème. Ce fichier contient aussi des paramètres indispensables pour la gestion des thèmes dans l'interface d'administration de WordPress.

2. Le fichier de personnalisation

Le fichier **functions.php** va permettre, entre autre et si besoin est, d'ajouter des fonctionnalités de paramétrage, des options spécifiques de personnalisation du thème.

3. Les fichiers de structure

Pour créer un thème, vous pouvez utiliser plusieurs fichiers. Chaque fichier va s'occuper de l'affichage d'une partie des pages présentes à l'écran. Cela va permettre d'éviter de répéter plusieurs fois la même structure.

Avec une structure "classique", vous avez :

- le fichier **index.php** qui fait office de "metteur en scène". C'est dans ce fichier que sont appelés les autres fichiers spécialisés dans tel ou tel type d'affichage.
- le fichier **header.php** s'occupe exclusivement de l'affichage de l'en-tête.
- le fichier **footer.php** s'occupe exclusivement de l'affichage du pied de page.
- le fichier **sidebar.php** s'occupe exclusivement de l'affichage de la colonne latérale.

Ces trois derniers fichiers sont appelés par le fichier **index.php** pour afficher toutes les pages du site.

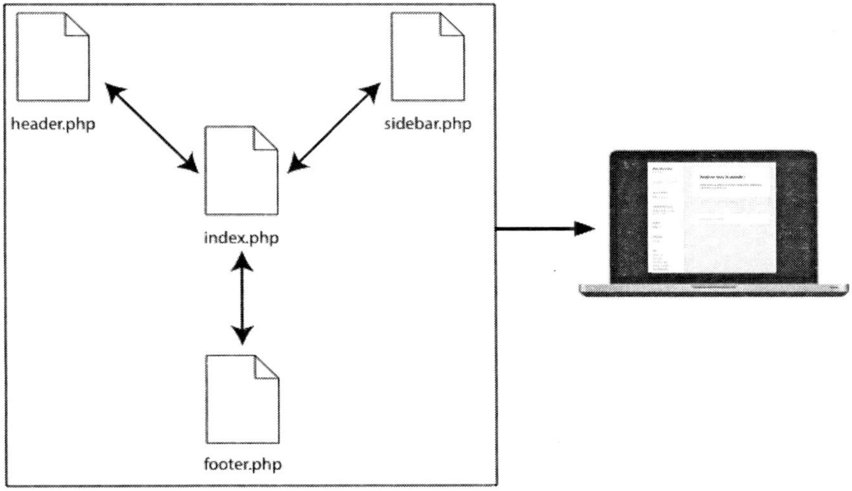

Voici comment sont utilisés ces fichiers pour gérer l'affichage dans le thème **Twenty Fifteen** de WordPress 4.1 :

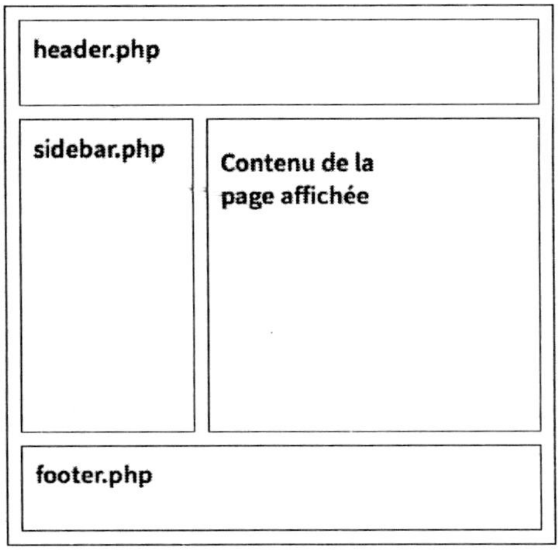

4. L'appel des fichiers

Comment les fichiers constitutifs sont-ils appelés et inclus dans la page index.php ? Grâce à des fonctions propres à WordPress :

`<? get_header(); ?>` : permet l'insertion du fichier **header.php** dans la page qui utilise cette fonction. Voici l'URL de cette fonction dans le Codex de WordPress :
http://codex.wordpress.org/Function_Reference/get_header

`<? get_sidebar(); ?>` : permet l'insertion du fichier **sidebar.php** dans la page qui utilise cette fonction. Voici l'URL de cette fonction dans le Codex de WordPress :
http://codex.wordpress.org/Function_Reference/get_sidebar

`<? get_footer(); ?>` : permet l'insertion du fichier **footer.php** dans la page qui utilise cette fonction. Voici l'URL de cette fonction dans le Codex de WordPress :
http://codex.wordpress.org/Function_Reference/get_footer

Voici la structure des fichiers avec le thème **Twenty Fifteen**. Notez que l'appel au fichier **sidebar.php** se fait dans le fichier **header.php** et non pas dans le fichier **index.php** comme usuellement. Notez aussi que l'affichage de la sidebar se fait à gauche dans la fenêtre du navigateur, mais pour plus de facilité et de lisibilité, la sidebar est affichée à droite dans ce schéma.

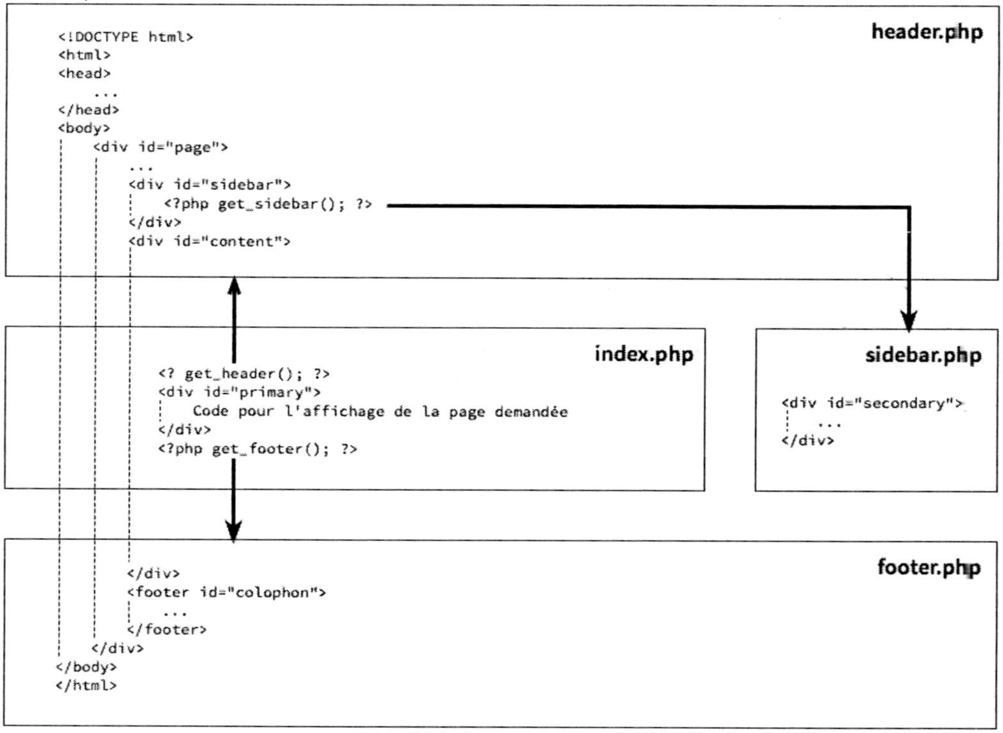

5. Le code et l'affichage généré

Voici le code généré et très simplifié par le thème **Twenty Fifteen** de WordPress 4.1 :

```
<!DOCTYPE html>
<html>
<head>
   <title>...</title>
   <link rel="stylesheet" type="text/css" media="all" href="..." />
</head>
<body>
   <div id="page">
        <div id="sidebar">
              ...le contenu de la colonne latérale...
        </div>
        <div id="content">
              ...pour l'affichage du contenu de la page...
        </div>
        <footer id="colophon">
              ...le contenu du pied de page...
        </footer>
   </div> // fin de la boîte #page
</body>
</html>
```

Voici maintenant le schéma plus détaillé de l'affichage du thème **Twenty Fifteen** :

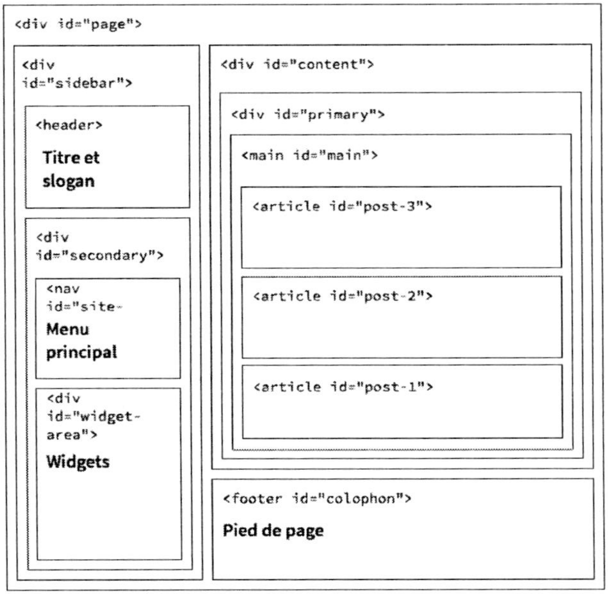

6. La place des éléments HTML

Il est important de bien noter la place des éléments HTML de structure.

Les balises d'ouverture des éléments de structure de page `<html>`, `<head>` et `<body>` se trouvent dans le fichier d'en-tête **header.php**. C'est logique et très pratique, puisque toutes les pages du site font appel à l'en-tête, il ne sera pas nécessaire de répéter ces balises d'ouverture à chaque type de contenu à afficher.

Il en est de même pour tout le contenu de la sidebar (`<div id="sidebar">`). Nous trouvons aussi la balise d'ouverture de la boîte `<div id="content">` qui permet l'affichage de la zone centrale, là où sont affichés les contenus.

Vous retrouvez le même principe et la même logique avec les balises de fermeture des éléments `</div> (#content)`, `</body>` et `</html>` qui sont placées dans le fichier **footer.php**. Ce fichier étant appelé par toutes les pages affichées dans le site.

Ainsi les pages de contenu ne se préoccupent que du contenu et pas de savoir quels sont les éléments à ouvrir ou à fermer.

Nous venons de le voir, les fichiers **header.php** et **footer.php** prennent en charge tous les éléments HTML communs à toutes les pages du site.

Chapitre 4 : La hiérarchie des templates

A. L'objectif

Les thèmes pour WordPress sont constitués de nombreux fichiers appelés template qui prennent en charge l'affichage des pages demandées par les visiteurs. Il n'y a pas qu'un seul fichier de mise en page pour l'ensemble du site WordPress.

À chaque type de page du site correspond un fichier de mise en page, un template. Dans ce chapitre nous allons passer en revue tous ces templates qui s'utilisent de manière très précise selon une hiérarchie parfaitement définie.

Voici le lien sur le codex de WordPress, expliquant cette hiérarchie des templates :
http://codex.wordpress.org/Template_Hierarchy

B. La hiérarchie des templates

Le schéma de la hiérarchie des templates se lit de gauche à droite.

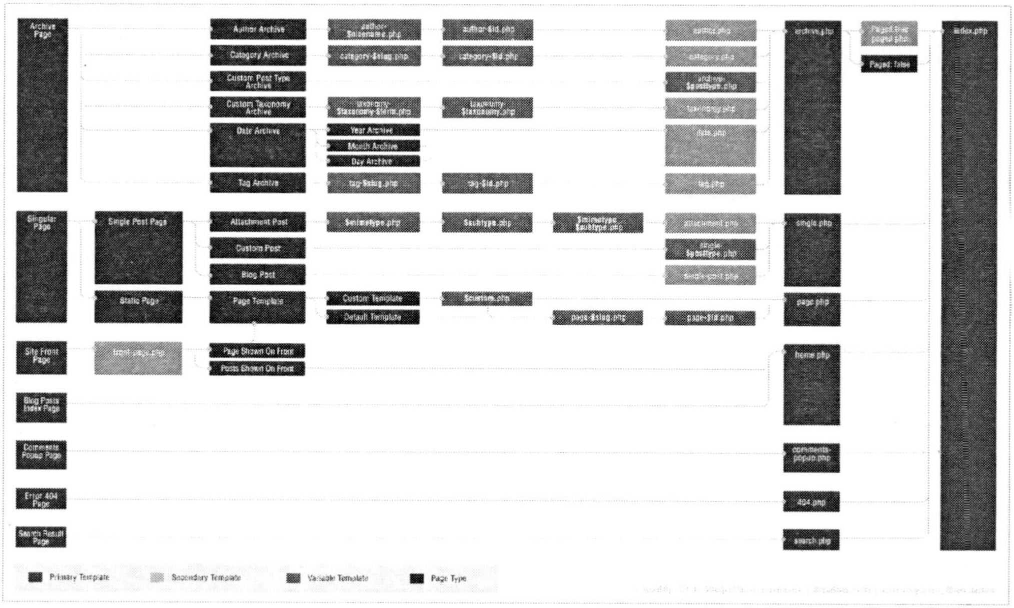

La première étape consiste pour WordPress à déterminer le type de page demandé à l'affichage. Cela peut être :

- une page d'archive : **Archive Page**,
- une page seule, article ou page : **Singular Page**,
- une page d'accueil : **Site Front Page** ou **Blog Posts Index Page**,

- une page de commentaires : **Comments Popup Page**,
- une page d'erreur (page non trouvée) : **Error 404 Page** ou
- une page d'affichage du résultat d'une recherche : **Search Result Page**.

La deuxième étape consiste à déterminer quel est le template à utiliser, selon la présence même de ces fichiers de mise en page. Prenons tout de suite un exemple précis. Supposons qu'un visiteur ait demandé d'afficher un article en page seule.

Dans la hiérarchie des templates, voici le chemin utilisé par WordPress pour afficher cet article en page seule :

1. WordPress détermine qu'il s'agit d'une page seule : type **Singular Page**,
2. WordPress détermine qu'il s'agit d'un article : type **Single Post Page**,
3. WordPress détermine qu'il s'agit du contenu rédactionnel : type **Blog Post**.

Ensuite WordPress prend le premier template, le premier fichier de mise en page qu'il trouve en suivant le fil du choix.

4. WordPress utilise le template **single-post.php** si celui-ci est présent.
5. S'il n'est pas présent, WordPress utilise ensuite le template **single.php** si celui-ci est présent.
6. S'il n'est pas présent, WordPress utilise le template **index.php**.

Ce dernier template est strictement obligatoire pour qu'un thème soit valide. Il ne pourra être donc que présent.

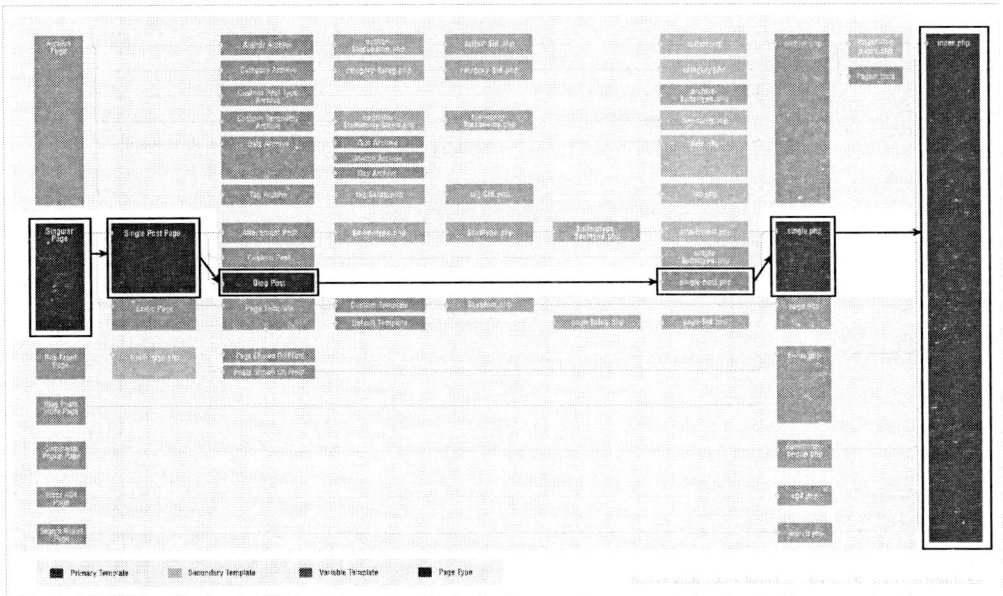

En conclusion, vous voyez que le dernier template à pouvoir être utilisé est le fichier **index.php**. Comme ce dernier est strictement obligatoire, ce fichier est utilisé en dernier recours.

C. Les templates

Dans ce schéma de la hiérarchie des templates, plusieurs types de template existent.

1. Les templates de variable

Les templates de variable (en rouge sur le schéma du codex) sont à créer par le concepteur du thème, lorsqu'il souhaite avoir une mise en page spécifique pour un contenu spécifique.

Prenons un premier exemple : le concepteur du thème veut avoir une mise en page unique pour afficher la liste des contenus rédactionnels de l'auteur **christophe**. Le concepteur devra créer un template nommé **author-christophe.php**. Christophe étant le **nicename**, le pseudonyme dans le profil de l'utilisateur.

Deuxième exemple : le concepteur du thème veut avoir une mise en page unique pour l'affichage des contenus utilisant le mot-clé **voyage**, il faut qu'il crée un template nommé **tag-voyage.php**.

Vous comprenez la règle de nommage : dans ces templates la partie variable, **$variable**, doit utiliser comme libellé, le nom du type de contenu à afficher :

- **author-$nicename.php**, donne **author-christophe.php** pour le pseudonyme **christophe**.
- **tag-$slug.php**, donne **tag-voyage.php** pour le mot-clé **voyage**.

2. Les templates secondaires

Les templates secondaires (en bleu clair sur le schéma du codex) ne sont pas obligatoires et sont donc souvent absents des thèmes. Ils permettent de définir des mises en page plus spécifiques.

Le template secondaire **author.php** permet de définir la mise en page pour l'affichage des contenus rédactionnels de tous les auteurs. Le template secondaire **tag.php** permet de définir la mise en page pour l'affichage de la liste des articles pour les mots-clés cliqués.

3. Les templates primaires

Les templates primaires (en bleu foncé sur le schéma du codex) ne sont pas strictement obligatoires (puisque seul le template **index.php** l'est), mais ils sont généralement tous présents dans les thèmes actuels.

Le template primaire **archive.php** gère l'affichage de toutes les archives (par auteurs, catégories, mots-clés et calendaires).

Le template **single.php** gère l'affichage des articles en page seule.

Le template **page.php** gère l'affichage des pages.

Le template **home.php** gère un des affichages possibles de la page d'accueil.

Le template **comments-popup.php** gère l'affichage des commentaires en page seule.

Le template **404.php** gère l'affichage des erreurs des pages non trouvées.

Le template **search.php** gère l'affichage du résultat des recherches.

4. Le template obligatoire

Nous l'avons déjà évoqué, le seul template qui soit strictement obligatoire est **index.php**. C'est lui qui clôt tous les chemins des choix des templates.

D. Les pages d'accueil

WordPress permet de gérer plusieurs types de page d'accueil, en fonction de ce que vous souhaitez y afficher.

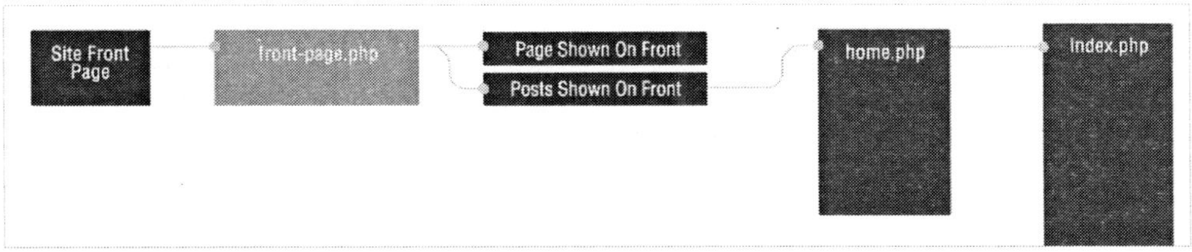

1. La page d'accueil de type blog

Par défaut, WordPress affiche dans la page d'accueil, la liste des derniers articles publiés. Dans ce cas, c'est le template **index.php** qui est utilisé. Dans le menu **Réglages**, choisissez **Lecture**. Dans les options **La page d'accueil affiche**, laissez cochée l'option **Les derniers articles**.

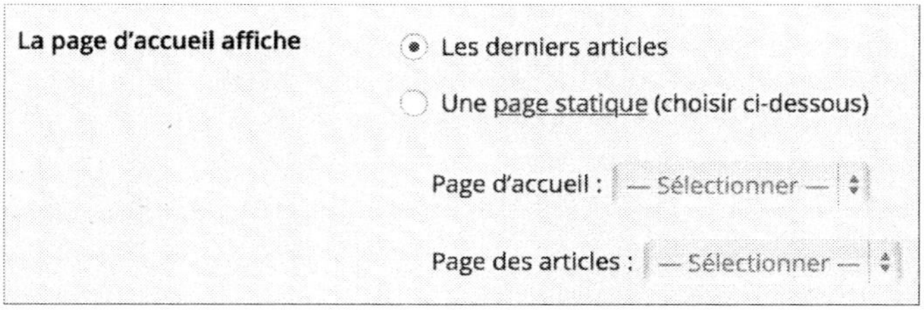

2. La page d'accueil de type site classique

Pour la page d'accueil, vous le savez, vous pouvez afficher, non pas la liste des derniers articles, mais une page spécifique précédemment créée. Dans les mêmes réglages, choisissez l'option **une page statique**. Puis dans les deux listes déroulantes (**Page d'accueil** et **Page des articles**), choisissez la page qui doit être utilisée pour la page d'accueil et celle pour l'affichage des articles.

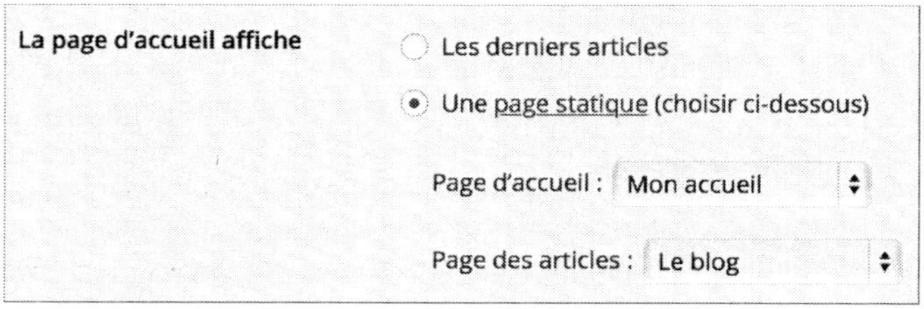

Avec ce réglage, c'est le fichier **front-page.php** qui est utilisé pour l'affichage de la page d'accueil, si ce template existe bien sûr. Et lorsque vous affichez la liste des derniers articles de votre site, la partie blog de celui-ci, c'est le fichier **home.php** qui est utilisé, là encore, si ce template existe.

E. Les templates des articles

Plusieurs templates permettent de prendre en charge l'affichage des articles.

1. Les types d'affichage

Une fois que WordPress a déterminé que le type de page à afficher est une page seule (**Singular Page**) et qu'il s'agit d'un article (**Single Post Page**), il doit déterminer quel est le contenu à afficher.

Nous avons trois possibilités :

- si l'affichage concerne un fichier joint (comme les images incluses dans les articles), c'est le type **Attachment Post** qui est choisi.

- si l'affichage concerne un contenu personnalisé (**Custom Post Type** dans la terminologie de WordPress), c'est le type **Custom Post** qui est choisi.
- si l'affichage concerne un article, c'est le type **Blog Post** qui est choisi.

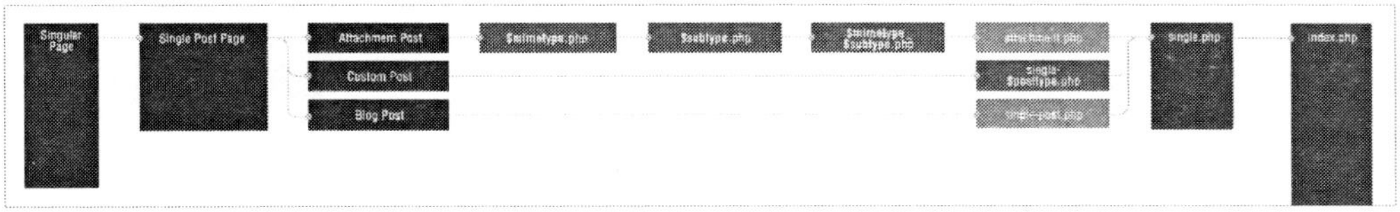

2. Les templates des fichiers joints

Les fichiers joints sont par exemple les images que vous insérez dans les articles. Les templates peuvent être personnalisés en fonction du type MIME des fichiers joints. Voici le lien vers la page Wikipedia sur les types MIME : http://fr.wikipedia.org/wiki/Type_MIME

Dans ce cas, vous pouvez créer un template spécifique selon le type MIME du fichier. Les templates dédiés seront nommés avec la syntaxe **$typemime.php**.

- Si c'est une image, le template sera nommé **image.php**.
- Si c'est un fichier bureautique, le template dédié devra être nommé **application.php**.

Le deuxième template utilisable est spécifique au format du fichier attaché. Le template est nommé selon cette syntaxe : **$subtype.php**. La variable **$subtype** est le type MIME : JPEG, PDF, MPEG, PLAIN... Nous aurons donc des templates nommés : **jpeg.php**, **pdf.php**, **mpeg.php**, **plain.php**...

Nous pouvons aussi associer le type MIME et le format avec la syntaxe **$typemime_$subtype.php**. Pour les images au format JPEG, le template dédié devra être nommé **image_jpeg.php**. Pour les fichiers bureautiques au format PDF, le template dédié devra être nommé **application_pdf.php**.

Si ces templates variables n'existent pas dans le dossier du thème, c'est le template secondaire **attachent.php** qui sera utilisé, s'il est présent bien sûr.

Si ce dernier n'est pas présent, les templates **single.php** et **index.php** sont utilisés en dernier recours.

3. Les templates des contenus personnalisés

WordPress ne propose nativement que des types de contenu de type **Article** et **Page**. Mais pour des besoins spécifiques, vous pouvez parfaitement créer d'autres types de contenu avec les **Custom Post Type** (http://codex.wordpress.org/Post_Types).

Si vous créez un nouveau type de contenu personnalisé nommé **livre** par exemple, ces contenus pourront être affichés de manière spécifique avec le template utilisant la syntaxe **single-$posttype.php**. Avec notre exemple, le template sera nommé : **single-livre.php**.

Comme toujours, si ce template n'est pas présent, ce sera le template **single.php** qui sera utilisé, puis **index.php** en cas d'absence de ce dernier.

4. Les templates des articles

Avec le type de contenu **Article**, c'est le template secondaire nommé **simple-post.php** qui sera utilisé. S'il n'est pas présent, ce sera **single.php**, puis **index.php** en cas d'absence de ce dernier.

F. Les templates des pages

Vous avez à votre disposition deux types de page pour gérer l'affichage des pages statiques de vos sites WordPress : les pages standards et les modèles de page.

1. Les types de page

Une fois que WordPress a déterminé que la page à afficher est une page seule (**Singular Page**), qu'il s'agit d'une page statique (**Static Page**) et qu'il s'agit d'un modèle de page (**Page Template**), WordPress doit déterminer le type de template : soit c'est un template standard (**Default Template**), soit c'est un template personnalisé (**Custom Template**).

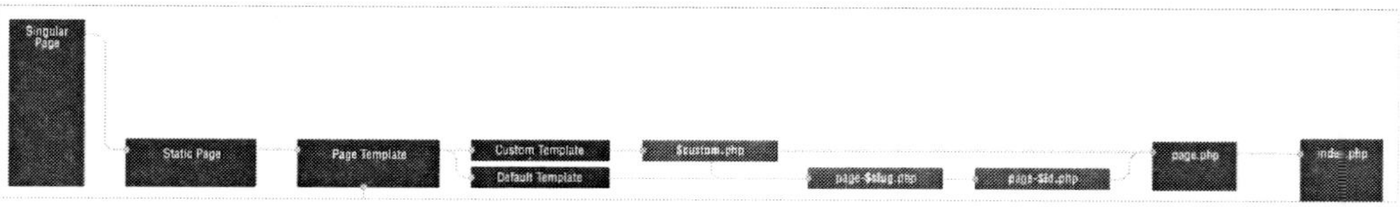

2. Les modèles de page

Vous le savez, WordPress permet de créer et d'utiliser des modèles de page personnalisés, afin d'avoir une mise en page et une mise en forme pour des pages spécifiques. Tous ces modèles sont accessibles lorsque vous créez vos pages, dans le module **Attributs de la page**, dans la liste déroulante **Modèle**.

Attention, dans la version 4.1 de WordPress, dans le thème installé par défaut **Twenty Fifteen**, il n'y a pas de modèle de page statique, donc la liste déroulante **Modèle** n'est pas affichée.

Mais dès que vous créerez des modèles de page, la liste déroulante sera affichée dans le module :

Le nom des templates des pages est laissé libre, ils utilisent la syntaxe **$custom.php**.

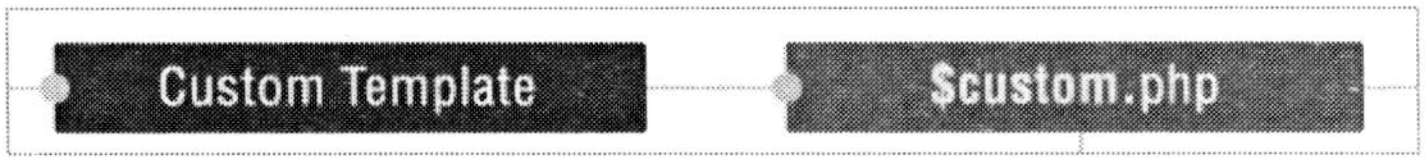

Dans les versions précédentes de WordPress (inférieure à 4.1), il y avait deux modèles de page statique nommés **contributors.php** et **full-width.php**. Ces deux fichiers étaient placés dans un dossier nommé **page-templates**.

3. Les templates spécifiques

Vous avez la possibilité de créer et d'utiliser des templates spécifiques pour certaines pages statiques de votre site. Ces templates variables utilisent soit le slug, soit l'identifiant de ces pages dans leur nom. Vous pouvez utiliser soit la syntaxe **page-$slug.php**, soit la syntaxe **page-$id.php**.

Si le titre de la page est **Projets** (sachant que par défaut le titre donne le slug du contenu), le template spécifique doit s'appeler **page-projets.php**.

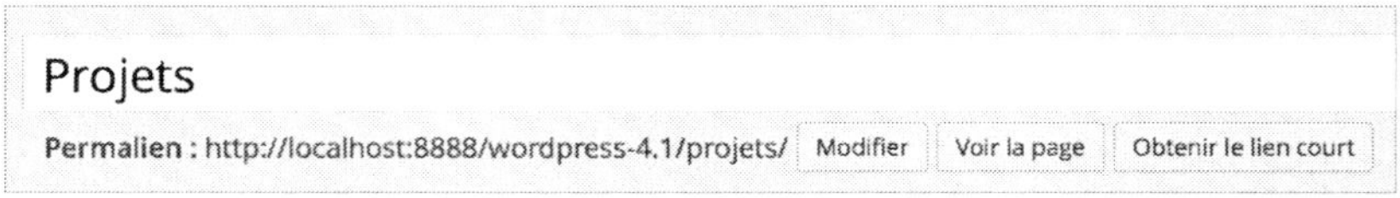

Si l'identifiant unique de la page est **23**, le template spécifique doit s'appeler **page-23.php**.

4. Les templates standards

Si vous n'avez pas de modèle de page et si vous n'avez pas créé de template spécifique, c'est le template **page.php** qui est utilisé.

Si ce dernier n'est pas présent, c'est le template **index.php** qui est utilisé, comme toujours au final.

G. Les templates des archives

WordPress nous permet d'utiliser des archives selon différents types :

- archive par catégorie d'article,
- archive par mot-clé,
- archive par auteur et
- archive calendaire.

Nous allons pouvoir utiliser des templates spécifiques pour chaque type d'archive.

1. Les types de page

Une fois que WordPress a déterminé qu'il doit afficher une page d'archive (**Archive Page**), il détermine le type d'archive :

- archive des auteurs : **Author Archive**,
- archive des catégories des articles : **Category Archive**,
- archive pour les types de contenus personnalisés : **Custom Post Type Archive**,

- archive pour la taxinomie personnalisée : **Custom Taxonomy Archive**,
- archive calendaire : **Date Archive**,
- archive pour les mots-clés : **Tag Archive**.

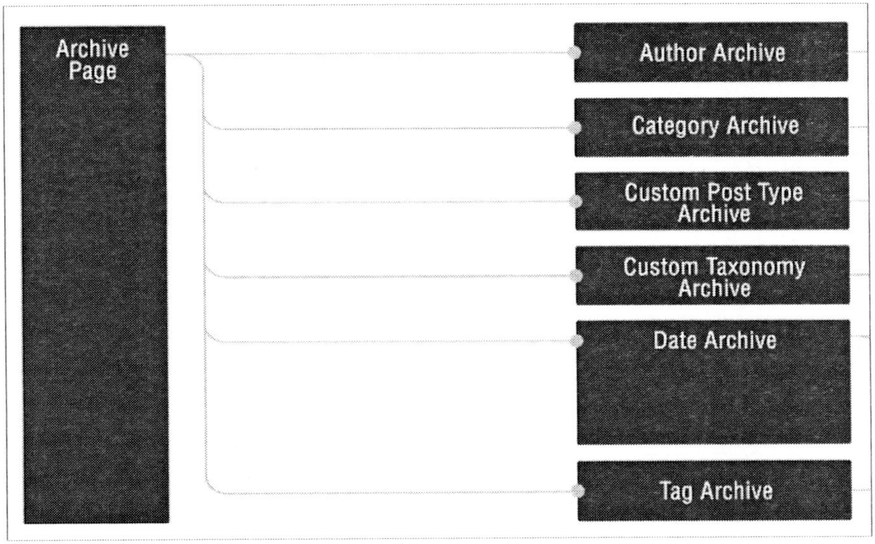

2. Les templates des archives des auteurs

Lorsque le visiteur clique sur le nom d'un auteur d'un contenu, il affiche la liste des contenus rédigés par cet auteur et affiche éventuellement des renseignements du profil de ce rédacteur.

Dans ce cas, ce sont les templates des archives des auteurs qui sont utilisés. Vous pouvez créer et utiliser des templates spécifiques pour tel ou tel auteur. Pour le nom de ces templates utiliser la syntaxe **author-$nicename.php** ou **author-$id.php**. La variable **$nicename** correspond au pseudonyme de l'utilisateur et **$id** correspond à son identifiant unique. Si le pseudonyme de l'auteur est **christophe**, son template spécifique devra être nommé **author-christophe.php**. Si son identifiant est **42**, son template spécifique devra être nommé **author-42.php**.

S'il n'y a pas de template spécifique de présent, c'est le template secondaire **author.php** qui est utilisé. Ensuite, c'est **archive.php**, puis comme toujours **index.php** qui clos le choix du template à utiliser.

3. Les templates des archives des catégories

Lorsque vous avez mis en place une taxinomie des articles basée sur l'utilisation de catégories, les visiteurs peuvent cliquer sur le nom d'une de ces catégories pour afficher la liste de tous les articles qui sont classés dans celle-ci.

Vous pouvez créer et utiliser un template spécifique pour chaque catégorie voulue. Le nom de ces templates doit utiliser la syntaxe **category-$slug.php** ou **category-$id.php**.

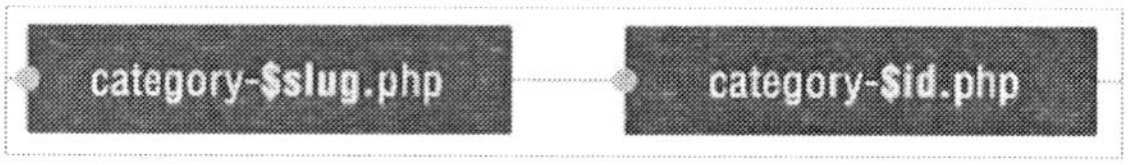

La variable **$slug** correspond au nom de la catégorie. Par défaut le nom de la catégorie donne le slug de celle-ci. C'est le champ **Identifiant** dans l'interface de WordPress.

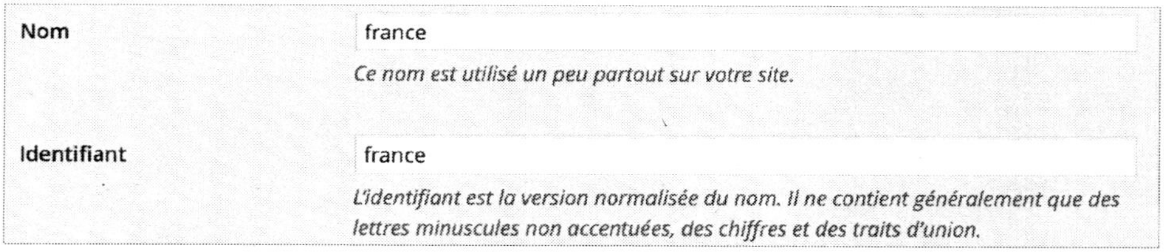

La variable **$id** correspond à l'identifiant unique de la catégorie.

Si le slug de la catégorie est **france**, son template spécifique sera nommé **category-france.php**. Si son identifiant est **32**, son template spécifique sera nommé **category-32.php**.

Si aucun template spécifique n'est présent, c'est le template secondaire **category.php** qui est utilisé. Ensuite, c'est **archive.php**, puis comme toujours **index.php** qui clos le choix du template à utiliser.

4. Les templates des archives des types de contenu personnalisé

Lorsque vous créez de nouveaux types de contenu personnalisé (**Custom Post Type**), ces derniers peuvent fonctionner comme les articles. Les visiteurs pourront donc afficher leurs archives. Le template de ces archives doit être nommé selon cette syntaxe : **archive-$posttype.php**, où la variable **$posttype** est le nom du type de contenu personnalisé. Si le nouveau type de contenu personnalisé est **livres**, le template des archives doit être nommé **archive-livres.php**.

Comme toujours, nous avons ensuite **archive.php** et **index.php**.

5. Les templates de la taxinomie des types de contenu personnalisé

Lorsque vous créez de nouveaux types de contenu personnalisé (**Custom Post Type**), vous pouvez leur associer une taxinomie, comme les catégories pour les articles.

Si vous souhaitez créer des templates spécifiques pour cette taxinomie personnalisée, vous devez nommer ces templates avec cette syntaxe : **taxonomy-$taxonomy-$term.php** ou **taxonomy-$taxonomy.php**.

La variable **$taxonomy** indique le nom de la taxinomie. Si nous avons une taxinomie nommée **genre**, le template sera nommé **taxonomy-genre.php**.

La variable **$term** indique une valeur de cette taxinomie. Si nous avons une valeur nommée **roman**, le template sera nommé **taxonomy-genre-roman.php**.

S'il n'y a pas de template spécifique, c'est le template secondaire **taxonomy.php** qui est utilisé. Comme toujours, nous avons ensuite **archive.php** et **index.php**.

6. Les templates des archives calendaires

Tous les articles de vos sites WordPress sont classés de manière calendaire : par année, mois et jour.

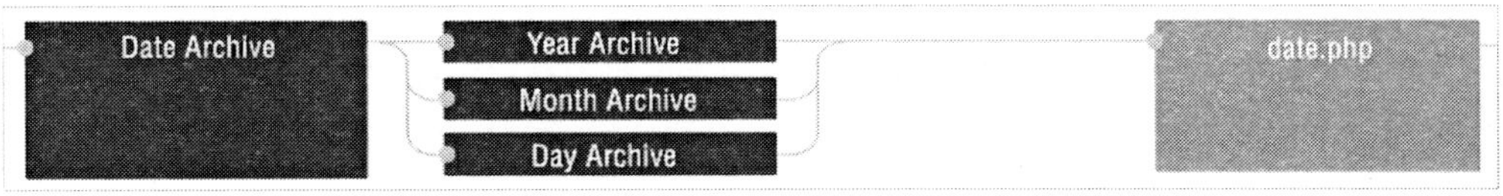

Vous allez pouvoir utiliser le template **date.php** pour personnaliser cet affichage. Comme toujours, nous avons ensuite l'utilisation des templates **archive.php** et **index.php**.

7. Les templates des mots-clés

Vous avez la possibilité d'associer des mots-clés à vos articles. Lorsqu'un visiteur clique sur l'un de ces mots-clés, il affiche tous les contenus utilisant ce mot-clé.

Une fois que WordPress a déterminé que le type de page est celui d'un mot-clé (type **Tag Archive**), vous pouvez personnaliser les templates utilisés pour l'affichage de la liste des articles contenant le mot-clé cliqué.

Le template **tag-$slug.php** permet l'affichage de la page d'un mot-clé spécifié. La variable **$slug** est le nom du mot-clé. Par défaut, le slug reprend le libellé du mot-clé. Dans l'interface de WordPress, le slug est indiqué dans le champ **Identifiant** dans la gestion des mots-clés.

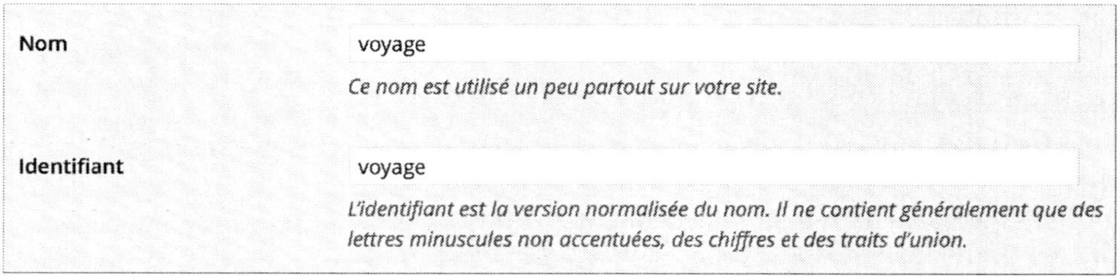

Si le mot-clé est **voyage**, le template doit s'appeler **tag-voyage.php**.

Si l'identifiant du mot-clé est **12**, son template spécifique devra être nommé **tag-12.php**.

S'il n'y a pas de template spécifique, c'est le template secondaire **tag.php** qui est utilisé. Comme toujours, nous avons ensuite l'utilisation des templates **archive.php** et **index.php**.

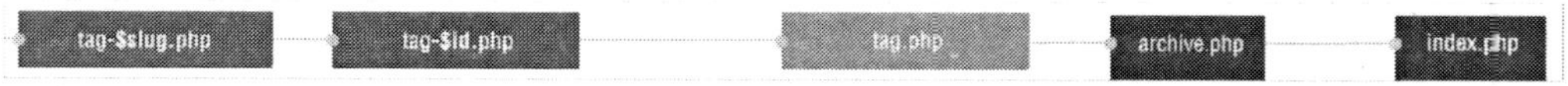

H. Les autres templates

Vous avez à votre disposition trois autres types de page :

- les pages de commentaires en nouvelle fenêtre : **Comments Popup Page**,
- la page d'erreur pour les pages non trouvées : **Error 404 Page**,
- la page des résultats d'une recherche : **Search Result Page**.

Chacun de ces types de page possède son template : **comments-popup.php**, **404.php** et **search.php**.

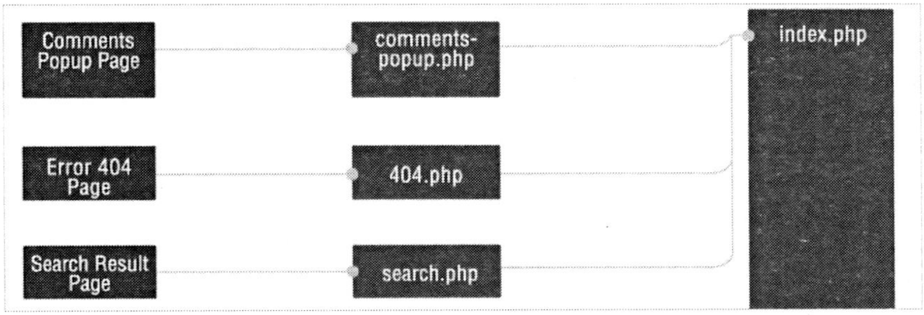

I. Les marqueurs de modèle

1. Utiliser les marqueurs de modèle

Les marqueurs de modèle, les template tags en anglais, sont des fonctions propres à WordPress qui permettent d'afficher du contenu de la base de données dans les pages WordPress. Ces marqueurs de modèle s'utilisent dans les modèles de page pour afficher un contenu spécifique.

Voici quelques exemples de marqueurs de modèle. Pour avoir la liste complète des template tags, allez à cette URL, sur le codex officiel de WordPress : http://codex.wordpress.org/Template_Tags

2. Les informations sur le site

- `<?php bloginfo($show); ?>` permet d'afficher des informations sur votre site, selon le paramètre utilisé dans le marqueur.
- `<?php bloginfo('name'); ?>` permet d'afficher le titre de votre site.
- `<?php bloginfo('description'); ?>` permet d'afficher le slogan de votre site.
- `<?php bloginfo('url'); ?>` permet d'afficher l'adresse de votre site.

3. L'auteur des articles

`<?php the_author(); ?>` permet d'afficher l'auteur d'un article.

4. La catégorie d'un article

`<?php the_category($separator, $parents, $post_id); ?>` permet d'afficher à quelle(s) catégorie(s) appartient un article et de créer un lien vers cette catégorie.

5. Les marqueurs d'inclusion

Nous l'avons vu précédemment, les pages d'un site WordPress sont construites à partir de plusieurs modèles de page : l'en-tête, la colonne latérale et le pied de page pour ne citer que les plus courants.

Pour inclure ces pages, il faut utiliser des marqueurs d'inclusion :

- `<?php get_header(); ?>` pour inclure l'en-tête.
- `<?php get_footer(); ?>` pour inclure le pied de page.
- `<?php get_sidebar(); ?>` pour inclure la colonne latérale.

Depuis la version 3 de WordPress, il est possible d'inclure n'importe quel fichier PHP avec ce marqueur spécifique : `<?php get_template_part('fichier.php'); ?>`.

6. Les catégories de marqueur de modèle

Le codex WordPress (http://codex.wordpress.org/Template_Tags) effectue une classification des marqueurs de modèle.

- **Les marqueurs généraux** : ils concernent des éléments très généraux de l'architecture WordPress. Cela va des informations générales sur le site (URL, encodage des caractères...), aux éléments de connexion, aux marqueurs d'inclusion... Tous ces marqueurs sont définis dans le fichier **/wp-includes/general-template.php**.
- **Les marqueurs sur les auteurs** : permettent de gérer les informations concernant les auteurs. Tous ces marqueurs sont définis dans le fichier **/wp-includes/author-template.php**.
- **Les marqueurs des listes de liens** : pour l'affichage des listes de liens. Tous ces marqueurs sont définis dans le fichier **/wp-includes/bookmark-template.php** et **bookmark.php**.
- **Les marqueurs des catégories** : pour gérer l'affichage des catégories des articles. Tous ces marqueurs sont définis dans le fichier **/wp-includes/category-template.php**.
- **Les marqueurs des commentaires** : ils concernent la gestion des commentaires des articles. Tous ces marqueurs sont définis dans le fichier **/wp-includes/comment-template.php**.
- **Les marqueurs des liaisons** : cela concerne tous les types de liens dans le site. Les permaliens, les URL vers l'administration, vers la page d'accueil et du site... Tous ces marqueurs sont définis dans le fichier **/wp-includes/link-template.php**.
- **Les marqueurs des articles** : pour gérer l'affichage des articles ainsi que les catégories, l'identifiant, les dates, l'article suivant et précédent, l'extrait... Tous ces marqueurs sont définis dans le fichier **/wp-includes/post-template.php**.
- **Les marqueurs de miniatures** : ils concernent la gestion des miniatures des images dans les articles.
  Tous ces marqueurs sont définis dans le fichier **/wp-includes/post-thumbnail-template.php**.
- **Les marqueurs de menu** : pour gérer la barre des menus. Tous ces marqueurs sont définis dans le fichier **/wp-includes/nav-menu-template.php**.

J. Les fonctions de référence

L'autre source pour concevoir des modèles de page est l'utilisation des fonctions de référence de WordPress, function reference en anglais. Ces fonctions PHP sont assez similaires aux marqueurs, à la différence près que certaines fonctions renvoient des données sans appliquer un affichage. Elles permettent par exemple d'attribuer une valeur à une variable que nous créons.

Voici l'URL de la liste des fonctions de référence sur le codex de WordPress :
http://codex.wordpress.org/Function_Reference/

Mais notez bien que les marqueurs de modèle sont des fonctions de référence !

Chapitre 5 : Un thème simpliste

A. L'objectif

L'objectif de ce chapitre est de comprendre comment fonctionnent les thèmes dans WordPress. Il ne s'agit pas de rentrer dans les détails ou de créer un thème complet pour ce premier exemple. C'est ce que nous ferons dans le chapitre suivant.

Nous allons créer un thème simpliste avec trois modèles de page : **index.php** pour gérer l'affichage de la page d'accueil, **single.php** pour gérer l'affichage des articles en page seule et **page.php** pour gérer l'affichage des pages statiques. Nous utiliserons aussi le fichier obligatoire **style.css** pour gérer la mise en page et la mise en forme de notre thème.

Voici la maquette du thème que nous allons réaliser :

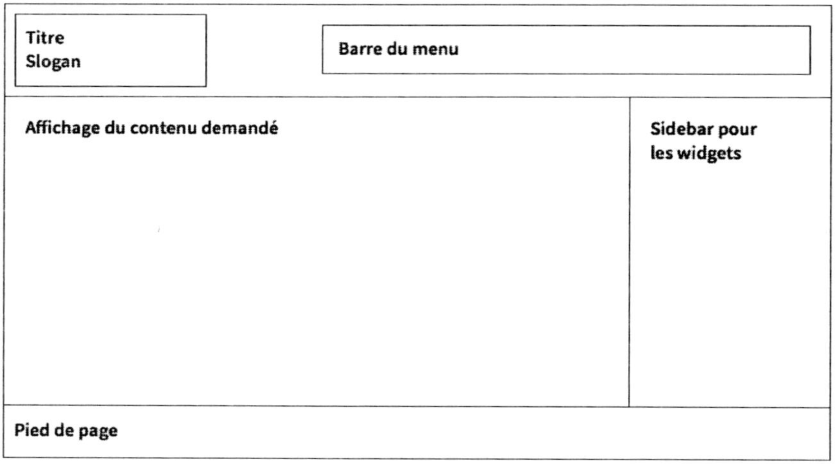

Dans la partie supérieure, nous aurons l'en-tête qui comportera à gauche l'affichage du titre et du slogan du site. Sur la droite nous afficherons la barre du menu.

Dans la partie centrale, nous aurons l'affichage demandé (articles, pages...) et sur la droite, la colonne latérale, la sidebar, affichera les widgets voulus par l'utilisateur.

Enfin, dans la partie inférieure, nous aurons le pied de page.

Vous pouvez télécharger ce thème depuis le site des Éditions ENI.

B. Le dossier du thème

Dans un premier temps, nous devons créer le dossier pour notre thème. Ce dossier va contenir tous les fichiers constitutifs. Pour cet exemple, le dossier est nommé **mon-theme**. À la fin de la création de ce thème, c'est ce dossier que nous allons compresser au format **.zip** pour ensuite l'installer dans l'administration de WordPress.

Nous devons naturellement respecter les règles de nommage des fichiers web :

- pas d'espaces,
- pas de caractères accentués,
- pas de caractères spéciaux (%, +, ?...),
- et privilégier les minuscules.

Tous les fichiers que nous créons par la suite devront être placés dans ce dossier.

C. L'en-tête du thème

1. La structure HTML

L'objectif du fichier d'en-tête est d'insérer tous les éléments communs à toutes les pages du site. Nous commençons par créer le modèle de page pour l'en-tête du thème, le fichier **header.php**.

Pour cet exemple, nous utilisons du HTML5. Le fichier d'en-tête doit être avant tout valide en ce qui concerne la structure HTML de la page. Il doit donc comporter :

- le doctype,
- la balise d'ouverture `<html>`,
- l'élément `<head>` avec le `<title>`,
- la balise d'ouverture de l'élément `<body>`.

Voilà la structure de base :

```
<!DOCTYPE HTML>
<html>
<head>
<title></title>
<meta charset="" />
<link href="#" rel="stylesheet">
</head>
<body>
```

2. Insérer les informations du site

Maintenant nous allons insérer les paramètres du site dans les divers éléments HTML de l'en-tête.

Pour insérer dynamiquement les paramètres de langue des attributs `dir` et `lang` dans l'élément `<html>`, utilisons la fonction de référence `language_attributes`.

```
<html <?php language_attributes(); ?>>
```

Voici l'URL de cette fonction de référence dans le codex de WordPress : http://codex.wordpress.org/Function_Reference/language_attributes

3. Le titre du site dans l'en-tête

Le titre du site est défini dans l'administration du site, dans le menu **Réglages**, **Général**, dans le champ **Titre du site**.

Pour insérer le titre du site dans l'élément <title>, nous utilisons le marqueur bloginfo(). Voici l'URL de ce marqueur dans le codex de WordPress :
http://codex.wordpress.org/Function_Reference/bloginfo

C'est le paramètre name qu'il faut utiliser : <?php bloginfo('name'); ?>

Nous avons :

```
<title><?php bloginfo('name'); ?></title>
```

Vous pouvez aussi afficher le slogan du site dans l'élément <title>. Le slogan est accessible dans le menu **Réglages**, **Général**, dans le champ **Slogan**.

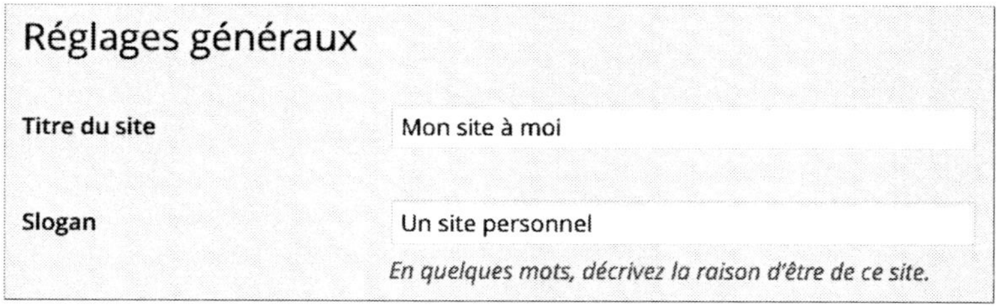

Utilisez cette syntaxe :

```
<title><?php bloginfo('description'); ?></title>
```

Nous pouvons parfaitement utiliser les deux paramètres si besoin :

```
<title><?php bloginfo('name'); ?> |
<?php bloginfo('description'); ?></title>
```

4. L'encodage des caractères

L'encodage des caractères utilisés dans le site est à nouveau défini par le marqueur bloginfo(). Utilisez le paramètre charset.

```
<meta charset="<?php bloginfo('charset'); ?>" />
```

5. La liaison aux styles

Ce sont les styles CSS qui permettent la mise en forme et la mise en page du site. L'élément `<link>` doit être renseigné avec le chemin d'accès au fichier CSS. À nouveau c'est le marqueur `bloginfo()` qui est utilisé avec le paramètre qui donne le chemin d'accès au fichier des styles.

```
<link rel="stylesheet" href="<?php bloginfo('stylesheet_url'); ?>" />
```

6. Le passage de paramètres

Pour terminer cet en-tête vous devez penser à insérer le marqueur nommé `wp_head()` juste avant la balise de fin de l'élément `</head>`.

```
<?php wp_head(); ?>
</head>
```

Ce template tag permet aux plugins et aux thèmes d'ajouter des fonctionnalités dans le `<head>` (flux RSS, favicon, fichiers CSS, gestion de l'arrière-plan...). C'est un marqueur quasi indispensable au bon fonctionnement des thèmes.

Voici l'URL de cette fonction de référence dans le codex de WordPress :
http://codex.wordpress.org/Function_Reference/wp_head

7. L'en-tête du thème

Voilà le code que nous avons pour le thème de notre site.

```
<!DOCTYPE HTML>
<html <?php language_attributes(); ?>>
<head>
<title><?php bloginfo('name'); ?> |
<?php bloginfo('description'); ?></title>
<meta charset="<?php bloginfo('charset'); ?>" />
<link rel="stylesheet" href="<?php bloginfo('stylesheet_url'); ?>" />
<?php wp_head(); ?>
</head>
```

8. Le titre du site dans le corps de la page

En haut de la page, nous plaçons l'en-tête dans un élément `<header>`. Dans cet élément, dans un élément `<h1>`, pour afficher le titre du site, nous utilisons le marqueur `bloginfo('name')`.

→ Sous l'élément `<body>`, saisissez ce code :

```
<header id="en-tete>
   <h1><?php bloginfo('name') ; ?>
</header>
```

9. La barre des menus

Vous le savez, WordPress permet l'utilisation d'une ou de plusieurs barres des menus, pour afficher usuellement le contenu de type **Page**.

Nous souhaitons que cette barre des menus soit accessible dans tous les affichages de notre site. Nous allons donc afficher la barre des menus dans le modèle de page de l'en-tête, dans le template **header.php** dans un élément <nav>.

Utilisons le marqueur <?php wp_nav_menu(); ?>.

```
<nav>
   <?php wp_nav_menu(); ?>
</nav>
```

Voici l'URL de cette fonction de référence dans le codex de WordPress :
http://codex.wordpress.org/Function_Reference/wp_nav_menu

10. La zone du contenu

Enfin, terminons ce modèle de page pour l'en-tête par une boîte <div> ayant un sélecteur d'identification, qui contiendra tout le contenu : les articles de la page d'accueil et la colonne latérale droite.

```
<div id="contenu">
```

Bien sûr, nous n'insérons que la balise d'ouverture de cette boîte <div>, puisqu'elle doit être commune à toutes les pages de notre thème.

11. Le code de l'en-tête

Voici le code complet utilisé dans l'en-tête (**header.php**) :

```
<!DOCTYPE html>
<html <?php language_attributes() ?>>
<head>

   <title><?php bloginfo('name') ; ?> |
   <?php bloginfo('description') ; ?></title>
   <meta charset="<?php bloginfo('charset') ; ?>" />
   <link href="<?php bloginfo('stylesheet_url') ; ?>"
            rel="stylesheet" />
   <?php wp_head() ; ?>
</head>
<body>
<header id="en-tete">
   <h1><?php bloginfo('name') ; ?>
</header>
<nav>
   <?php wp_nav_menu() ; ?>
</nav>
<div id="contenu">
```

D. Le contenu de la page d'accueil

1. Le fichier index.php

Maintenant nous allons voir comment gérer la page d'accueil de notre site. Comme nous l'avons vu dans le chapitre consacré à la hiérarchie des templates, le template **index.php** est celui qui est utilisé pour afficher la page d'accueil classique, avec la liste des articles publiés. Et c'est lui qui termine toute la hiérarchie des templates. Nous devons créer un fichier nommé **index.php**. Nous insérons le code nécessaire dans ce dernier. Rappelons que le fichier **index.php** est le fichier « maître », celui qui organise le thème.

2. L'appel à l'en-tête

La première ligne consiste à appeler le fichier **header.php** avec le marqueur pour l'en-tête :

```
<?php get_header(); ?>
```

Voici l'URL de cette fonction de référence dans le codex de WordPress :
http://codex.wordpress.org/Function_Reference/get_header

3. Le conteneur pour les articles

Pour afficher tous les articles de la page d'accueil, nous utilisons l'élément `<main>` ayant comme sélecteur d'identification `id="articles"`.

```
<main id="articles">
    ...
</main>
```

C'est dans cet élément `<main>` que nous plaçons le code qui permet de « lister » tous les articles. Ce code est nommé la **boucle WordPress**, **the loop** en anglais.

4. L'affichage des articles

Pour afficher les articles, WordPress utilise une boucle `while()`, nommée **The Loop** en anglais, une **boucle tant que**, que nous avons évoquée dans le chapitre Des notions sur PHP.

Voici l'URL de cette fonction de référence, **The Loop**, dans le codex de WordPress :
http://codex.wordpress.org/The_Loop

C'est cette boucle qui permet d'afficher ce que l'utilisateur du site a choisi : une liste d'articles dans la page d'accueil, afficher uniquement les articles appartenant à une catégorie...

De plus, c'est dans la boucle que nous choisissons les éléments des articles à afficher : le titre, l'extrait, le lien vers l'article complet en page seule, l'image à la une, l'auteur, la date de publication... La boucle peut être simple ou très complexe, tout dépend de ce que vous souhaitez afficher.

5. Une boucle simple

Nous commençons par créer une boucle très simple dans la boîte `<div id="articles">` créée précédemment.

```
<main>
   <?php if(have_posts()) : ?>
      <?php while(have_posts()) : the_post(); ?>
         <article>
            <header class = "titre_article">
              <h2><a href="<?php the_permalink(); ?>">
                  <?php the_title(); ?></a></h2>
            </header>
            <?php the_content(); ?>
         </article>
      <?php endwhile; ?>
   <?php endif; ?>
</main>
```

- La première ligne teste **si** il y a des articles ou non dans le site à l'aide de la condition `if()`. Le test conditionnel se fait sur la fonction `have_posts()` qui renvoie `true` s'il y a des articles, `false` s'il n'y en a pas.
- La dernière ligne ferme le test avec `<?php endif; ?>`.
- La deuxième ligne ouvre la boucle **tant que**, en indiquant que la boucle exécute des instructions tant qu'il y a des articles : `while(have_posts())`. Pour chaque article lu, la boucle récupère son identifiant unique, son titre, son permalien et son contenu, grâce au marqueur `the_post()`.
- L'instruction `<?php endwhile; ?>` ferme la boucle.
- Nous insérons chaque article dans un élément `<article>`.
- Nous affichons le titre de l'article dans un élément `<header>`.
- Le titre des articles est récupéré avec le marqueur `the_title()` et inséré dans un élément `<h2>`.
- Le titre est placé dans un lien `<a>` qui permet d'afficher l'article dans une page seule, avec le marqueur `the_permalink()`.
- Le contenu de l'article est affiché avec le marqueur `the_content()`.

Voici les URL dans le codex de WordPress, des fonctions utilisées dans cette boucle :

- `have_posts()` : http://codex.wordpress.org/Function_Reference/have_posts
- `the_post()` : http://codex.wordpress.org/Function_Reference/the_post
- `the_permalink()` : http://codex.wordpress.org/Function_Reference/the_permalink
- `the_title()` : http://codex.wordpress.org/Function_Reference/the_title
- `the_content()` : http://codex.wordpress.org/Function_Reference/the_content

6. Les appels à la colonne latérale et au pied de page

Ce fichier se termine par les deux appels pour afficher la colonne latérale et le pied de page :

```
<?php get_sidebar(); ?>
<?php get_footer(); ?>
```

Voici l'URL de ces fonctions de référence dans le codex de WordPress :

- `get_sidebar()` : http://codex.wordpress.org/Function_Reference/get_sidebar
- `get_footer()` : http://codex.wordpress.org/Function_Reference/get_footer

7. Le code complet

Voici le code complet et simpliste du fichier **index.php** :

```
<?php get_header(); ?> <!-- appel à l'en-tête -->
   <main>
      <?php if(have_posts()) : ?>
         <?php while(have_posts()) : the_post(); ?>
            <article>
               <header class = "titre_article">
                  <h2><a href="<?php the_permalink(); ?>">
                     <?php the_title(); ?></a></h2>
               </header>
               <?php the_content(); ?>
            </article>
         <?php endwhile; ?>
      <?php endif; ?>
   </main>
<?php get_sidebar(); ?> <!-- appel à la colonne latérale -->
<?php get_footer(); ?> <!-- appel au pied de page -->
```

E. La barre de menu

Nous allons indiquer à WordPress que notre thème comporte un emplacement de menu. Vous le savez, dans l'administration de votre site, vous pouvez gérer les menus de navigation dans le menu **Apparence - Menus**.

Pour créer un emplacement de menu, nous utilisons le fichier **functions.php** qui est justement là pour, entre autre, personnaliser les thèmes.

➜ Créez un fichier **functions.php** dans le dossier de notre thème.

- Dans ce fichier, saisissez ce code :

```
<?php
    /* Ajout d'un emplacement de menu */
    if (function_exists('register_nav_menus')) {
       register_nav_menus(
            array(
                'principal' => 'Menu principal'
            )
       );
    }
?>
```

- Plaçons un commentaire entre les caractères `/* */` pour indiquer ce qui est fait.

  La fonction `function_exists()` permet de tester l'existence d'un élément. Ici nous testons l'existence de `register_nav_menus`. Si elle est présente, le `if()` indique que l'on utilise la fonction de référence `register_nav_menus()`.

- Ensuite, dans la fonction `register_nav_menus()`, dans un tableau (`array()`), nous indiquons l'emplacement du menu :
  - `'principal'` : c'est l'identifiant unique de l'emplacement du menu.
  - `'Menu principal'` : c'est le nom de l'emplacement dans l'interface de gestion des menus.

Voici l'URL de la fonction de référence `register_nav_menus()` dans le codex de WordPress : http://codex.wordpress.org/Function_Reference/register_nav_menus

F. La colonne latérale

1. Le fichier des fonctions du thème

La colonne latérale est usuellement faite pour afficher les widgets qui sont gérés dans l'administration (menu **Apparence** - **Widgets**).

Dans un premier temps, il faut indiquer à WordPress que notre thème peut utiliser les widgets. Pour ce faire, il nous faut le renseigner dans le fichier **functions.php**, que nous avons précédemment créé. Saisissez ce code :

```
<?php
/*Ajout de l'utilisation de la sidebar*/
   if (function_exists('register_sidebar')) {
      register_sidebar();
   }
?>
```

- La fonction `function_exists()` permet de tester l'existence d'un élément. Ici nous testons l'existence de `register_sidebar`. Si elle est présente, le `if()` indique que l'on utilise la fonction de référence `register_sidebar()`.
- La fonction de référence `register_sidebar()` permet d'utiliser une zone de dépôt de widgets. Dans l'administration des widgets de WordPress (menu **Apparence** - **Widgets**), la zone de dépôt par défaut des widget s'appelle alors **Colonne latérale 1**.

Voici l'URL de la fonction de référence `register_sidebar ()` dans le codex de WordPress : http://codex.wordpress.org/Function_Reference/register_sidebar

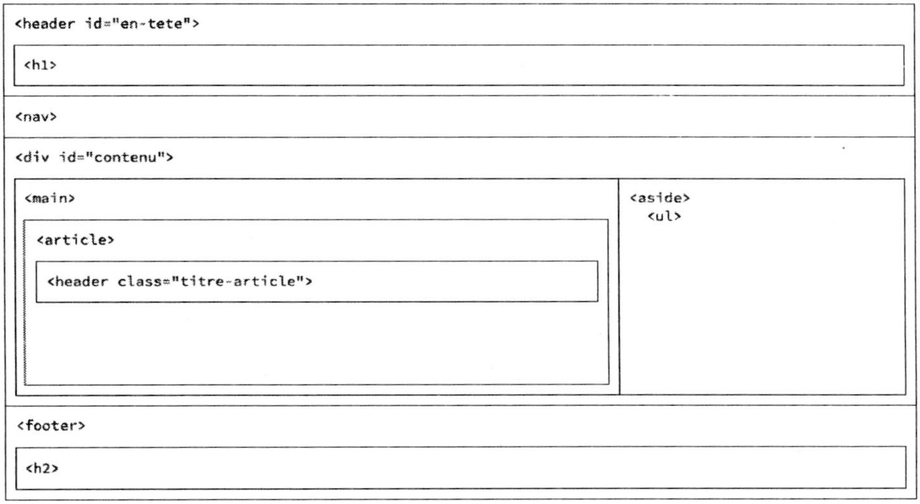

2. Le fichier sidebar.php

Maintenant créons un fichier nommé **sidebar.php**. Dans ce fichier nous testons si le thème sait utiliser les widgets dans la barre latérale. Et si la fonction d'implémentation que nous avons indiquée précédemment existe, la colonne latérale doit afficher les widgets dans une liste.

Voici le code :

```
<aside>
<ul>
   <?php
      if (function_exists('dynamic_sidebar')) {
         dynamic_sidebar();
      }
   ?>
</ul>
</aside>
```

Dans cet exemple, nous plaçons la colonne latérale des widgets dans l'élément `<aside>`.

- Dans cet élément `<aside>`, notez la présence d'une liste `<ul>` qui correspond à l'affichage standard des widgets pour WordPress. Chaque widget est placé dans un item `<li>` par WordPress.
- Dans cette liste `<ul>`, nous testons l'existence de la colonne latérale des widgets `dynamic_sidebar` à l'aide de l'instruction `if()`.
- Si elle existe, nous l'exploitons.

3. Utiliser les widgets par défaut

Pour bien tester l'affichage de la colonne latérale des widgets, dans l'administration, laissez les widgets par défaut.

G. Le pied de page

Dernier fichier, dernier modèle de page, le pied de page est géré dans le fichier **footer.php** que nous devons créer. Le fichier **footer.php** permet d'afficher tous les éléments communs à toutes les pages.

Dans ce fichier, nous fermons la boite `<div id="contenu">` du contenu, ouverte dans le fichier **header.php**.

Nous vous proposons d'insérer le slogan du site dans un élément `<footer>` et dans un `<h2>`. Puis nous fermons le `<body>` et le `<html>`.

```
        </div> <!-- fermeture de la boîte #contenu -->
        <footer>
            <h2><?php bloginfo('description'); ?></h2>
        </footer>
</body>
</html>
```

H. Le fichier des styles

Pour que le thème soit valide, il faut obligatoirement qu'il y ait un fichier de feuille de styles nommé **style.css**. Ce fichier peut parfaitement être vide, ce qui est le cas pour le moment, nous ne créons pas de styles CSS.

Même s'il est vide de style, le fichier **style.css** est utilisé pour afficher des informations concernant le thème. Il suffit d'indiquer dans un commentaire multiligne les informations que l'on souhaite afficher dans l'administration.

Exemple :

```
/*
Theme Name: Mon thème simpliste
Author: Christophe AUBRY
Description: c'est un thème simpliste pour WordPress
Version 0.1
*/
```

Vous pouvez utiliser ces mots-clés pour afficher des informations relatives à votre thème :

- **Theme Name** : nom de votre thème.
- **Theme URI** : adresse du thème.
- **Description** : la description du thème.
- **Author** : nom de l'auteur.
- **Author URI** : adresse de l'auteur.
- **Version** : version du thème.
- **Tags** : mots-clés pour la recherche du thème.
- **Licence** : type de licence utilisé pour le thème.
- **License URI** : adresse pour avoir toutes les informations sur la licence.
- **Commentaires généraux**.

N'insérez pas d'espace entre le mot-clé et le caractère deux-points.

Bonne syntaxe : **Theme Name: Mon thème à moi**.

Mauvaise syntaxe : **Theme Name : Mon thème à moi**.

I. La miniature du thème

Le dernier fichier à fournir est la miniature du thème qui est affichée dans la gestion des thèmes. Créez un fichier à la taille de 880x660 pixels et nommez-le **screenshot.png**.

J. Préparer le package du thème

Nous allons voir maintenant comment préparer le « package » du thème pour qu'il soit prêt à l'installation. Tous les fichiers que nous venons de créer sont placés dans le dossier du thème nommé **mon-theme**.

Voici les fichiers constitutifs de notre thème :

- **footer.php**
- **functions.php**
- **header.php**

- **index.php**
- **screenshot.png**
- **sidebar.php**
- **style.css**

C'est ce dossier que nous devons compresser au format .zip.

→ Sélectionnez le dossier de notre thème créé.

→ Sous Mac, avec le menu contextuel, choisissez **Compressez « mon-theme »**. Vous retrouvez cette commande dans le menu **Fichier**.

→ Sous Windows, installez un utilitaire gratuit de gestion des archives comme **7-zip** : http://www.7-zip.org

→ Avec le menu contextuel, choisissez **7-zip**, puis **Add to "mon-theme"**.

Vous obtenez un fichier nommé **mon-theme.zip**. C'est cette archive au format .zip que vous allez utiliser pour installer le thème comme nous l'avons vu dans le chapitre Des notions sur PHP.

K. L'affichage du site

1. Installation du thème

Installons maintenant notre thème dans un site WordPress.

→ Dans le menu **Apparence**, choisissez **Thèmes**.

→ Cliquez sur le bouton **Ajouter** ou **Ajouter un thème**.

→ Puis, cliquez sur le bouton **Mettre un thème en ligne**.

→ Cliquez sur le bouton **Choisir le fichier** et sélectionnez l'archive **mon-thème.zip**.

→ Cliquez sur le bouton **Installer maintenant**.

➙ Suite à l'installation, cliquez sur le lien **Retourner sur la page des thèmes**.

Notre thème est bien installé :

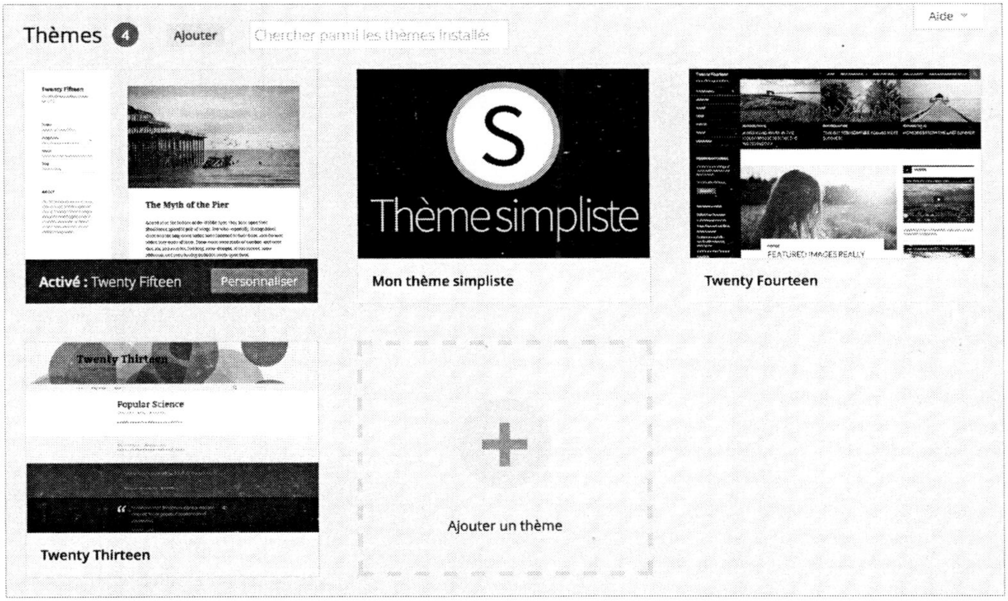

➙ Au survol de la miniature du thème, cliquez sur le bouton **Détails du thème**.

Vous affichez les informations saisies dans le fichier **style.css**.

Vous pouvez cliquez sur le bouton **Prévisualiser** pour avoir un aperçu du site avec ce thème.

2. L'affichage du site avec le thème

Nous allons maintenant activer le thème **Thème simpliste**.

→ Au survol de la miniature du thème, cliquez sur le bouton **Activer**.

→ Faites un aperçu du site.

Voici l'affichage du site avec ce thème simpliste et avec l'article et la page installés par défaut par WordPress.

Voilà le résultat de l'affichage de la page d'accueil, sans aucune règle CSS :

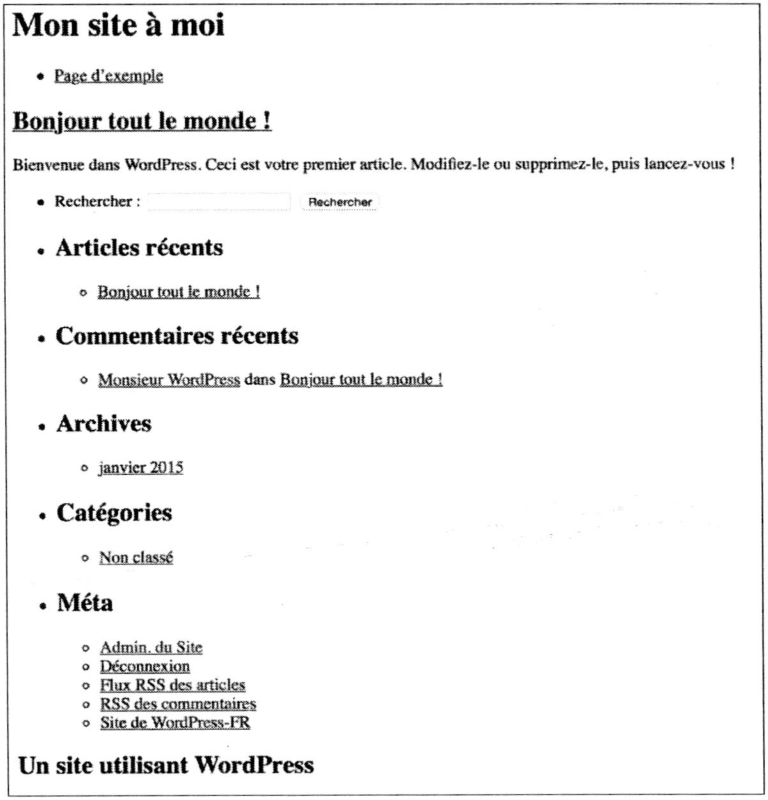

Nous retrouvons :

- Le titre du site : **Mon site à moi**.
- La barre des menus avec une seule page affichée : **Page d'exemple**.
- Le premier article avec son lien sur son titre (**Bonjour tout le monde !**) et en dessous son contenu.
- Les widgets par défaut : **Rechercher**, **Articles récents**, **Commentaires récents**, **Archives**, **Catégories** et **Méta**.
- Le slogan du site dans le pied de page : **Un site utilisant WordPress**.

3. Ajouter un menu

Nous allons maintenant ajouter un menu, avec deux liens.

- Dans le menu **Apparence**, choisissez **Menus**.
- Créez un menu, **Mon menu** dans cet exemple.
- Ajoutez-y la page par défaut **Page d'exemple** et un lien vers la page d'accueil.
- Placez ce menu dans l'emplacement **Menu principal**, que nous avions créé précédemment.
- Cliquez sur le bouton **Enregistrer le menu**.

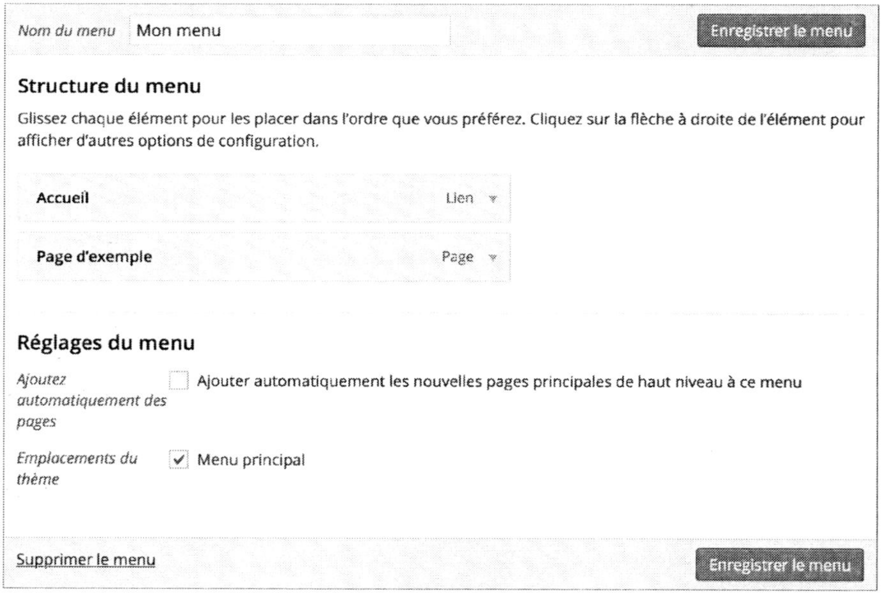

- Affichez le site : les liens sont bien ajoutés dans notre barre des menus :

L. Les articles seuls

1. Afficher les articles seuls

Si nous cliquons sur le lien de l'article en page d'accueil, l'article est bien affiché en page seule, mais aucune mise en page spécifique n'est affichée. En effet, nous n'avons pas encore le modèle de page qui gère les articles seuls. Ce modèle de page est le fichier **single.php**, nous devons le créer.

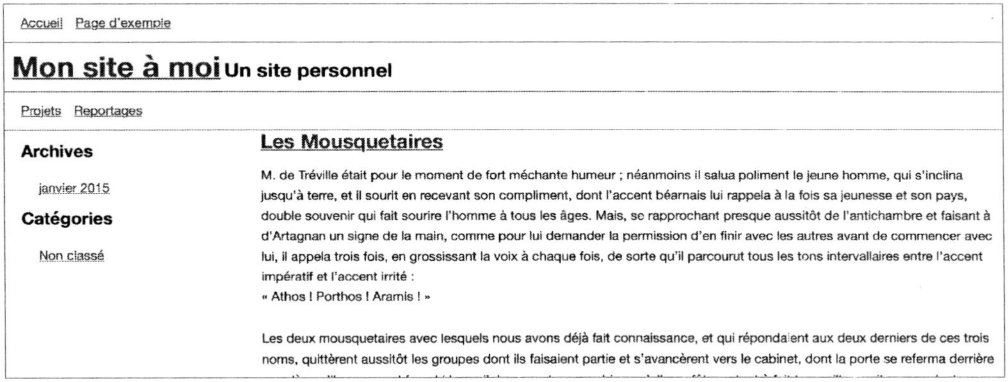

Pour la suite, vous avez deux solutions pour gérer les deux fichiers que nous allons créer (**single.php** et **page.php**) et pour le fichier **style.css** que nous devrons modifier.

Première solution : vous créez et enregistrez les fichiers à venir dans le dossier de notre thème **mon-theme**, dans l'installation de votre site WordPress, c'est-à-dire dans : **/wp-content/themes/mon-theme/**. Il vous suffira alors de bien actualiser le site publié.

Deuxième solution : vous créez et enregistrez les fichiers à venir dans le dossier initial de notre thème **mon-theme** qui se trouve dans votre machine. Puis à la fin de ce chapitre, dans l'administration de votre site WordPress, vous désactivez le thème **mon-theme** en cours d'utilisation, puis vous le supprimez et vous réinstallez le thème finalisé.

2. Inclure l'en-tête

Comme pour la page d'accueil, nous devons commencer par inclure l'en-tête :

```
<?php get_header(); ?>
```

3. Afficher le contenu de l'article

C'est à vous de décider ce que vous voulez afficher dans la page qui gère les articles seuls. Vous avez une multitude de marqueurs pour afficher le titre, le contenu, l'auteur, la date, les catégories, les mots-clés...

Toujours dans l'optique de faire un premier thème très simple, nous allons afficher les informations essentielles.

Nous allons à nouveau utiliser la boucle WordPress :

```
<?php if(have_posts()) : ?>
   <?php while(have_posts()) : the_post(); ?>
      <div id="article_seul">
         <h2><?php the_title(); ?></h2>
         <?php the_content(); ?>
         <p class="metadata">Par : <?php the_author(); ?></p>
         <p class="metadata">Publié le : <?php the_date(); ?></p>
      </div>
   <?php endwhile; ?>
<?php endif; ?>
```

- La première ligne effectue le test avec un `if()` pour savoir s'il y a des articles. La dernière ligne ferme le test conditionnel.
- La deuxième ligne effectue une boucle tant qu'il y a des articles à utiliser (`while(have_posts())`) et exploite les données des articles (`the_post()`). L'avant-dernière ligne ferme la boucle (`<?php endwhile; ?>`).
- Ensuite la boîte `<div id="article_seul">` affiche les articles.
- Puis nous utilisons quatre marqueurs pour afficher :
  - le titre : `the_title()`,
  - le contenu : `the_content()`,
  - l'auteur de l'article : `the_author()`,
  - la date de publication : `the_date()`.
- Notez que le contenu de l'article, `<?php the_content(); ?>`, n'a pas besoin d'être inséré dans un conteneur (`<p>` ou autre), cela se fait automatiquement selon la mise en forme effectuée lors de la saisie du contenu de l'article.
- Enfin, les métadonnées utilisent une classe spécifique pour la mise en forme en CSS : `class="metadata"`.

Voici les URL dans le codex de WordPress pour l'affichage de l'auteur et de la date de publication :

- `<?php the_author(); ?>` : http://codex.wordpress.org/Function_Reference/the_author
- `<?php the_date(); ?>` : http://codex.wordpress.org/Function_Reference/the_date

4. Inclure la colonne latérale et le pied de page

Nous terminons ce fichier par les appels à la colonne latérale et au pied de page :

```
<?php get_sidebar(); ?>
<?php get_footer(); ?>
```

5. Le code pour les articles seuls

Voici le code complet pour le fichier **single.php** :

```
<?php get_header(); ?>
<?php if(have_posts()) : ?>
   <?php while(have_posts()) : the_post(); ?>
      <div id="article_seul">
         <h2><?php the_title(); ?></h2>
         <?php the_content(); ?>
         <p class="metadata">Par : <?php the_author(); ?></p>
         <p class="metadata">Publié le : <?php the_date(); ?></p>
      </div>
   <?php endwhile; ?>
<?php endif; ?>
<?php get_sidebar(); ?>
<?php get_footer(); ?>
```

6. L'affichage de l'article seul

Voilà le résultat à l'affichage pour la zone de l'article seul :

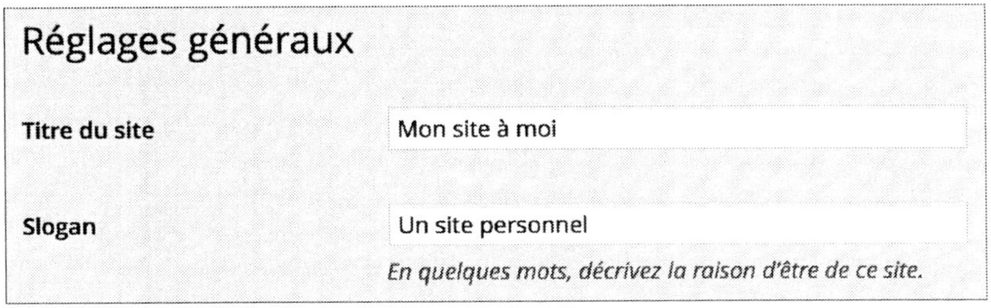

Voilà le résultat à l'affichage pour la page complète :

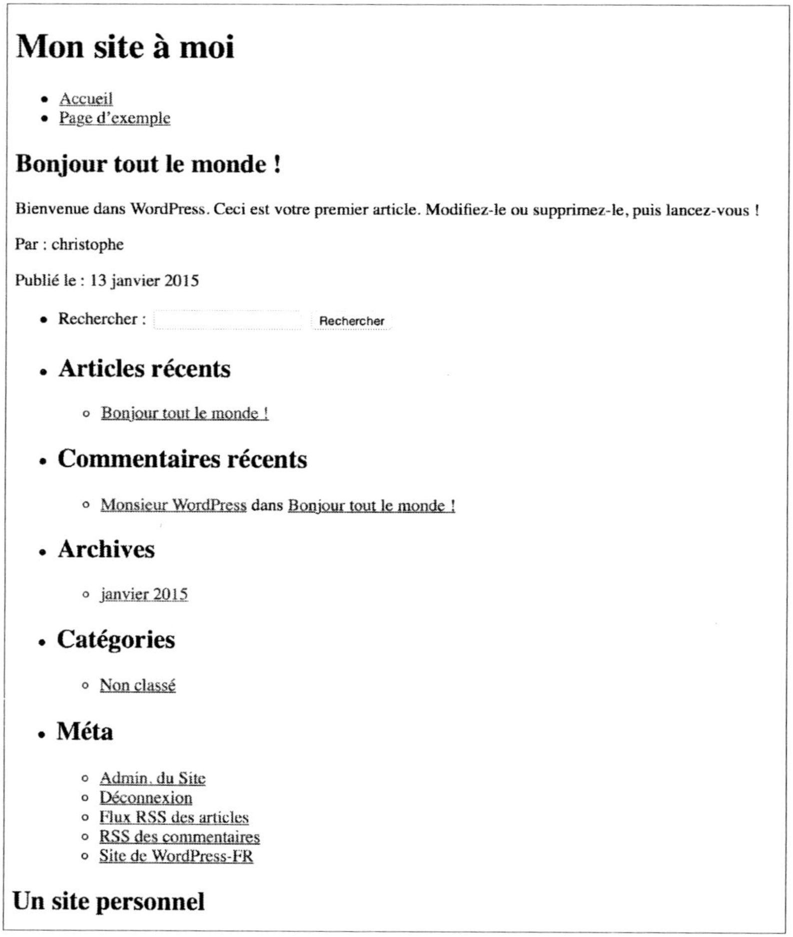

M. Les pages

1. Utiliser les pages

Dans WordPress, le type de contenu **Page** est habituellement utilisé pour le contenu « statique », ce qui s'appelle « l'actualité froide » en presse, c'est-à-dire les informations qui évoluent peu. Par défaut le visiteur a accès aux pages par la barre des menus.

C'est le template **page.php** qui gère l'affichage des pages.

Créez ce fichier et enregistrez-le dans le dossier **mon-theme**, selon la méthode que vous avez choisie précédemment.

2. Inclure les autres modèles

Comme pour les autres pages, vous devez inclure l'en-tête et le pied de page :

```
<?php get_header(); ?>
<?php get_footer(); ?>
```

Dans cet exemple, nous n'avons pas inclus la colonne latérale (`<?php get_sidebar(); ?>`).

3. Afficher le contenu voulu

À nouveau, c'est à vous de décider ce que vous voulez afficher dans les pages. Dans cet exemple, nous affichons le titre et le contenu rédactionnel de la page.

Voici le code complet du fichier **page.php** :

```
<?php get_header(); ?>
<?php if(have_posts()) : ?>
   <?php while (have_posts()) : the_post(); ?>
      <article>
         <header class="en-tete_page"><h1><?php the_title(); ?>
         </h1></header>
         <?php the_content(); ?>
      </article>
   <?php endwhile; ?>
<?php endif; ?>
<?php get_footer(); ?>
```

- Nous retrouvons le test conditionnel `if()` et la boucle `while()`.
- L'ensemble de la page est placé dans un élément `<article>`.
- Le titre de la page, `<?php the_title(); ?>`, est inséré dans un `<h1>` et dans un `<header>`.
- Puis suit l'affichage du contenu de la page : `<?php the_content(); ?>`.

Voilà l'affichage de la page d'exemple fournie à l'installation de WordPress :

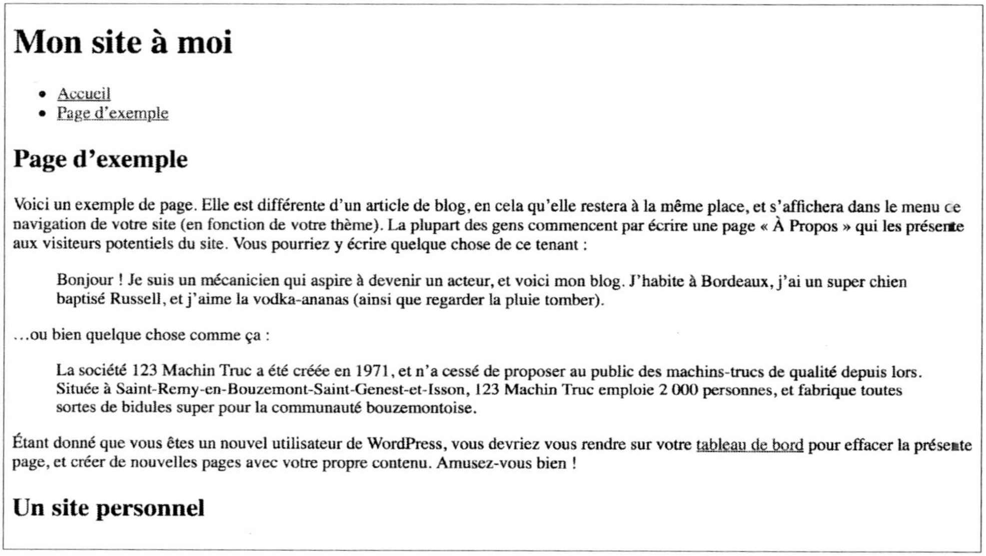

Mon site à moi

- Accueil
- Page d'exemple

Page d'exemple

Voici un exemple de page. Elle est différente d'un article de blog, en cela qu'elle restera à la même place, et s'affichera dans le menu de navigation de votre site (en fonction de votre thème). La plupart des gens commencent par écrire une page « À Propos » qui les présente aux visiteurs potentiels du site. Vous pourriez y écrire quelque chose de ce tenant :

> Bonjour ! Je suis un mécanicien qui aspire à devenir un acteur, et voici mon blog. J'habite à Bordeaux, j'ai un super chien baptisé Russell, et j'aime la vodka-ananas (ainsi que regarder la pluie tomber).

...ou bien quelque chose comme ça :

> La société 123 Machin Truc a été créée en 1971, et n'a cessé de proposer au public des machins-trucs de qualité depuis lors. Située à Saint-Remy-en-Bouzemont-Saint-Genest-et-Isson, 123 Machin Truc emploie 2 000 personnes, et fabrique toutes sortes de bidules super pour la communauté bouzemontoise.

Étant donné que vous êtes un nouvel utilisateur de WordPress, vous devriez vous rendre sur votre tableau de bord pour effacer la présente page, et créer de nouvelles pages avec votre propre contenu. Amusez-vous bien !

Un site personnel

N. Les styles CSS

1. Utiliser les styles

Notre thème n'utilise aucun style pour le moment. La mise en page et la mise en forme est donc totalement absente. Nous allons créer quelques styles simples pour avoir un minimum de mise en page et de mise en forme. L'objectif n'étant pas ici d'avoir un design créatif, nous vous laissons gérer cette étape.

C'est le fichier **style.css** qui contient par défaut les styles de mise en page et de mise en forme. Dans ce fichier nous n'avons pour le moment que le commentaire indispensable à la gestion des thèmes dans l'administration de WordPress.

Voici le schéma de la structure de notre site :

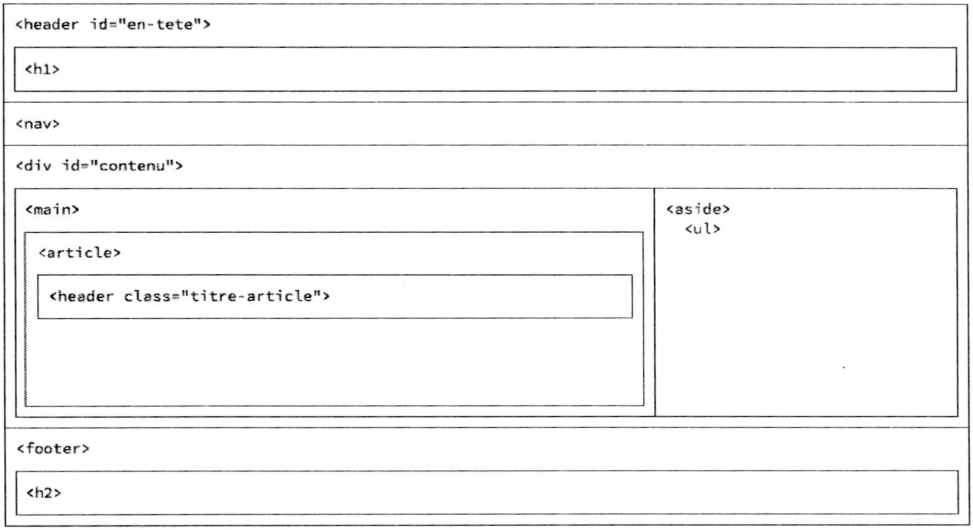

Pour plus de facilité de mise en page, nous allons utiliser une structure d'affichage en tableau, en utilisant la propriété `display`, avec les valeurs `table` et `table-cell`.

2. Les styles généraux

Nous appliquons un style de caractère, des marges et des remplissages à `0` pour l'élément `body` :

```
body {
   margin: 0;
   padding: 0;
   font: .8em Verdana, Arial, Helvetica, sans-serif;
}
```

Pour l'en-tête du site (`<header id="en-tete">`), la barre de menu (`<nav>`), le contenu (`<div id="contenu">`) et le pied de page (`<footer>`), nous utilisons la propriété `display: table`.

```
#en-tete, nav, #contenu, footer {
   display: table;
   width: 960px;
   margin: 0 auto;
}
```

Voici l'affichage obtenu :

3. Le style de l'en-tête

Pour l'en-tête, nous mettons en forme le titre du site avec, entre autres, un fond gris et une bordure inférieure.

```
/* En-tête */
#en-tete {
  background-color: #eee;
  border-bottom: 1px solid #333;
}
#en-tete h1 {
  margin: 0;
  padding: 10px;
}
```

Voici l'affichage obtenu pour l'en-tête :

4. La barre des menus

La barre des menus, `<nav>`, a une largeur fixe et une bordure inférieure. La liste `<ul>` des menus est sans puce et possède des marges et pas de remplissage.

```
/* Barre de menu */
nav {
   border-bottom: 1px solid #333;
}
nav ul {
   list-style: none;
   margin: 10px 0 10px 10px;
   padding: 0;
}
nav li {
   display: inline-block;
   margin-right: 20px;
}
```

Voici l'affichage obtenu pour la barre des menus :

5. La partie centrale

La partie centrale du site est affichée dans la boîte `<div id="contenu">`. Cette boîte contient deux autres éléments : `<main>` pour l'affichage de la liste des articles pour la page d'accueil et `<aside>` pour l'affichage de la colonne latérale de droite, pour les widgets.

Pour ces deux éléments, nous leur appliquons un affichage en cellule de tableau :

```
main, aside {
  display: table-cell;
}
```

Voici l'affichage obtenu pour cette partie centrale :

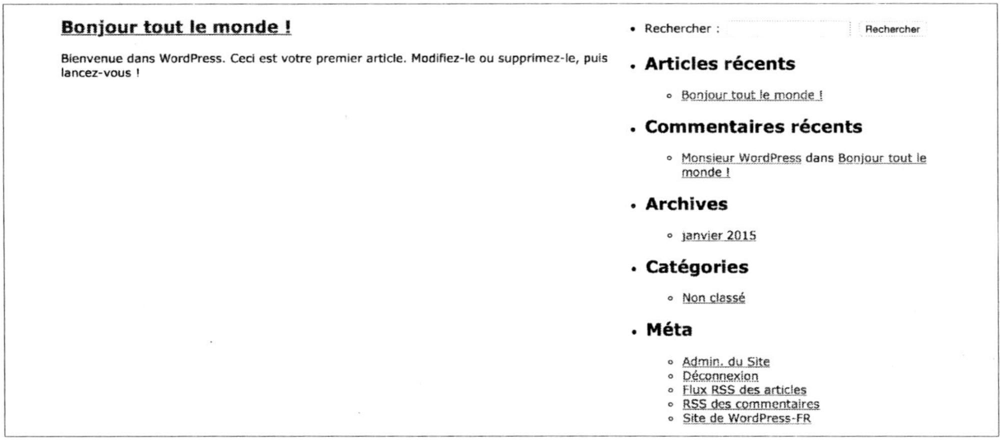

Nous fixons la largeur des éléments `<main>` et `<aside>` et plaçons une bordure à droite de l'élément `<main>`.

```
main {
  width: 699px;
  border-right: 1px solid #333;
}
aside {
  width: 260px;
}
```

Voici l'affichage obtenu :

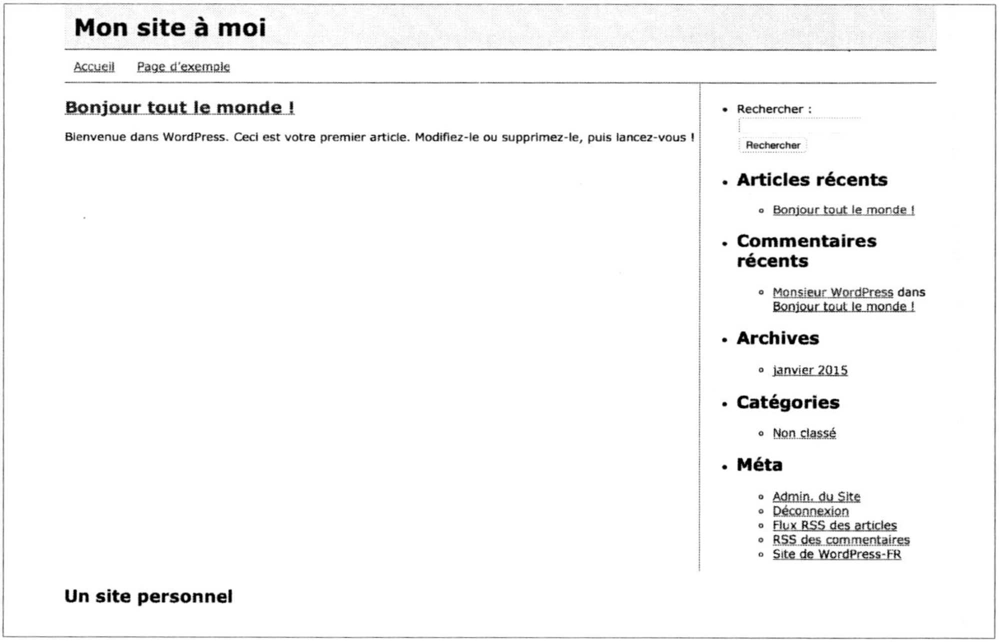

6. Les articles en page d'accueil

La liste des articles en page d'accueil est contenue dans l'élément `<main>` et dans l'élément `<article>`. Le titre des articles est placé dans un élément `<header>`.

➔ Pour plus de facilité d'affichage, ajoutez d'autres articles à votre site.

Pour la mise en forme, nous ajoutons une bordure inférieure à l'élément `<article>` et une mise en forme typographique pour les titres des articles :

```
/* Les articles en page d'accueil */
article {
   border-bottom: 1px dotted; #333;
}
article header.titre-article a {
   text-decoration: none;
   font-family: Georgia, "Times New Roman", Times, serif;
   font-size: 1.5em;
   color: #000;
}
```

Voici l'affichage obtenu :

Mon site à moi

Accueil Page d'exemple

Les Mousquetaires

M. de Tréville était pour le moment de fort méchante humeur ; néanmoins il salua poliment le jeune homme, qui s'inclina jusqu'à terre, et il sourit en recevant son compliment, dont l'accent béarnais lui rappela à la fois sa jeunesse et son pays, double souvenir qui fait sourire l'homme à tous les âges. Mais, se rapprochant presque aussitôt de l'antichambre et faisant à d'Artagnan un signe de la main, comme pour lui demander la permission d'en finir avec les autres avant de commencer avec lui, il appela trois fois, en grossissant la voix à chaque fois, de sorte qu'il parcourut tous les tons intervallaires entre l'accent impératif et l'accent irrité :
« Athos ! Porthos ! Aramis ! »
Les deux mousquetaires avec lesquels nous avons déjà fait connaissance, et qui répondaient aux deux derniers de ces trois noms, quittèrent aussitôt les groupes dont ils faisaient partie et s'avancèrent vers le cabinet, dont la porte se referma derrière eux dès qu'ils en eurent franchi le seuil. Leur contenance, bien qu'elle ne fût pas tout à fait tranquille, excita cependant par son laisser-aller à la fois plein de dignité et de soumission, l'admiration de d'Artagnan, qui voyait dans ces hommes des demi-dieux, et dans leur chef un Jupiter olympien armé de tous ses foudres.

Quand les deux mousquetaires furent entrés, quand la porte fut refermée derrière eux, quand le murmure bourdonnant de l'antichambre, auquel l'appel qui venait d'être fait avait sans doute donné un nouvel aliment eut recommencé ; quand enfin M. de Tréville eut trois ou quatre fois arpenté, silencieux et le sourcil froncé, toute la longueur de son cabinet, passant chaque fois devant Porthos et Aramis, roides et muets comme à la parade, il s'arrêta tout à coup en face d'eux, et les couvrant des pieds à la tête d'un regard irrité : »

Extrait de: Alexandre Dumas. « Les Trois Mousquetaires. »

Monsieur de Tréville

M. de Troisvilles, comme s'appelait encore sa famille en Gascogne, ou M. de Tréville, comme il avait fini par s'appeler lui-même à Paris, avait réellement commencé comme d'Artagnan, c'est-à-dire sans un sou vaillant, mais avec ce fonds d'audace, d'esprit et d'entendement qui fait que le plus pauvre gentillâtre gascon reçoit souvent plus en ses espérances de l'héritage paternel que le plus riche gentilhomme périgourdin ou berrichon ne reçoit en réalité. Sa bravoure insolente, son bonheur plus insolent encore dans un temps où les coups pleuvaient comme grêle, l'avaient hissé au sommet de cette échelle difficile qu'on appelle la faveur de cour, et dont il avait escaladé quatre à quatre les échelons.

Il était l'ami du roi, lequel honorait fort, comme chacun sait, la mémoire de son père Henri IV. Le père de M. de Tréville l'avait si fidèlement servi dans ses guerres contre la Ligue, qu'à défaut d'argent comptant – chose qui toute la vie manqua au Béarnais, lequel paya constamment ses dettes avec la seule chose qu'il n'eût jamais besoin d'emprunter, c'est-à-dire avec de l'esprit –, qu'à défaut d'argent comptant, disons-nous, il l'avait autorisé, après la reddition de Paris, à prendre pour armes un lion d'or passant sur gueules avec cette devise : Fidelis et fortis. C'était beaucoup pour l'honneur, mais c'était médiocre pour le bien-être. Aussi, quand l'illustre compagnon du grand Henri mourut, il laissa pour seul héritage à monsieur son fils son épée et sa devise. Grâce à ce double don et au nom sans tache qui l'accompagnait, M. de Tréville fut admis dans la maison du jeune prince, où il servit si bien de son épée et fut si fidèle à sa devise, que Louis XIII, une des bonnes lames du royaume, avait l'habitude de dire que, s'il avait un ami qui se battît, il lui donnerait le conseil de prendre pour second, lui d'abord, et Tréville après, et peut-être même avant lui. »

Extrait de: Alexandre Dumas. « Les Trois Mousquetaires. »

Bonjour tout le monde !

Bienvenue dans WordPress. Ceci est votre premier article. Modifiez-le ou supprimez-le, puis lancez-vous !

- Rechercher :
  Rechercher
- **Articles récents**
  - Les Mousquetaires
  - Monsieur de Tréville
  - Bonjour tout le monde !
- **Commentaires récents**
  - Monsieur WordPress dans Bonjour tout le monde !
- **Archives**
  - janvier 2015
- **Catégories**
  - Non classé
- **Méta**
  - Admin. du Site
  - Déconnexion
  - Flux RSS des articles
  - RSS des commentaires
  - Site de WordPress-FR

Un site personnel

7. La colonne latérale droite

La colonne latérale de droite, la sidebar, est placée dans l'élément <aside> déjà mis en forme. Pour l'affichage des widgets, WordPress utilise des éléments <ul> et <li>. Voici un extrait du code généré par WordPress :

```
<aside>
   <ul>
      <li id="search-2" class="widget widget_search">
              <form...>
              ...
              </form>
      </li>
      <li id="recent-posts-2" class="widget
      widget_recent_entries">
      <h2 class="widgettitle">Articles récents</h2>
          <ul>
             <li>
                 <a href="...">Les Mousquetaires</a>
             </li>
             <li>
                 <a href="...">Monsieur de Tréville</a>
             </li>
             <li>
                 <a href="...">Bonjour tout le monde !</a>
             </li>
          </ul>
      </li>
      ...
   </ul>
</aside>
```

Nous allons simplement ne pas afficher les puces des listes <ul> :

```
/* Mise en forme de la sidebar */
aside ul {
  list-style: none;
  margin: 10px 0 10px 10px;
  padding: 0;
}
```

Voici l'affichage obtenu :

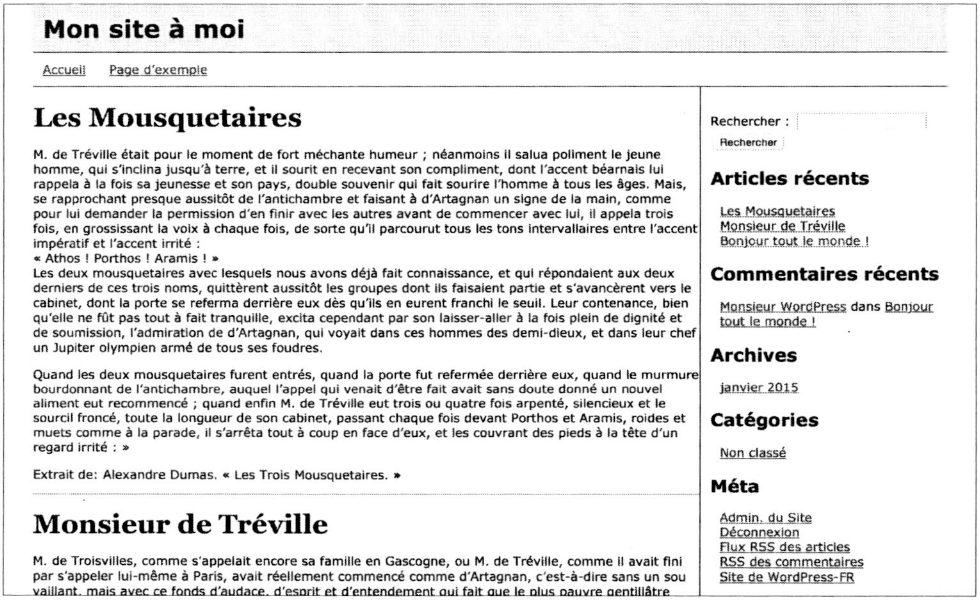

8. Le pied de page

Le pied de page est contenu dans l'élément <footer>. Voici sa mise en forme simple :

```
/* Le pied de page */
footer {
  background-color: #eee;
  border-top: 1px solid #333;
}
footer h2 {
  margin: 0;
  padding: 10px;
}
```

Voici l'affichage obtenu :

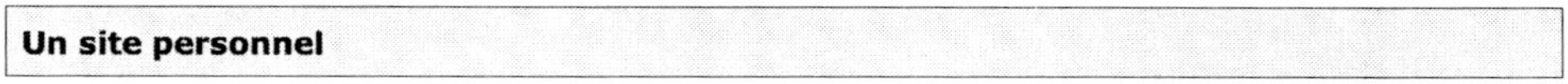

9. Affichage de la page d'accueil

Voici l'affichage de la page d'accueil du site :

10. Les articles seuls

Les articles affichés en page seule sont placés dans une boîte `<div id="article-seul">`. Pour avoir une structure et une mise en forme homogène, nous allons afficher cette boîte comme une cellule de tableau et lui appliquer une bordure à droite :

```
main, aside, #article-seul {
  display: table-cell;
}
main, #article-seul {
  width: 699px;
  border-right: 1px solid #333;
}
```

En ce qui concerne les métadonnées, nous appliquons une simple mise en forme typographique :

```
/* Les articles en page seule */
.metadata {
  font-size: 0.8em;
  color: gray;
}
```

Voici l'affichage obtenu :

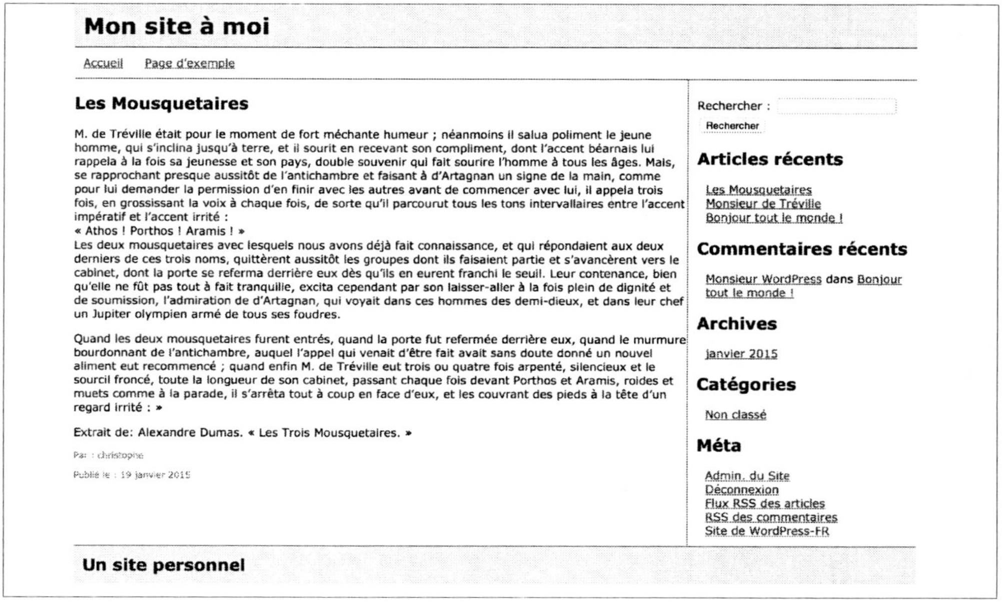

11. Les pages

Pour l'affichage des pages, nous vous proposons de faire très simple, juste une mise en forme typographique :

```
.en-tete_page {
   font-style: italic;
}
```

Voici l'affichage complet d'une page :

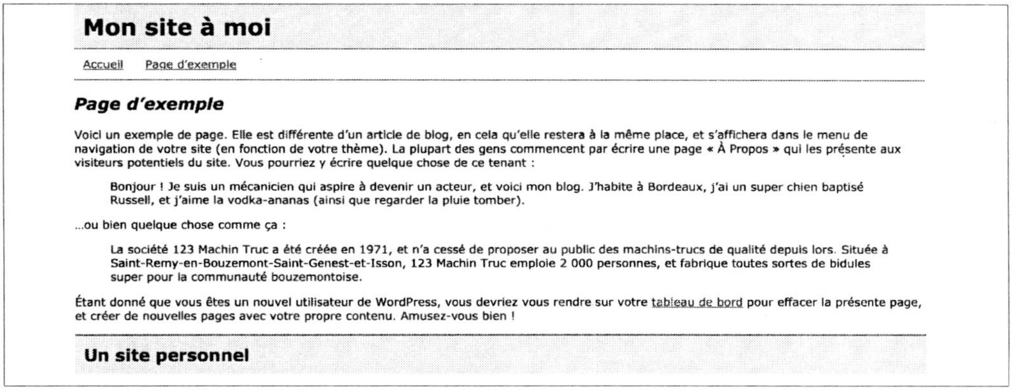

12. La feuille de style

Voici le code complet de la feuille de style CSS, **style.css** :

```
/*
Theme Name: Mon thème simpliste
Author: Christophe AUBRY
Description: c'est un thème simpliste pour WordPress
Version: 0.1
*/

/* Styles généraux */
body {
    margin: 0;
    padding: 0;
    font: .8em Verdana, Arial, Helvetica, sans-serif;
}

/* Structure générale */
#en-tete, nav, #contenu, footer {
    display: table;
    width: 960px;
```

```
    margin: 0 auto;
}
main, aside, #article-seul {
    display: table-cell;
}
main, #article-seul {
    width: 699px;
    border-right: 1px solid #333;
}
aside {
    width: 260px;
}

/* En-tête */
#en-tete {
    background-color: #eee;
    border-bottom: 1px solid #333;
}
#en-tete h1 {
    margin: 0;
    padding: 10px;
}

/* Barre de menu */
nav {
    border-bottom: 1px solid #333;
}
nav ul {
    list-style: none;
    margin: 10px 0 10px 10px;
    padding: 0;
}
nav li {
    display: inline-block;
    margin-right: 20px;
}

/* Les articles en page d'accueil */
article {
    border-bottom: 1px dotted; #333;
}
article header.titre-article a {
    text-decoration: none;
    font-family: Georgia, "Times New Roman", Times, serif;
    font-size: 1.5em;
```

```
    color: #000;
}

/* Mise en forme de la sidebar */
aside ul {
    list-style: none;
    margin: 10px 0 10px 10px;
    padding: 0;
}

/* Le pied de page */
footer {
    background-color: #eee;
    border-top: 1px solid #333;
}
footer h2 {
    margin: 0;
    padding: 10px;
}

/* Les articles en page seule */.metadata {
    font-size: 0.8em;
    color: gray;
}

/* Les pages */
.en-tete-page {
    font-style: italic;
}
```

Chapitre 6 : Un thème complet

A. L'objectif

1. Un thème complet

Nous allons créer un deuxième thème, plus complet cette fois. Ce thème aura tous les modèles de pages nécessaires à son fonctionnement : page d'accueil, article en page seule, gestion des commentaires, archive par catégorie et par mot-clé, informations sur les auteurs... Nous allons aussi créer plusieurs templates de page.

Pour ce thème nous utiliserons une mise en forme très simple. Pour la mise en page, nous créerons un thème en Responsive Web Design, à l'aide du framework CSS **Kube** (http://imperavi.com/kube/).

Comme précédemment, vous pouvez télécharger ce thème depuis le site des Éditions ENI.

2. L'architecture du thème

Voici l'architecture du thème, avec ces différentes zones d'affichage.

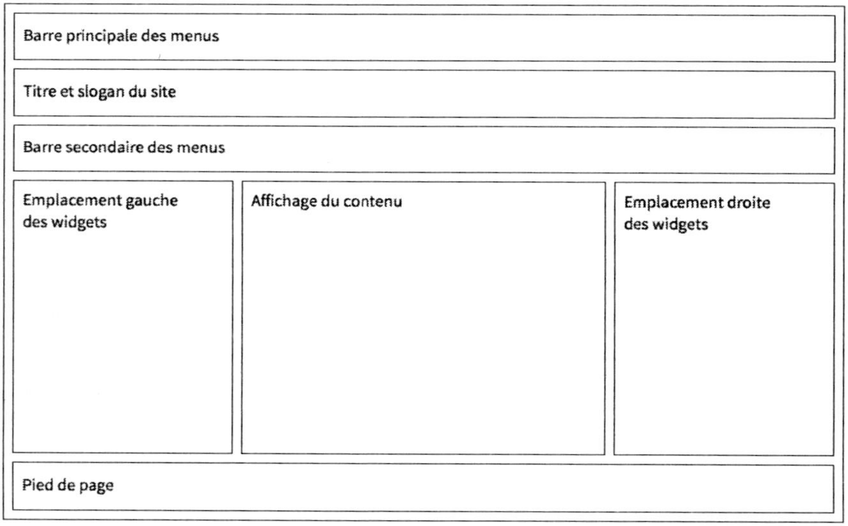

Dans la partie supérieure nous définissons un premier emplacement pour un menu.

En dessous, nous affichons le titre et le slogan du site.

Puis nous créons un deuxième emplacement pour un autre menu.

Dans la partie centrale, nous avons de gauche à droite, un premier emplacement pour des widgets, l'affichage du contenu et un deuxième emplacement pour les widgets.

L'affichage se termine par un pied de page.

3. La mise en page des éléments

Le framework **Kube** permet de créer une mise en page en Responsive Web Design qui va s'adapter automatiquement en fonction de la largeur de l'écran de diffusion.

La mise en page est constituée de lignes qui peuvent être n'importe quel élément HTML. Ces éléments utilisent une classe de **Kube**, nommée units-row.

Dans chacune de ces lignes nous plaçons des blocs qui occupent la largeur souhaitée. À nouveau, chaque bloc peut utiliser n'importe quel élément HTML. Les classes utilisées déterminent la largeur d'occupation dans les lignes. Ces classes utilisent le préfixe unit-. Le suffixe détermine la largeur voulue. Exemple : la classe unit-50 indique que le bloc utilise 50 % de la largeur de la ligne. Donc il faudra un ou plusieurs autres blocs pour atteindre 100%. Nous pourrions avoir trois blocs occupant 50 % pour l'un et 25 % pour les deux autres, soit un total de 100 %. Les classes utilisées sont donc : unit-50 et unit-25.

Dans chacun de ces blocs, vous placerez le contenu que vous souhaitez.

➔ Allez sur la page du framework **Kube** : http://imperavi.com/kube/

➔ Cliquez sur le bouton **Download for Production**.

Vous téléchargez une archive nommée **kube402.zip**.

➔ Décompressez cette archive pour obtenir un dossier nommé **kube402**.

Dans ce dossier vous avez trois fichiers :

- un dossier nommé **css**, contenant les fichiers **kube.css** (feuille de style CSS pour la création) et **kube.min.css** (feuille de style CSS pour la production). Ces fichiers contiennent toutes les règles CSS pour la mise en forme et la mise en page de **Kube**.
- un fichier **index.html** d'exemple pour la liaison des fichiers CSS et JavaScript.
- un dossier nommé **js**, contenant les fichiers **kube.js** (fichier JavaScript pour la création) et **kube.min.js** (feuille JavaScript pour la production). Ces fichiers contiennent les JavaScript utilisés pour les composants interactifs de **Kube**.

Dans le fichier **header.php** nous indiquerons les liaisons vers les fichiers **kube.min.css** et **kube.min.js**.

Voilà la structure à mettre en place avec le framework **Kube** :

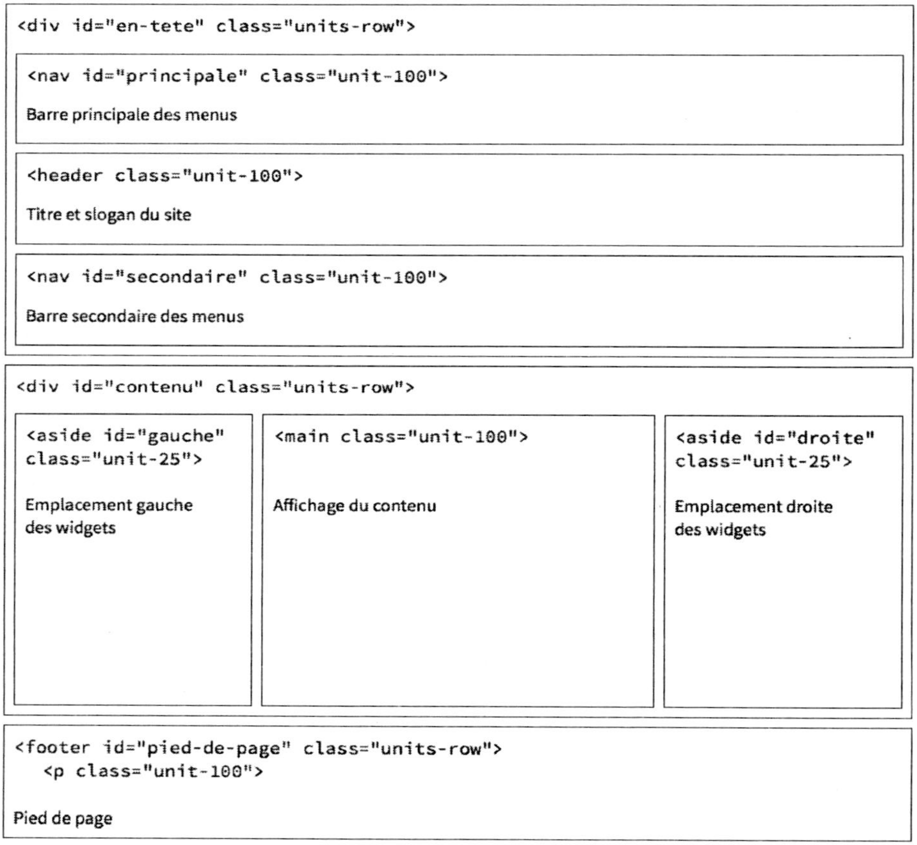

La première ligne `<div id="en-tete" class="units-row">` contient trois blocs :

- `<nav id="principal" class="unit-100">` : pour afficher le premier menu.
- `<header class="unit-100">` : pour afficher le titre du site et son slogan.
- `<nav id="secondaire" class="unit-100">` : pour afficher le deuxième menu.

La deuxième ligne `<div id="contenu" class="units-row">` contient trois blocs :

- `<aside id="gauche" class="unit-25">` : pour la colonne latérale de gauche pour afficher les widgets.
- `<main class="unit-50">` : pour afficher le contenu demandé.
- `<aside id="droite" class="unit-25">` : pour la colonne latérale de droite, pour afficher les widgets.

La troisième ligne <footer id="pied-de-page" class="units-row"> ne contient qu'un seul bloc :

- <p class="unit-100"> : pour afficher le pied de page.

4. L'architecture des fichiers

Voici l'architecture des fichiers constituant notre thème, avec l'emplacement des balises d'ouverture et de fermeture des différentes boîtes d'affichage :

5. Le dossier du thème

Comme précédemment, nous pouvons créer un dossier nommé **mon-theme-complet**. Dans ce dossier nous placerons tous les fichiers constitutifs de notre thème.

→ Vous pouvez dès maintenant créer un dossier nommé **css**, dans lequel vous placez le fichier **kube.min.css**.

- De même, créez un dossier nommé **js**, dans lequel vous placez le fichier **kube.min.js**.
- Placez dans ce dossier la vignette du thème, **screenshot.png**, qui sera affichée dans la gestion des thèmes.

B. Le fichier style.css

Le fichier **style.css** est strictement obligatoire pour qu'un thème soit valide. Ce fichier est placé à la racine du dossier de notre thème. Le fichier **style.css** ne contient pour le moment que les informations techniques sur le thème. Ces informations seront affichées dans la fenêtre des détails du thème.

- Créez un fichier nommé **style.css** et placez-le dans le dossier de notre thème complet.
- Dans ce fichier, saisissez ce code :

```
/*
Theme name: Mon thème complet
Theme URI: http://www.monsite.net/theme-complet.html
Author: Christophe AUBRY
Author URI: http://www.monsite.net
Description: C'est un thème complet pour WordPress
Version: v0.1
Tags: simple,complet,blanc,gris
*/
```

Par la suite, nous ajouterons des règles CSS pour affiner la mise en forme et la mise en page de notre thème.

C. Le fichier functions.php

1. Les emplacements des menus

La personnalisation du thème se fait dans le fichier **functions.php**. Pour notre thème, nous y déclarons les emplacements des deux menus et des deux sidebars.

Dans un premier temps, déclarons nos deux emplacements de menu avec la fonction `register_nav_menus()` (URL dans le codex : http://codex.wordpress.org/Function_Reference/register_nav_menus).

➜ Créez un fichier **functions.php** et placez-le à la racine du dossier de notre thème.

➜ Saisissez-y ce code :

```
<?php
/* Création des emplacements des menus */
if (function_exists('register_nav_menus')) {
      register_nav_menus(
            array(
                  'principal' => 'Menu principal',
                  'secondaire' => 'Menu secondaire'
                  )
            );
}
```

Nous commençons toujours par un test sur l'existence des fonctions, avec `if (function_exists(...)){...}`.

Dans la fonction `register_nav_menus()`, dans son tableau de données `(array())`, nous définissons une ligne par emplacement.

- Le premier paramètre est le nom de l'emplacement pour le code : principal.
- Le deuxième paramètre est le nom de l'emplacement qui sera affiché dans l'interface d'administration : Menu principal.

Voici l'affichage obtenu dans l'interface d'administration des menus (menu **Apparence - Menus**) :

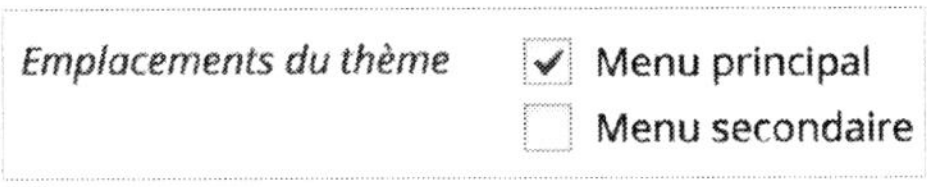

2. Les emplacements des sidebars

Toujours dans ce fichier **functions.php**, nous allons maintenant déclarer les emplacements pour les sidebars, pour que l'utilisateur puisse y déposer les widgets de son choix. Nous définissons deux emplacements : le premier à gauche de l'écran principal et le deuxième à droite.

Pour déclarer ces emplacements, nous utilisons la fonction `register_sidebar()`, voici l'URL dans le codex : http://codex.wordpress.org/Function_Reference/register_sidebar

➜ Dans le fichier **functions.php**, suite au code précédent, saisissez ce code :

```
/* Création des emplacements pour les sidebars*/
if (function_exists('register_sidebar')) {
    register_sidebar(
       array(
           'id' => 'gauche',
           'name' => 'Emplacement gauche',
           'description' => 'Emplacement à gauche des widgets',
           'before_widget' => '',
           'after_widget' => '',
           'before_title' => '<h3>',
           'after_title' => '</h3>'
       )
    );
    register_sidebar(
       array(
           'id' => 'droite',
           'name' => 'Emplacement droite',
           'description' => 'Emplacement à droite des widgets',
           'before_widget' => '',
           'after_widget' => '',
           'before_title' => '<h3>',
           'after_title' => '</h3>'
       )
    );
}
?>
```

La fonction `register_sidebar()`, utilise un tableau d'arguments `(array())` pour déclarer les sidebars. Voici les arguments utilisés dans ces exemples :

- `id` : identifiant unique de la sidebar.
- `name` : nom d'affichage dans la gestion des widgets.
- `description` : description affichée dans la gestion des widgets.
- `before_widget` et `after_widget` : vous avez la possibilité d'insérer du code HTML avant et après l'affichage du widget.
- `before_title` et `after_title` : vous avez la possibilité d'insérer du code HTML avant et après l'affichage du titre du widget. Dans cet exemple, les titres des widgets seront placés dans un élément HTML `<h3>`.

Voici l'affichage obtenu dans l'administration (menu **Apparence - Widgets**) :

3. Le code complet

Voici le code complet du fichier **functions.php** :

```
<?php

/* Création des emplacements des menus */
if (function_exists('register_nav_menus')) {
      register_nav_menus(
         array(
               'principal' => 'Menu principal',
               'secondaire' => 'Menu secondaire'
               )
            );
}

/* Création des emplacements pour les sidebars*/
if (function_exists('register_sidebar')) {
      register_sidebar(
         array(
               'id' => 'gauche',
               'name' => 'Emplacement gauche',
               'description' => 'Emplacement à gauche des widgets',
               'before_widget' => '',
               'after_widget' => '',
               'before_title' => '<h3>',
               'after_title' => '</h3>'
            )
      );
      register_sidebar(
         array(
               'id' => 'droite',
               'name' => 'Emplacement droite',
               'description' => 'Emplacement à droite des widgets',
               'before_widget' => '',
               'after_widget' => '',
```

```
                'before_title' => '<h3>',
                'after_title' => '</h3>'
            )
        );
}

?>
```

D. L'en-tête de page

1. Le fichier header.php

Le fichier **header.php** doit contenir l'en-tête HTML des pages. Cet en-tête est commun à toutes les pages du site.

➜ Créez un fichier nommé **header.php** et placez-le dans le dossier de notre thème complet.

➜ Dans ce fichier, saisissez ce code :

```
<!DOCTYPE html>
<html <?php language_attributes(); ?>>
```

Après la classique déclaration `doctype`, nous utilisons l'élément `<html>` avec l'insertion dynamique de l'attribut `lang`, grâce à la fonction de référence `language_attributes()` (URL dans le codex : http://codex.wordpress.org/Function_Reference/language_attributes).

Voici le code généré :

```
<html lang="fr-FR">
```

2. Le début de l'élément <head>

Ensuite, nous insérons l'élément `<head>`, avec ses éléments indispensables.

➜ À la suite du code précédent, saisissez :

```
<head>
</head>
```

Nous commençons par indiquer dynamiquement, l'encodage des caractères utilisé dans le site :

➜ Saisissez :

```
<meta charset="<?php bloginfo( 'charset' ); ?>">
```

Pour cela, nous utilisons la fonction de référence `bloginfo()` (URL dans le codex : http://codex.wordpress.org/Function_Reference/bloginfo).

Voici le code généré :

```
<meta charset="UTF-8">
```

Ensuite, si notre thème est en Responsive Web Design, ce qui est le cas pour nous, avec l'utilisation du framework **Kube**, nous insérons l'élément `<meta>` pour le viewport :

➜ Saisissez :

```
<meta name="viewport" content="width=device-width, initial-scale=1">
```

Puis saisissez le code pour l'utilisation des attributs de relation :

```
<link rel="profile" href="http://gmpg.org/xfn/11">
```

Ensuite, nous insérons dynamiquement, le réglage concernant les rétroliens :

```
<link rel="pingback" href="<?php bloginfo( 'pingback_url' ); ?>">
```

Pour ce faire, nous utilisons à nouveau la fonction de référence `bloginfo()`, (URL dans le codex : http://codex.wordpress.org/Function_Reference/bloginfo).

Voici le code généré, sur un site en local :

```
<link rel="pingback" href="http://localhost:8888/wp41/xmlrpc.php">
```

3. Le titre des pages

Préoccupons nous du titre des pages, avec l'utilisation de l'élément HTML `<title>`.

Nous souhaitons toujours avoir le titre du site affiché. Pour se faire, nous utilisons la fonction de référence `bloginfo()`, avec l'utilisation du paramètre `name` :
`<?php bloginfo('name'); ?>`.

Ensuite, si nous sommes sur la page d'accueil (`if(is_home() || is_front_page())`), nous affichons le slogan du site (`bloginfo('description')`), sinon nous affichons le titre du contenu affiché : `wp_title("",true)`. URL dans le codex de cette fonction : http://codex.wordpress.org/Function_Reference/wp_title

➜ Saisissez ce code :

```
<title>
    <?php bloginfo('name'); ?>
    <?php if(is_home() || is_front_page()) : ?>
            &mdash; <?php bloginfo('description'); ?>
            <?php else : ?>
            &mdash; <?php wp_title("",true); ?>
    <?php endif; ?>
</title>
```

Voici le code généré dans une page d'accueil :

```
<title>Mon site à moi - Un site personnel</title>
```

Voici le code généré dans un article titré **Les Mousquetaires** :

```
<title>Mon site à moi - Les Mousquetaires </title>
```

4. Les liaisons

Nous terminons l'en-tête <head>, par les liaisons aux feuilles de style, au JavaScript et à l'en-tête WordPress.

→ Saisissez ce code :

```
<link rel="stylesheet" href="<?php bloginfo('template_url')
?>/css/kube.min.css">

<link rel="stylesheet" href="<?php bloginfo('stylesheet_url'); ?>" />
<script src="<?php bloginfo('template_url') ?>/js/kube.min.js"
type="text/javascript"></script>

<?php wp_head(); ?>
```

- La première ligne indique le chemin d'accès au fichier CSS de **Kube**, **kube.min.css**. Ce chemin d'accès se fait en utilisant le chemin d'accès au thème : `bloginfo('template_url')`.
- La deuxième ligne indique le chemin d'accès au fichier CSS standard du thème, **style.css**. Ce chemin d'accès se fait en utilisant la fonction de référence qui donne le chemin d'accès au fichier standard des thèmes WordPress : `bloginfo('stylesheet_url')`.
- La troisième ligne indique le chemin d'accès au fichier JavaScript de **Kube**, **kube.min.js**.
- La quatrième ligne permet le chargement des paramètres de personnalisation du thème, avec la fonction de référence `wp_head()`. Attention, cet appel doit être impérativement placé juste avant la balise de fermeture </head>.

5. Le code complet de l'en-tête

Voici le code complet de l'en-tête du fichier **header.php** :

```
<!DOCTYPE html>
<html <?php language_attributes(); ?>>
<head>
   <meta charset="<?php bloginfo( 'charset' ); ?>">
   <meta name="viewport" content="width=device-width, initial-scale=1">
   <link rel="profile" href="http://gmpg.org/xfn/11">
   <link rel="pingback" href="<?php bloginfo( 'pingback_url' ); ?>">
   <title>
      <?php bloginfo('name'); ?>
      <?php if(is_home() || is_front_page()) : ?>
          &mdash; <?php bloginfo('description'); ?>
          <?php else : ?>
          &mdash; <?php wp_title("",true); ?>
       <?php endif; ?>
   </title>
   <link rel="stylesheet" href="<?php bloginfo('template_url')?>
   /css/kube.min.css">
   <link rel="stylesheet" href="<?php bloginfo('stylesheet_url'); ?>" />
```

```
    <script src="<?php bloginfo('template_url') ?>
    /js/kube.min.js" type="text/javascript"></script>
    <?php wp_head(); ?>
</head>
```

6. Le corps de la page

L'élément HTML `<body>` contient tout le corps de la page. Nous ajoutons dynamiquement, des classes qui permettent une meilleure mise en forme. Ces classes sont différentes en fonction du contenu demandé. Dans l'élément `<body>`, plaçons la fonction `body_class()`, (URL dans le codex : http://codex.wordpress.org/Function_Reference/body_class).

➔ Sous la fin de l'en-tête, `</head>`, saisissez ce code :

```
<body <?php body_class(); ?>>
```

Sur la page d'accueil, voici le code généré :

```
<body class="home blog logged-in">
```

Sur la page d'un contenu de type article, voici le code généré :

```
<body class="single single-post postid-20 single-format-standard logged-in">
```

Sur la page d'un contenu de type page, voici le code généré :

```
<body class="page page-id-25 page-template-default logged-in">
```

Vous avez ainsi des classes CSS disponibles pour chaque type de contenu affiché.

7. La boîte de l'en-tête

Nous créons maintenant une boîte `<div>` générale qui contient les menus et l'en-tête du site.

➔ Sous la balise d'ouverture du `<body>`, saisissez ce code :

```
<!-- Ouverture de la boîte #en-tête -->
<div id="en-tete" class="units-row">
</div> <!-- Fermeture de la boîte #en-tete -->
```

Nous allons apporter une mise en forme spécifique pour les lignes de notre mise en page créée avec le framework **Kube**. Toutes les lignes utilisent la classe `units-row`. Nous allons imposer une largeur maximale et une position centrée dans la fenêtre du navigateur :

➔ Dans le fichier **style.css**, saisissez ce code :

```
.units-row {
    max-width: 1140px;
    margin: 0 auto;
}
```

8. La première barre de menu

Dans le fichier **functions.php**, nous avons déclaré deux emplacements pour y placer des menus : principal et secondaire.

Le premier menu ne doit être affiché, que s'il est utilisé. C'est pour cela que nous devons effectuer un test : `if()`, sur la fonction `has_nav_menu()`. Voici l'URL de cette fonction dans le codex : http://codex.wordpress.org/Function_Reference/has_nav_menu

Si l'emplacement est utilisé, alors nous affichons le menu qui y est placé avec la fonction `wp_nav_menu( array('theme_location'=>'principal'))`. Voici l'URL de la fonction dans le codex : http://codex.wordpress.org/Function_Reference/wp_nav_menu

Ce menu est placé dans un élément <nav>.

→ Dans la boîte <div id="en-tete" class="units-row">, saisissez ce code :

```
<!-- Menu "principal" actif -->
<?php if ( has_nav_menu( 'principal' ) ) : ?>
    <nav id="principal" class="unit-100">
        <?php wp_nav_menu( array('theme_location'=>'principal')); ?>
    </nav>
<?php endif; ?>
```

Voici l'affichage obtenu, avec un menu dans l'emplacement principal :

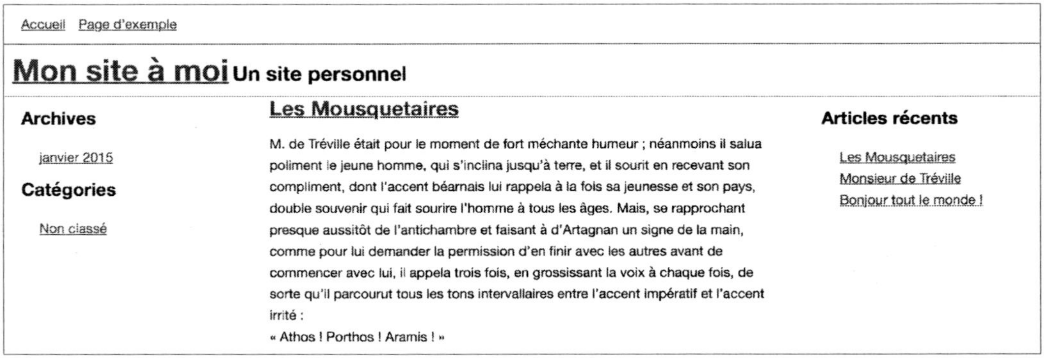

Vous notez qu'il y a déjà les sidebars dans cette copie d'écran.

9. Le titre et le slogan

Sous le premier menu, nous affichons le titre du site, `bloginfo('name')`, dans un lien <a>, `bloginfo('url')`, et le slogan du site, `bloginfo('description')`. Nous utilisons la fonction `bloginfo()` : http://codex.wordpress.org/Function_Reference/bloginfo

➜ Sous le premier menu, saisissez ce code :

```
<header class="unit-100">
    <h1 class="inline"><a href="<?php bloginfo('url'); ?>"
    title="<?php bloginfo('name'); ?>"><?php bloginfo('name');?> </a></h1>
    <h2 class="inline"><?php bloginfo('description'); ?></h2>
</header>
```

La mise en forme de l'en-tête affiche un trait en bas de l'élément `<header>` et affiche côte à côte le titre et le slogan.

➜ Dans le fichier **style.css**, saisissez ce code :

```
header {
   padding: 10px;
   border-bottom: 1px solid #333;
}
.inline {
   display: inline;
}
```

10. La deuxième barre de menu

Sur le même principe que précédemment, nous affichons conditionnellement le deuxième menu.

➜ Sous l'affichage du titre et du slogan, saisissez ce code :

```
<!-- Menu "secondaire" actif -->
<?php if ( has_nav_menu( 'secondaire' ) ) : ?>
    <nav id="secondaire" class="unit-100">
        <?php wp_nav_menu( array('theme_location'=>'secondaire')); ?>
    </nav>
<?php endif; ?>
```

Les deux menus sont mis en forme de la même manière : affichage d'un trait inférieur, des marges et remplissages spécifiés, des listes sans puce et des items de liste affichés les uns à côté des autres.

➜ Dans le fichier **style.css**, saisissez ce code :

```
#principal, #secondaire {
     border-bottom: 1px solid #333;
}
#en-tete nav ul {
     margin: 0 0 0 10px;
     padding: 10px 0 10px 10px;
     list-style: none;
}
#en-tete nav li {
    display: inline-block;
    margin: 0 10px 0 0;
}
```

Voici l'affichage obtenu, avec un menu uniquement dans l'emplacement secondaire :

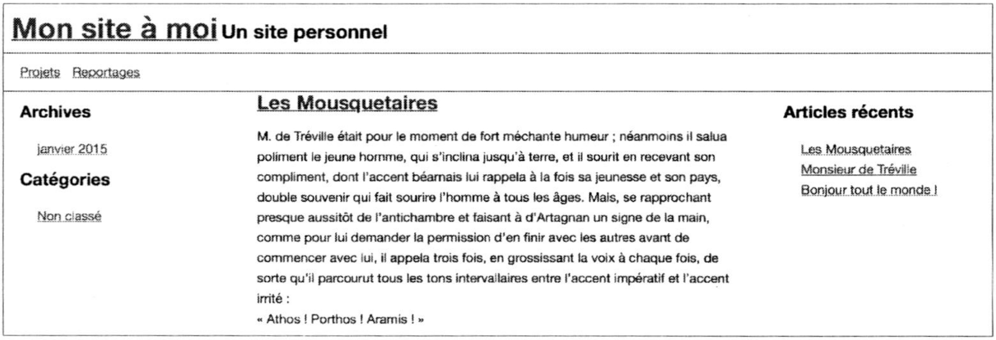

Voici l'affichage obtenu avec les deux menus, le titre et le slogan :

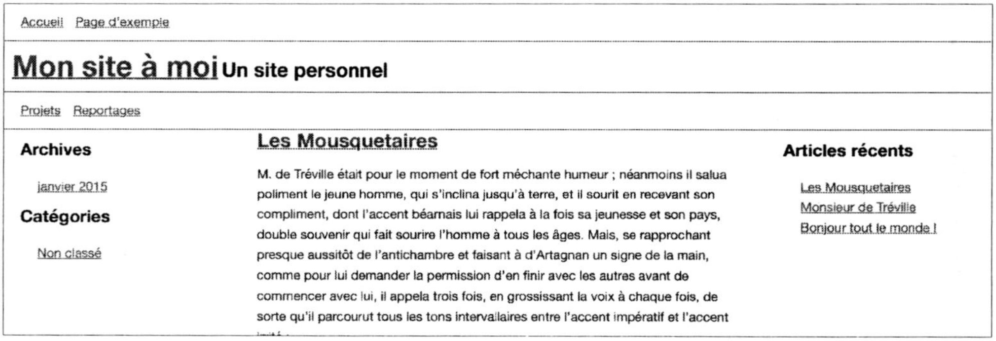

11. La boîte du contenu

Ce fichier se termine par l'ouverture de la boîte `<div>` qui affichera le contenu demandé.

➜ À la fin du fichier, saisissez ce code :

```
<!-- Ouverture du conteneur #contenu -->
<div id="contenu" class="units-row">
```

12. Le code complet du corps

Voici le code complet du corps de la page :

```
<body <?php body_class(); ?>>
    <!-- Ouverture de la boîte #en-tête -->
    <div id="en-tete" class="units-row">
        <!-- Menu "principal" actif -->
        <?php if ( has_nav_menu( 'principal' ) ) : ?>
        <nav id="principal" class="unit-100">
            <?php wp_nav_menu( array('theme_location'=>'principal')); ?>
        </nav>
        <?php endif; ?>
        <header class="unit-100">
            <h1 class="inline"><a href="<?php bloginfo('url'); ?>" title=
            "<?php bloginfo('name'); ?>"><?php bloginfo('name'); ?></a></h1>
            <h2 class="inline"><?php bloginfo('description'); ?></h2>
        </header>
        <!-- Menu "secondaire" actif →
        <?php if ( has_nav_menu( 'secondaire' ) ) : ?>
        <nav id="secondaire" class="unit-100">
            <?php wp_nav_menu( array('theme_location'=>'secondaire')); ?>
        </nav>
        <?php endif; ?>
    </div> <!-- Fermeture de la boîte #en-tete -->
    <!-- Ouverture du conteneur #contenu -->
    <div id="contenu" class="units-row">
```

Voici l'affichage obtenu, avec deux menus placés dans les deux emplacements :

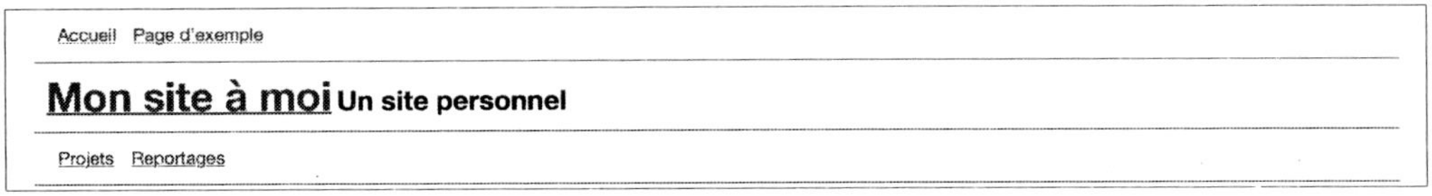

13. Le code complet

Voici le code complet du fichier **header.php** :

```
<!DOCTYPE html>
<html <?php language_attributes(); ?>>
<head>
      <meta charset="<?php bloginfo( 'charset' ); ?>">
      <meta name="viewport" content="width=device-width, initial-scale=1">
      <link rel="profile" href="http://gmpg.org/xfn/11">
      <link rel="pingback" href="<?php bloginfo( 'pingback_url' ); ?>">
      <title>
            <?php bloginfo('name'); ?>
            <?php if(is_home() || is_front_page()) : ?>
                  &mdash; <?php bloginfo('description'); ?>
```

```
                    <?php else : ?>
                    &mdash; <?php wp_title("",true); ?>
               <?php endif; ?>
          </title>
          <link rel="stylesheet" href="<?php bloginfo('template_url')
          ?>/css/kube.min.css">
          <link rel="stylesheet" href="<?php bloginfo('stylesheet_url'); ?>" />
          <script src="<?php bloginfo('template_url') ?>/js/kube.min.js"
          type="text/javascript"></script>
          <?php wp_head(); ?>
     </head>
     <body <?php body_class(); ?>>
          <!-- Ouverture de la boîte #en-tête -->
          <div id="en-tete" class="units-row">
               <!-- Menu "principal" actif -->
               <?php if ( has_nav_menu( 'principal' ) ) : ?>!
               <nav id="principal" class="unit-100">
                    <?php wp_nav_menu( array('theme_location'=>'principal')); ?>
               </nav>
               <?php endif; ?>
               <header class="unit-100">
                      <h1 class="inline"><a href="<?php bloginfo('url'); ?>"
                      title="<?php bloginfo('name'); ?>"><?php bloginfo('name');
                      ?></a></h1>
                       <h2 class="inline"><?php bloginfo('description'); ?></h2>
               </header>
               <!-- Menu "secondaire" actif -->
               <?php if ( has_nav_menu( 'secondaire' ) ) : ?>
               <nav id="secondaire" class="unit-100">
                   <?php wp_nav_menu( array('theme_location'=>'secondaire')); ?>
               </nav>
               <?php endif; ?>
          </div> <!-- Fermeture de la boîte #en-tete -->
          <!-- Ouverture du conteneur #contenu -->
          <div id="contenu" class="units-row">
```

E. Les sidebars

1. Les fichiers pour les sidebars

Dans notre thème, nous proposons d'utiliser deux sidebars : une à gauche et l'autre à droite. Sachez que vous pouvez proposer autant de sidebar que vous voulez. Si vous avez plusieurs sidebars, le nommage des fichiers est normé. Le nom doit commencer par **sidebar-**, suivi par le libellé que vous voulez, du moment que vous respectez les règles de nommage du web. Pour notre exemple, étant donné que nous avons une sidebar à gauche et l'autre à droite, nous allons nommer les fichiers **sidebar-gauche.php** et **sidebar-droite.php**, en toute logique.

Nous plaçons ces sidebars dans une liste `<ul>`. Mais avant, il faut tester si le gestionnaire du site, utilise ces sidebars. Nous effectuons donc un test avec la fonction `function_exists('dynamic_sidebar')`. Cette fonction permet de tester l'utilisation d'une sidebar dans cet exemple. Si l'emplacement est utilisé, nous y affichons la sidebar voulue avec la fonction `dynamic_sidebar('gauche')`. Vous notez qu'il n'est pas nécessaire d'indiquer le préfixe sidebar, ce n'est pas le nom du fichier qui est demandé, c'est l'identifiant, id, indiqué lors de la déclaration des emplacements des sidebars dans le fichier **functions.php**.

- Créez un fichier nommé **sidebar-gauche.php**.
- Placez-le dans le dossier de notre thème.
- Saisissez ce code :

```
<ul>
   <?php
      if (function_exists('dynamic_sidebar')) {
         dynamic_sidebar('gauche');
      }
   ?>
</ul>
```

Même principe pour la sidebar de droite :

- Créez un fichier nommé **sidebar-droite.php**.
- Placez-le dans le dossier de notre thème.
- Saisissez ce code :

```
<ul>
   <?php
      if (function_exists('dynamic_sidebar')) {
         dynamic_sidebar('droite');
      }
   ?>
</ul>
```

2. La mise en forme des sidebars

La mise en forme des sidebars se fait avec des règles CSS déclarées dans le fichier **style.css**. Les deux sidebars ont des marges et des remplissages spécifiés et des listes sans puces.

Dans le fichier **style.css**, saisissez ce code :

```
#gauche ul, #droite ul {
            margin: 0 0 0 10px;
            padding: 10px 0 10px 10px;
            list-style: none;
}
```

Voici l'affichage des deux sidebars, avec des widgets dans les deux emplacements :

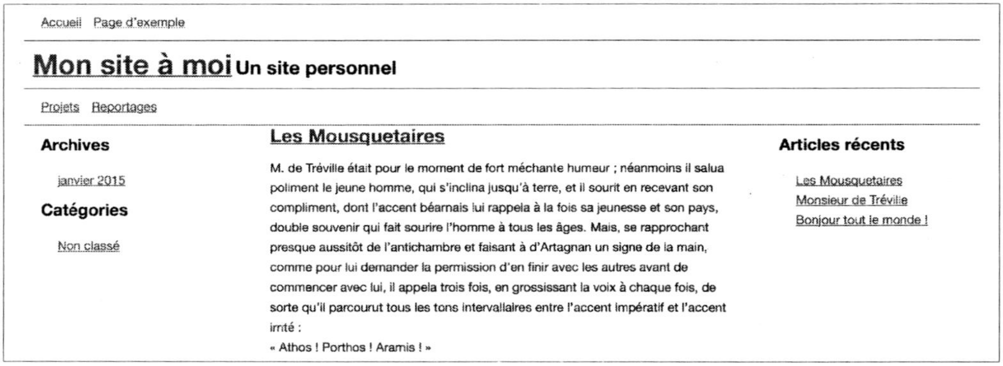

F. Le pied de page

1. Le fichier footer.php

C'est le fichier **footer.php** qui gère l'affichage du pied de page du thème. Ce pied de page est commun à toutes les pages du site.

➜ Créez un fichier nommé **footer.php** et placez-le dans le dossier de notre thème.

2. Fermeture de la boîte du contenu

La première ligne permet de fermer la boîte `<div id="contenu" class="units-row">` du contenu, ouverte dans le fichier **header.php**.

➜ Dans le fichier **footer.php**, saisissez ce code :

```
</div><!-- Fermeture de la boîte #contenu -->
```

3. La boîte du pied de page

Le pied de page est inséré dans un élément HTML `<footer>`. Nous y affichons le titre du site, `bloginfo('name')`, le nom du gestionnaire, `the_author()` et un copyright.

➜ À la suite du code précédent, saisissez ce code :

```
<!-- Ouverture de #pied-de-page -->
<footer id="pied-de-page" class="units-row">
           <p class="unit-100"><?php bloginfo('name'); ?>
           - <?php the_author(); ?> | &copy; Tous droits réservés</p>
</footer> <!-- Fermeture de #pied-de-page -->
```

La mise en forme du pied de page permet, entre autre l'affichage d'un trait inférieur dans l'élément `<footer>` :

```
footer {
    border-top: 1px solid #333;
    padding: 10px;
}
footer p {
    margin: 0;
}
```

Voici l'affichage du pied de page :

4. L'appel du pied de page

La dernière ligne permet le chargement des paramètres de personnalisation du thème et des plugings, avec la fonction de référence `wp_footer()`. Voici l'URL de cette fonction dans le codex : http://codex.wordpress.org/Function_Reference/wp_footer. Attention, cet appel doit être impérativement placé juste avant la balise de fermeture `</body>`.

➜ À la suite du code précédent, saisissez ce code :

```
<?php wp_footer(); ?>
```

5. La fin de la page

Les dernières lignes ferment le corps de la page et le HTML :

➜ À la suite du code précédent, saisissez ce code :

```
</body>
</html>
```

6. Le code complet du pied de page

Voici le code complet du fichier **footer.php** :

```
        </div><!-- Fermeture de la boîte #contenu -->
        <!-- Ouverture de #pied-de-page -->
        <footer id="pied-de-page" class="units-row">
            <p class="unit-100"><?php bloginfo('name'); ?> -
            <?php the_author(); ?> | &copy; Tous droits réservés</p>
        </footer> <!-- Fermeture de #pied-de-page -->
<?php wp_footer(); ?>
</body>
</html>
```

G. La page d'accueil

1. Le fichier index.php

Le fichier **index.php** est le template indispensable dans la hiérarchie. Il sert de page d'accueil classique (type blog) et de dernier template à utiliser si tous les autres templates ne sont pas présent.

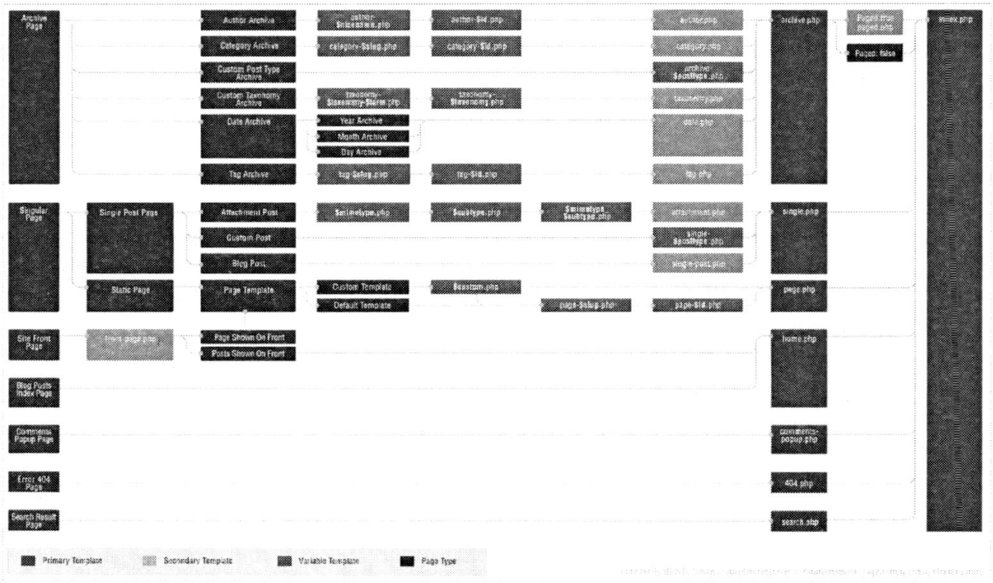

→ Créez un fichier **index.php** et placez-le dans le dossier du thème.

2. L'en-tête et le pied de page

Le fichier **index.php** fait appel aux templates **header.php** avec la fonction `get_header()` (http://codex.wordpress.org/Function_Reference/get_header) et **footer.php** avec la fonction `get_footer()` (http://codex.wordpress.org/Function_Reference/get_footer).

→ Dans le fichier **index.php**, saisissez ce code :

```
<?php get_header(); ?> <!-- Appel au template de l'en-tête -->
<?php get_footer(); ?> <!-- Appel au template du pied de page -->
```

3. La boucle de WordPress

La boucle de WordPress, The Loop, permet l'affichage du contenu demandé par les visiteurs.

Voici son code que nous avons déjà expliqué, avec l'affichage du titre du contenu dans un lien actif (`the_permalink()`) et l'affichage du contenu (`the_content()`) :

```
<?php if(have_posts()) : while(have_posts()) : the_post(); ?>
    <a href="<?php the_permalink(); ?>">
          <?php the_title(); ?>
    </a>
    <?php the_content(); ?>
<?php endwhile; ?>
<?php endif; ?>
```

4. L'affichage des sidebars

Le fichier **index.php** appelle aussi les deux sidebars. Mais celles-ci ne doivent être affichées, uniquement si elles sont utilisées. De plus, la mise en page va changer en fonction de l'utilisation de ces deux sidebars.

- En effet, si les deux sidebars sont utilisées, elles sont placées sur 25 % de la largeur de la ligne respectivement et le contenu sur les 50 % restants.
- Si une seule sidebar est utilisée, la boîte du contenu va être placée sur 75 % de la largeur de la ligne, la sidebar utilisée sera sur les 25 % restants.
- Si aucune sidebar n'est utilisée, le contenu sera placé sur les 100% de la largeur de la ligne.

Nous devons tester l'utilisation des sidebars avec la fonction `is_active_sidebar()`, (URL dans le codex : http://codex.wordpress.org/Function_Reference/is_active_sidebar). L'argument à tester est l'identifiant des sidebars, soit gauche et droite dans notre exemple.

5. Les deux sidebars sont utilisées

Premier cas de figure, les deux sidebars sont utilisées :

➜ Dans le fichier **index.php**, saisissez ce code :

```
<!-- Les deux sidebars sont actives -->
<?php if ( is_active_sidebar('gauche') && is_active_sidebar('droite') ) : ?>
    <aside id="gauche" class="unit-25">
          <?php get_sidebar( 'gauche' ); ?>
    </aside>
    <main class="unit-50">
          <?php if(have_posts()) : while(have_posts()) : the_post(); ?>
                <div class="article">
                     <h2><a href="<?php the_permalink(); ?>"><?php
                     the_title(); ?></a></h2>
                     <?php the_content(); ?>
                </div>
```

```
            <?php endwhile; ?>
            <?php endif; ?>
        </main>
        <aside id="droite" class="unit-25">
            <?php get_sidebar( 'droite' ); ?>
        </aside>
```

- Nous testons si les deux sidebars sont actives :

```
<?php if ( is_active_sidebar('gauche') && is_active_sidebar('droite') ) : ?>
```

- Si c'est le cas, nous les affichons dans les boîtes prévues, avec les dimensions prévues :

```
<aside id="gauche" class="unit-25">
    <?php get_sidebar( 'gauche' ); ?>
</aside>
```

Et :

```
<aside id="droite" class="unit-25">
    <?php get_sidebar( 'droite' ); ?>
</aside>
```

Le contenu est affiché avec la boucle WordPress dans la boîte prévue :

```
<main class="unit-50">
<?php if(have_posts()) : while(have_posts()) : the_post(); ?>
    <div class="article">
            <h2><a href="<?php the_permalink(); ?>"><?php the_title(); ?>
            </a></h2>
            <?php the_content(); ?>
    </div>
    <?php endwhile; ?>
<?php endif; ?>
</main>
```

6. Seule la sidebar de gauche est utilisée

Deuxième cas de figure, seule la sidebar de gauche est utilisée. La fonction `is_active_sidebar()` renvoie par défaut `true` si la sidebar est utilisée, `false`, si elle ne l'est pas.

➔ Voici le code à saisir :

```
<!-- La sidebar de gauche est active - La sidebar de droite est inactive -->
<?php elseif ( is_active_sidebar('gauche') &&
is_active_sidebar('droite')==false ) : ?>
<aside id="gauche" class="unit-25">
    <?php get_sidebar( 'gauche' ); ?>
</aside>
<main class="unit-75">
    <?php if(have_posts()) : while(have_posts()) : the_post(); ?>
                <div class="article">
                    <h2><a href="<?php the_permalink(); ?>"><?php
```

```
                        the_title(); ?></a></h2>
                        <?php the_content(); ?>
                         </div>
        <?php endwhile; ?>
        <?php endif; ?>
    </main>
```

- Si seule la sidebar de gauche est utilisée, elle est affichée dans la boîte correspondante :

```
<?php elseif ( is_active_sidebar('gauche') &&
is_active_sidebar('droite')==false ) : ?>
<aside id="gauche" class="unit-25">
    <?php get_sidebar( 'gauche' ); ?>
</aside>
```

- Le contenu est affiché dans la boîte correspondante, sur une largeur de 75 % :

```
<main class="unit-75">
    <?php if(have_posts()) : while(have_posts()) : the_post(); ?>
         <div class="article">
                <h2><a href="<?php the_permalink(); ?>"><?php
                the_title(); ?></a></h2>
                <?php the_content(); ?>
         </div>
    <?php endwhile; ?>
    <?php endif; ?>
</main>
```

7. Seule la sidebar de droite est utilisée

Troisième cas de figure, seule la sidebar de droite est utilisée. Le focntionnement est similaire au cas précédent.

➜ Voici le code à saisir :

```
<?php elseif ( is_active_sidebar('gauche')==false &&
is_active_sidebar('droite') ) : ?>
<main class="unit-75">
    <?php if(have_posts()) : while(have_posts()) : the_post(); ?>
          <div class="article">
                  <h2><a href="<?php the_permalink(); ?>"><?php
                  the_title(); ?></a></h2>
                  <?php the_content(); ?>
          </div>
    <?php endwhile; ?>
    <?php endif; ?>
</main>
<aside id="droite" class="unit-25">
    <?php get_sidebar( 'droite' ); ?>
</aside>
```

8. Les deux sidebars ne sont pas utilisées

Quatrième et dernier cas de figure, les deux sidebars ne sont pas utilisées, seul le contenu est affiché sur 100 % de la largeur de la ligne.

→ Voici le code à saisir :

```
<!-- Les deux sidebars sont inactives -->
<?php elseif ( is_active_sidebar('gauche')==false &&
is_active_sidebar('droite')==false ) : ?>
<main class="unit-100">
    <?php if(have_posts()) : while(have_posts()) : the_post(); ?>
          <div class="article">
                <h2><a href="<?php the_permalink(); ?>"><?php
                the_title(); ?></a></h2>
                <?php the_content(); ?>
          </div>
    <?php endwhile; ?>
    <?php endif; ?>
</main>
<?php endif; ?>
```

9. Le code complet

Voici le code complet du fichier **index.php**. Ce code n'est pas forcément optimisé et pourra faire grincer les dents des développeurs experts, mais son objectif est de bien différencier les différents cas de figure pour des personnes novices en PHP.

```
<?php get_header(); ?> <!-- Appel au template de l'en-tête -->

<!-- Les deux sidebars sont actives -->
<?php if ( is_active_sidebar('gauche') && is_active_sidebar('droite') ) : ?>
   <aside id="gauche" class="unit-25">
         <?php get_sidebar( 'gauche' ); ?>
   </aside>
   <main class="unit-50">
         <?php if(have_posts()) : while(have_posts()) : the_post(); ?>
                  <div class="article">
                      <h2><a href="<?php the_permalink(); ?>"><?php
                      the_title(); ?></a></h2>
                       <?php the_content(); ?>
                  </div>
         <?php endwhile; ?>
         <?php endif; ?>
   </main>
   <aside id="droite" class="unit-25">
         <?php get_sidebar( 'droite' ); ?>
   </aside>
<!-- La sidebar de gauche est active - La sidebar de droite est inactive -->
```

```
<?php elseif ( is_active_sidebar('gauche') &&
is_active_sidebar('droite')==false ) : ?>
<aside id="gauche" class="unit-25">
   <?php get_sidebar( 'gauche' ); ?>
</aside>
<main class="unit-75">
   <?php if(have_posts()) : while(have_posts()) : the_post(); ?>
         <div class="article">
               <h2><a href="<?php the_permalink(); ?>"><?php
               the_title(); ?></a></h2>
               <?php the_content(); ?>
         </div>
   <?php endwhile; ?>
   <?php endif; ?>
</main>
<!-- La sidebar de gauche est inactive - La sidebar de droite est active -->
<?php elseif ( is_active_sidebar('gauche')==false &&
is_active_sidebar('droite') ) : ?>
<main class="unit-75">
   <?php if(have_posts()) : while(have_posts()) : the_post(); ?>
         <div class="article">
               <h2><a href="<?php the_permalink(); ?>"><?php
               the_title(); ?></a></h2>
               <?php the_content(); ?>
         </div>
   <?php endwhile; ?>
   <?php endif; ?>
</main>
<aside id="droite" class="unit-25">
   <?php get_sidebar( 'droite' ); ?>
</aside>
<!-- Les deux sidebars sont inactives -->
<?php elseif ( is_active_sidebar('gauche')==false &&
is_active_sidebar('droite')==false ) : ?>
<main class="unit-100">
   <?php if(have_posts()) : while(have_posts()) : the_post(); ?>
         <div class="article">
               <h2><a href="<?php the_permalink(); ?>"><?php
               the_title(); ?></a></h2>
               <?php the_content(); ?>
         </div>
   <?php endwhile; ?>
   <?php endif; ?>
</main>
<?php endif; ?>

<?php get_footer(); ?> <!-- Appel au template du pied de page -->
```

10. Les affichages

Voici l'affichage obtenu, avec les différents cas de figure.

Avec les deux sidebars utilisées :

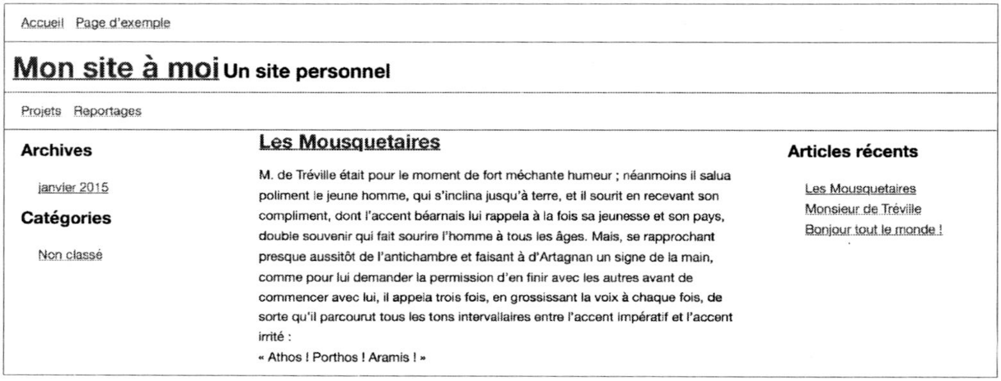

Avec la sidebar de gauche :

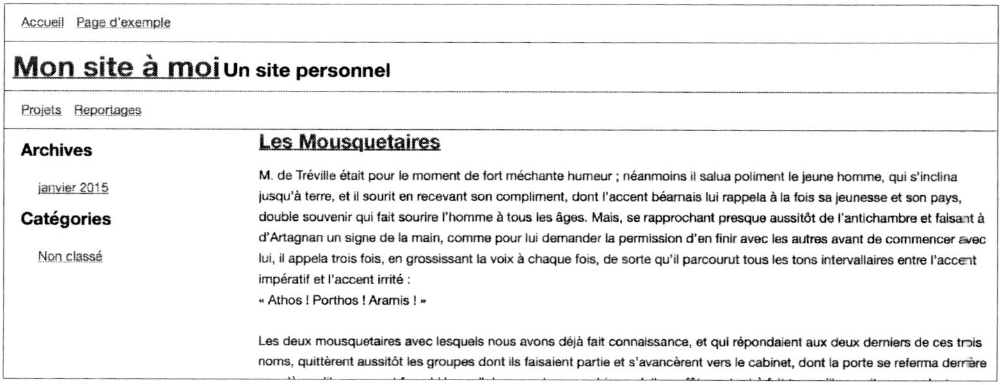

Avec la sidebar de droite :

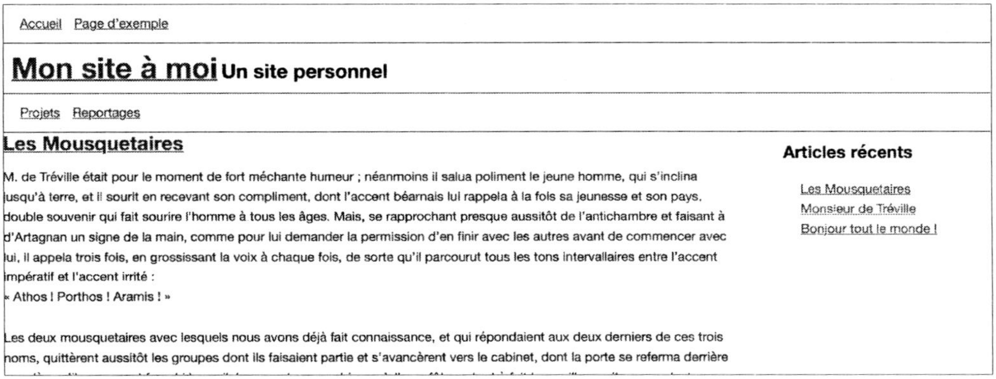

Sans aucune sidebar :

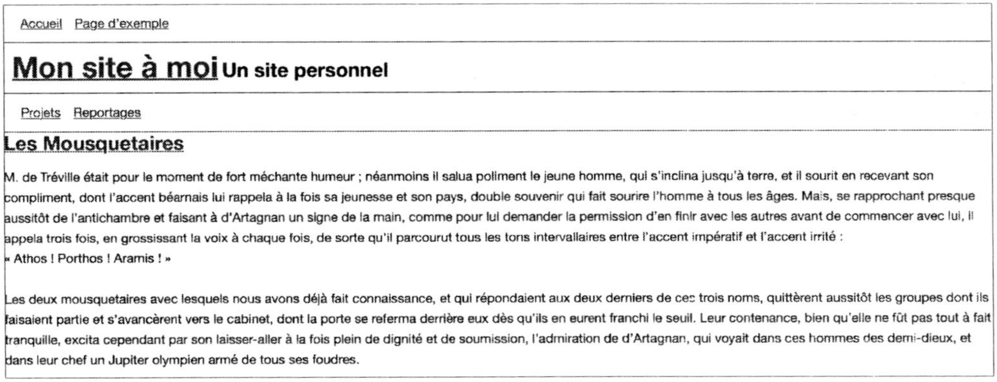

H. Les articles

1. Le fichier single.php

Si nous reprenons la hiérarchie des templates, c'est le template principal **single.php** qui est utilisé pour afficher les articles en page seule, c'est-à-dire lorsque les visiteurs ont cliqué sur le titre d'un article.

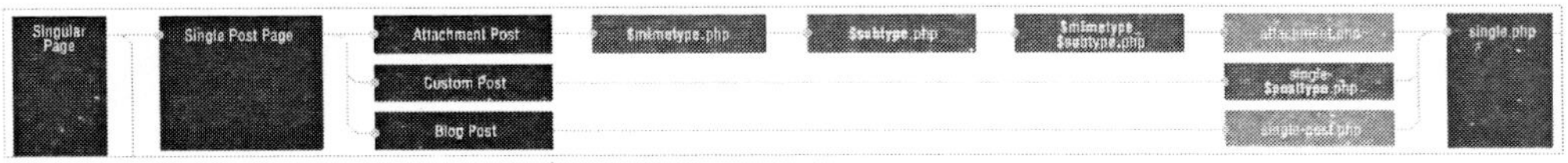

Pour créer rapidement ce template, partons du fichier **index.php**.

- Dupliquez le fichier **index.php**.
- Nommez-le **single.php**.

Nous allons modifier la boucle WordPress pour utiliser le format d'article choisi par l'utilisateur.

Voici la boucle initiale saisie dans le fichier **index.php** :

```
<?php if(have_posts()) : while(have_posts()) : the_post(); ?>
    <div class="article">
        <h2><a href="<?php the_permalink(); ?>"><?php
        the_title(); ?></a></h2>
        <?php the_content(); ?>
    </div>
<?php endwhile; ?>
<?php endif; ?>
```

Nous incorporons la fonction `get_template_part()` pour que WordPress puisse utiliser le template correspondant au format d'article choisi.

Nous utilisons la fonction `the_post_navigation()` (URL de la fonction dans le codex : https://developer.wordpress.org/reference/functions/the_post_navigation/) qui permet d'afficher automatiquement un système de navigation **Précédent** / **Suivant**, lorsque cela est nécessaire.

Enfin, nous demandons à afficher les commentaires, lorsque ceux-ci sont ouverts.

Voici la nouvelle boucle :

```
<?php if(have_posts()) : while(have_posts()) : the_post(); ?>
    <div class="article">
         <!-- Choix du format d'article -->
         <?php get_template_part( 'content', get_post_format() ); ?>
         <?php the_post_navigation(); ?>
         <?php // Affichage des commentaires
               if ( comments_open() || get_comments_number() ) :
                            comments_template();
               endif;
         ?>
    </div>
<?php endwhile; ?>
<?php endif; ?>
```

N'oubliez pas que vous devez saisir ce code dans les quatre cas prévus selon l'utilisation des sidebars.

2. Les fichiers des formats

Dans la boucle précédente, le contenu des articles est affiché avec l'utilisation des templates nommés **content-$format.php**. Ces templates sont déterminés selon le format d'article choisi par l'utilisateur. C'est la fonction `get_template_part( 'content', get_post_format() )` qui le détermine. Nous avons d'abord le libellé `content` qui est concaténé avec le nom du format determiné par la fonction `get_post_format()`.

- Le template s'appelle **content-quote.php** si l'utilisateur a choisi le format **Citation**, **quote** en anglais.
- Le template s'appelle **content-aside.php** si l'utilisateur a choisi le format **En passant**, **aside** en anglais.
- Le template s'appelle **content.php** si l'utilisateur a choisi le format **Par défaut**.

Voici la liste des formats disponibles :

- le format **Par défaut : content.php**,
- le format **En passant : content-aside.php**,
- le format **Image : content-image.php**,
- le format **Vidéo : content-video.php**,
- le format **Citation : content-quote.php**,
- le format **Lien : content-link.php**,
- le format **Galerie : content-gallery.php**,
- le format **État : content-status.php**,
- le format **Son : content-audio.php**,
- le format **Discussion : content-chat.php**.

Nous devons donc avoir au minimum, le template **content.php**, car si un template spécifique n'est pas présent, c'est le template du format **Par défaut**, **content.php**, qui est utilisé.

Vous avez à votre disposition d'autres templates pour les contenus. Le template **content-none.php** permet l'affichage des contenus non trouvés. Le template **content-featured-post.php** gère l'affichage des articles **Mis en avant**.

Mais il ne faut pas oublier d'activer cette fonctionnalité de format des articles.

➜ Ouvrez le fichier **functions.php** du thème.

➜ À la fin du code précédent, mais avant la fin du `PHP ?>`, saisissez ce code :

```
/* Ajout des formats d'article */
add_theme_support( 'post-formats', array(
    'aside', 'image', 'video', 'quote', 'link', 'gallery',
    'status', 'audio', 'chat'
) );
```

Voici tous les formats disponibles :

- aside : **En passant**,
- image : **Image**,
- video : **Vidéo**,
- quote : **Citation**,
- link : **Lien**,
- gallery : **Galerie**,
- status : **État**,
- audio : **Audio**, et
- chat : **Discussion**.

Il faut savoir aussi que le concepteur ne peut pas proposer d'autres formats supplémentaires, ni changer leur nom.

Maintenant, dans l'écran d'ajout ou de modification des articles, vous visualisez le module **Format**.

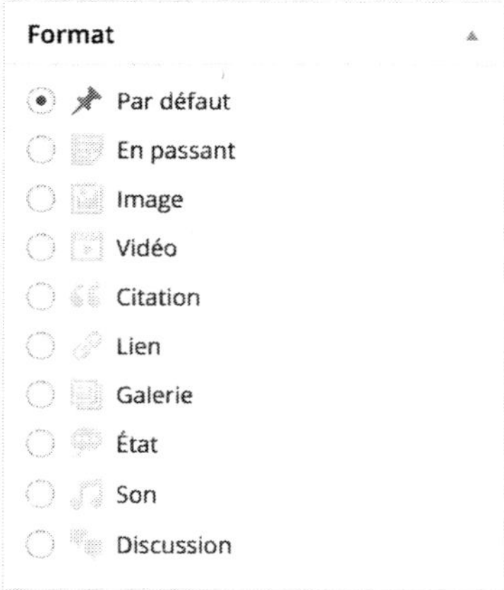

3. Le template Par défaut

Nous allons maintenant créer le template par défaut, celui qui est utilisé lorsque aucun format n'est spécifié, ou avec le choix du format **Par défaut**, ou lorsque aucun template n'est disponible.

➔ Créez un fichier nommé **content.php**.

➔ Placez-le dans le dossier du thème.

-> Dans ce fichier, saisissez ce code :

```
<?php
/* Template d'article avec le format Par défaut */
?>
<header class="article">
    <h1><?php the_title() ?></h1>
</header>
<div class="contenu">
    <?php if(has_excerpt()) {
         the_excerpt() ;
       }
       ?>
       <?php the_content() ?>
</div>
<footer class="article">
       <?php the_category() ?> - <?php the_tags() ?> - <?php the_date()
       ?> - <?php the_author_posts_link() ?> - <?php edit_post_link() ?>
</footer>
```

Dans des éléments HTML `<header>` et `<h1>`, afficher le titre de l'article avec la fonction `the_title()`.

Dans la boîte `<div  class="contenu">`, nous plaçons le contenu rédactionnel de l'article.

Nous testons si l'article possède un extrait avec `if(has_excerpt())` (URL de la fonction dans le codex : http://codex.wordpress.org/Function_Reference/has_excerpt).

Si c'est le cas, nous affichons l'extrait : `the_excerpt()`.

Ensuite, nous affichons le contenu de l'article : `the_content()`.

Puis nous utilisons l'élément HTML `<footer>` pour afficher les métadonnées de l'article.

- `the_category()` : permet d'afficher la ou les catégories de l'article.
- `the_tags()` : permet d'afficher le ou les mots-clés de l'article.
- `the_date()` : permet d'afficher la date de publication de l'article.
- `the_author_posts_link()` : permet d'afficher le nom de l'auteur de l'article, avec un lien vers la liste de tous les articles de cet auteur.
- `edit_post_link()` : permet d'afficher le lien **Modifier**, pour modifier l'article, si l'auteur est connecté.

4. La mise en forme du template Par défaut

Voyons maintenant un élément très important, c'est le code HTML généré par WordPress avec ces différentes fonctions. En effet, il faut connaître les éléments HTML/CSS générés pour modifier la mise en forme de cet affichage, à l'aide de vos propres règles CSS.

- L'extrait, affiché avec la fonction `the_excerpt()`, est inséré dans un paragraphe <p>.
- Le contenu, affiché avec la fonction `the_content()`, génère les éléments HTML appliqués lors de la mise en forme du contenu rédactionnel.
- La ou les catégories, affichée(s) avec la fonction `the_category()`, génère(nt) une liste <ul class="post-categories">. Chaque catégorie est placée dans un item de liste <li>, dans un élément <a> pour avoir la liste des articles appartenant à cette catégorie. Voici le code généré dans cet exemple (pour un site publié en local) :

```
<ul class="post-categories">
          <li><a href="http://localhost:8888/wp41/?cat=7"
          rel="category">Roman</a>
          </li>
</ul>
```

- Les mots-clés, affichés avec la fonction `the_tags()`, génère automatiquement le libellé **Mots-clés :**. Chaque mot-clé est placé dans un élément <a> pour afficher la liste de tous les articles ayant ce mot-clé d'associé. Voici le code généré dans cet exemple (pour un site publié en local) :
  - Mots-clés :
  - <a href="http://localhost:8888/wp41/?tag=aventure" rel="tag">Aventure</a>,
  - <a href="http://localhost:8888/wp41/?tag=histoire" rel="tag">Histoire</a>
- La date, fonction `the_date()`, n'est insérée dans aucun élément HTML.
- L'auteur, affiché avec la fonction `the_author_posts_link()`, est inséré dans un lien <a> qui affiche la liste de tous les articles de cet auteur. Voici le code généré dans cet exemple (pour un site publié en local) :

```
<a href="http://localhost:8888/wp41/?author=1" title="Articles
par Christophe AUBRY" rel="author">Christophe AUBRY</a>
```

- Le lien de modification de l'article, fonction `edit_post_link()`, est inséré dans un élément <a>, avec le libellé **Modifier**. Voici le code généré dans cet exemple (pour un site publié en local) :

```
<a class="post-edit-link" href="http://localhost:8888/wp41/wp-admin/
post.php?post=20&amp;action=edit">Modifier</a>
```

Voici l'affichage obtenu, sans aucune mise en forme supplémentaire, avec un article possédant un extrait :

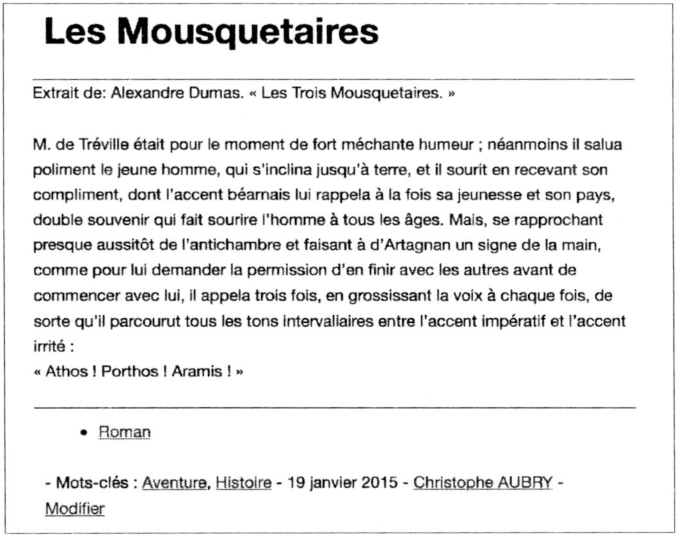
Les Mousquetaires

Extrait de: Alexandre Dumas. « Les Trois Mousquetaires. »

M. de Tréville était pour le moment de fort méchante humeur ; néanmoins il salua poliment le jeune homme, qui s'inclina jusqu'à terre, et il sourit en recevant son compliment, dont l'accent béarnais lui rappela à la fois sa jeunesse et son pays, double souvenir qui fait sourire l'homme à tous les âges. Mais, se rapprochant presque aussitôt de l'antichambre et faisant à d'Artagnan un signe de la main, comme pour lui demander la permission d'en finir avec les autres avant de commencer avec lui, il appela trois fois, en grossissant la voix à chaque fois, de sorte qu'il parcourut tous les tons intervallaires entre l'accent impératif et l'accent irrité :
« Athos ! Porthos ! Aramis ! »

- Roman

- Mots-clés : Aventure, Histoire - 19 janvier 2015 - Christophe AUBRY - Modifier

Nous appliquons des règles CSS, créées dans le fichier **style.css** du thème. Cette mise en forme n'est qu'un exemple, à vous d'appliquer la mise en forme que vous souhaitez, en fonction de vos projets.

Pour ne pas avoir de trait sous le titre de l'article (élément `<header>`), utilisons un sélecteur spécifique vec la classe `.article`:

```
.article {
    padding-left: 0;
    border: none;
}
```

L'extrait est placé dans une boîte `<div class="extrait">`. Voici le sélecteur associé :

```
.extrait {
    font-style: italic;
    color: gray;
}
```

Pour la liste des catégories, nous affichons le libellé fixe **Catégorie**, avec une liste sans puce et des items en affichage en ligne :

```
.post-categories::before {
    content: "Catégorie : ";
}
.post-categories {
    list-style: none;
```

```
        display: inline-block;
        padding: 0;
        margin: 0;
    }
    .post-categories li {
        display: inline-block;
    }
```

Et pour l'ensemble des métadonnées, nous utilisons une mise en forme typographique :

```
    footer.article {
        font-size: small;
        font-style: italic;
        color: gray;
    }
```

Voici l'affichage obtenu avec cette mise en forme :

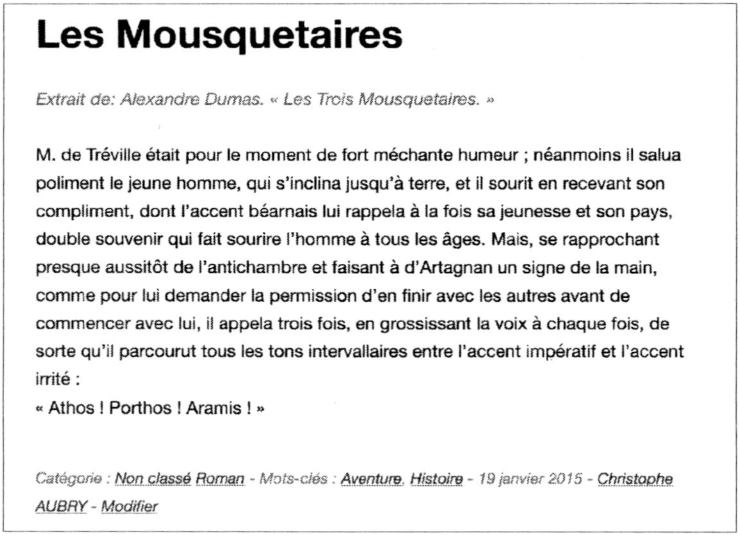

Les Mousquetaires

Extrait de: Alexandre Dumas. « Les Trois Mousquetaires. »

M. de Tréville était pour le moment de fort méchante humeur ; néanmoins il salua poliment le jeune homme, qui s'inclina jusqu'à terre, et il sourit en recevant son compliment, dont l'accent béarnais lui rappela à la fois sa jeunesse et son pays, double souvenir qui fait sourire l'homme à tous les âges. Mais, se rapprochant presque aussitôt de l'antichambre et faisant à d'Artagnan un signe de la main, comme pour lui demander la permission d'en finir avec les autres avant de commencer avec lui, il appela trois fois, en grossissant la voix à chaque fois, de sorte qu'il parcourut tous les tons intervallaires entre l'accent impératif et l'accent irrité :
« Athos ! Porthos ! Aramis ! »

Catégorie : Non classé Roman - Mots-clés : Aventure, Histoire - 19 janvier 2015 - Christophe AUBRY - Modifier

Dernier paramètre très important concernant la mise en forme, c'est l'utilisation de la fonction body_class(), dans l'élément <body> (fichier **header.php**) : <body <?php body_class(); ?>>. Cela permet de générer des classes spécifiques selon le format d'article utilisé.

Pour un article au format **Par défaut**, voici les classes générées et utilisables pour appliquer des règles CSS :

```
    <body class="single single-post postid-20 single-format-standard
    logged-in">
```

5. Le template En passant

Nous créons un deuxième template, pour l'utilisation du format **En passant**.

- Créez un fichier nommé **content-aside.php** dans le dossier du thème.
- Saisissez ce code :

```
<?php
/* Template d'article avec le format En passant */
?>
<header class="article">
    <h1><?php the_title() ?></h1>
</header>
<div class="contenu">
    <?php the_content() ?>
</div>
<footer class="article">
    <?php the_date() ?> - <?php the_author() ?>
</footer>
```

Nous avons un contenu très simple, avec l'affichage du titre, du contenu, de la date de publication et du nom de l'auteur.

La mise en forme est tout aussi simple :

```
/* Mis en forme des articles au format En passant */
.single-format-aside .contenu {
    padding-left: 20px ;
    border-left: 1px solid #bbb;
}
```

Vous remarquez que nous utilisons ici la classe `.single-format-aside` générée par `<body <?php body_class(); ?>>`, avec l'utilisation du format **En passant** (**aside**).

Voici l'affichage obtenu :

6. Les autres templates des formats d'articles

Nous n'allons pas créer tous les templates, pour tous les autres formats d'article. Vous avez compris le principe. C'est vous qui décidez de ce qui doit être affiché et de leur mise en forme, à l'aide des règles CSS que vous créerez.

I. Les pages

1. Le fichier page.php

Reprenons le schéma de la hiérarchie des templates pour revoir le template utilisé pour afficher les pages. En dehors des templates de page personnalisés, c'est le template **page.php** qui est utilisé.

Le fonctionnement de ce template, va reprendre les principes que nous avons vus pour l'affichage des articles. Comme pour les articles, le template utilisé est choisi dynamiquement avec la fonction `get_template_part()`. Comme pour les articles, le designer peut proposer des modèles de page ayant des mises en forme différentes.

Nous allons partir du fichier **single.php** pour plus de facilité.

➜ Dans le dossier du thème, dupliquez le fichier **single.php**.

➜ Nommez-le **page.php**.

À la place de l'appel au format d'article initial et aux commentaires, nous appelons le template de page.

➜ Dans chaque boucle des quatre cas d'affichage, saisissez ce code :

```
<?php get_template_part( 'content', 'page' ); ?>
```

Voici la boucle complète :

```
<?php if(have_posts()) : while(have_posts()) : the_post(); ?>
    <!-- Choix du modèle de page -->
    <?php get_template_part( 'content', 'page' ); ?>
    <?php endwhile; ?>
<?php endif; ?>
```

Nous utilisons la fonction `get_template_part( 'content', 'page' )` pour charger le template nommé **content-page.php**.

Nous prenons le parti pris de ne pas afficher les commentaires. À nouveau, vous pouvez faire ce que vous voulez. C'est à vous de décider ce qui doit être affiché.

Voici le code complet de ce fichier **page.php** :

```
<?php get_header(); ?> <!-- Appel au template de l'en-tête -->

<!-- Les deux sidebars sont actives -->
<?php if ( is_active_sidebar('gauche') && is_active_sidebar('droite') ) : ?>
    <aside id="gauche" class="unit-25">
        <?php get_sidebar( 'gauche' ); ?>
    </aside>
    <main class="unit-50">
        <?php if(have_posts()) : while(have_posts()) : the_post(); ?>
            <div class="article">
                <!-- Choix du modèle de page →
                <?php get_template_part( 'content', 'page' ); ?>
                               </div>
        <?php endwhile; ?>
        <?php endif; ?>
    </main>
    <aside id="droite" class="unit-25">
        <?php get_sidebar( 'droite' ); ?>
    </aside>
<!-- La sidebar de gauche est active - La sidebar de droite est inactive -->
<?php elseif ( is_active_sidebar('gauche') &&
is_active_sidebar('droite')==false ) : ?>
<aside id="gauche" class="unit-25">
```

```
        <?php get_sidebar( 'gauche' ); ?>
</aside>
<main class="unit-75">
        <?php if(have_posts()) : while(have_posts()) : the_post(); ?>
            <div class="article">
                 <!-- Choix du modèle de page -->
                 <?php get_template_part( 'content', 'page' ); ?>
            </div>
        <?php endwhile; ?>
        <?php endif; ?>
</main>
<!-- La sidebar de gauche est inactive - La sidebar de droite est active -->
<?php elseif ( is_active_sidebar('gauche')==false &&
is_active_sidebar('droite') ) : ?>
<main class="unit-75">
        <?php if(have_posts()) : while(have_posts()) : the_post(); ?>
                <div class="article">
                     <!-- Choix du modèle de page -->
                     <?php get_template_part( 'content', 'page' ); ?>
                </div>
        <?php endwhile; ?>
        <?php endif; ?>
</main>
<aside id="droite" class="unit-25">
        <?php get_sidebar( 'droite' ); ?>
</aside>
<!-- Les deux sidebars sont inactives -->
<?php elseif ( is_active_sidebar('gauche')==false &&
is_active_sidebar('droite')==false ) : ?>
<main class="unit-100">
        <?php if(have_posts()) : while(have_posts()) : the_post(); ?>
                <div class="article">
                        <!-- Choix du modèle de page -->

                        <?php get_template_part( 'content', 'page' ); ?>
                    </div>
         <?php endwhile; ?>
         <?php endif; ?>
</main>
<?php endif; ?>

<?php get_footer(); ?> <!-- Appel au template du pied de page -->
```

2. Le fichier content-page.php

Nous venons de le voir, c'est le fichier **content-page.php** qui est utilisé pour afficher le contenu des pages. Comme toujours, c'est vous qui décidez de ce qui doit être affiché et comment l'afficher.

➜ Dans le dossier du thème, créez un fichier nommé **content-page.php**.

➜ Dans ce fichier, saisissez ce code :

```
<?php
/* Template pour afficher le contenu des pages */
?>
<header class="article">
      <h1><?php the_title() ?></h1>
</header>
<div class="contenu">
      <?php the_content() ?>
</div>
<footer class="article">
      <?php the_date() ?> - <?php the_author() ?> - <?php edit_post_link() ?>
</footer>
```

Dans cet exemple, nous affichons :

- le titre de la page (`the_title()`),
- le contenu (`the_content()`),
- les métadonnées de la date de publication (`the_date()`) et du nom de l'auteur (`the_author()`),
- Et l'affichage du lien pour modifier la page, si l'auteur est connecté (`edit_post_link()`).

Voici l'exemple d'une page affichée :

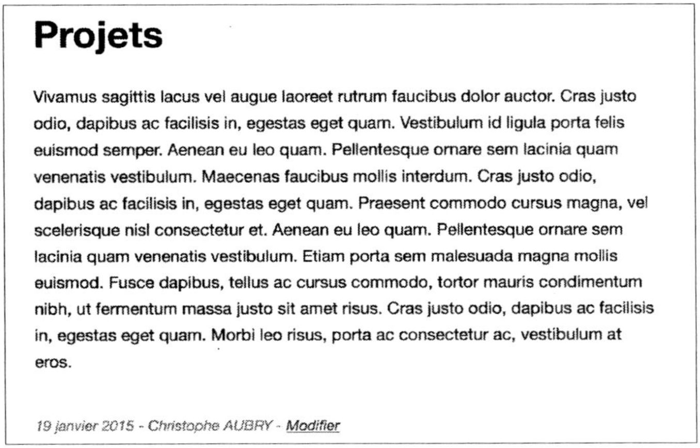

Projets

Vivamus sagittis lacus vel augue laoreet rutrum faucibus dolor auctor. Cras justo odio, dapibus ac facilisis in, egestas eget quam. Vestibulum id ligula porta felis euismod semper. Aenean eu leo quam. Pellentesque ornare sem lacinia quam venenatis vestibulum. Maecenas faucibus mollis interdum. Cras justo odio, dapibus ac facilisis in, egestas eget quam. Praesent commodo cursus magna, vel scelerisque nisl consectetur et. Aenean eu leo quam. Pellentesque ornare sem lacinia quam venenatis vestibulum. Etiam porta sem malesuada magna mollis euismod. Fusce dapibus, tellus ac cursus commodo, tortor mauris condimentum nibh, ut fermentum massa justo sit amet risus. Cras justo odio, dapibus ac facilisis in, egestas eget quam. Morbi leo risus, porta ac consectetur ac, vestibulum at eros.

19 janvier 2015 - Christophe AUBRY - Modifier

3. Les modèles de page

Nous l'avons évoqué précédemment, le concepteur du thème peut proposer des modèles de page aux utilisateurs. Chaque modèle de page pourra avoir sa propre mise en forme et mise en page. Cela permet de répondre à des besoins de design spécifiques.

Chaque modèle de page peut être nommé comme vous le souhaitez, même s'il est préférable d'avoir une certaine cohérence dans les noms. L'essentiel est d'avoir le libellé **Template name**, dans le commentaire d'en-tête de page.

Nous allons créer un modèle de page qui n'affiche pas les sidebars, même si elles sont utilisées.

- Dans le dossier du thème, créez un fichier nommé **page-full-width.php**.
- Ouvrez ce fichier et saisissez ce code :

```
<?php
/* Template name: Page sans sidebar */

get_header(); ?> <!-- Appel au template de l'en-tête -->

<main class="unit-100">
    <?php if(have_posts()) : while(have_posts()) : the_post(); ?>
        <div class="article">
            <!-- Choix du modèle de page -->
            <?php get_template_part( 'content', 'page' ); ?>
        </div>
    <?php endwhile; ?>
    <?php endif; ?>
</main>

<?php get_footer(); ?> <!-- Appel au template du pied de page -->
```

Le fichier commence par un commentaire qui est absolument obligatoire. Dans le commentaire, nous devons avoir strictement ce libellé : `Template name`:. Attention, il ne faut pas mettre d'espace entre name et les deux points :. Le nom du template saisi est affiché dans le module **Attributs de la page**, dans la liste déroulante **Modèle**.

Ensuite, nous retrouvons notre boucle WordPress classique pour les pages que nous avons détaillée précédemment.

- Connectez-vous à l'administration de votre site.
- Dans le menu **Pages**, choisissez **Ajoutez**.
- Renseignez le titre et le contenu.

→ Dans le module **Attributs de la page**, dans la liste déroulante **Modèle**, choisissez **Page sans sidebar**.

→ Ajoutez cette page à l'un des menus.

→ Affichez cette page.

Voici le modèle d'affichage, sans les sidebars :

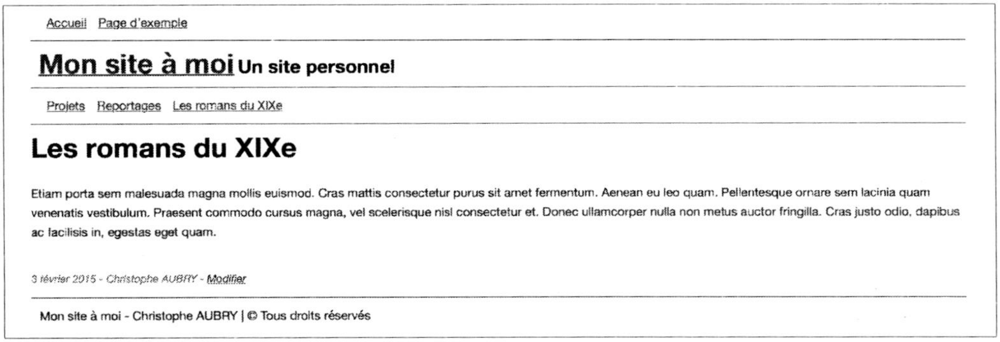

J. Les archives

1. Le fichier author.php

Lorsqu'un visiteur clique sur le nom d'un auteur affiché dans un contenu, avec la fonction `the_author_posts_link()`, il affiche une page avec des éléments provenant du profil de l'auteur. Ces éléments peuvent être saisis dans le menu **Utilisateurs - Votre profil**.

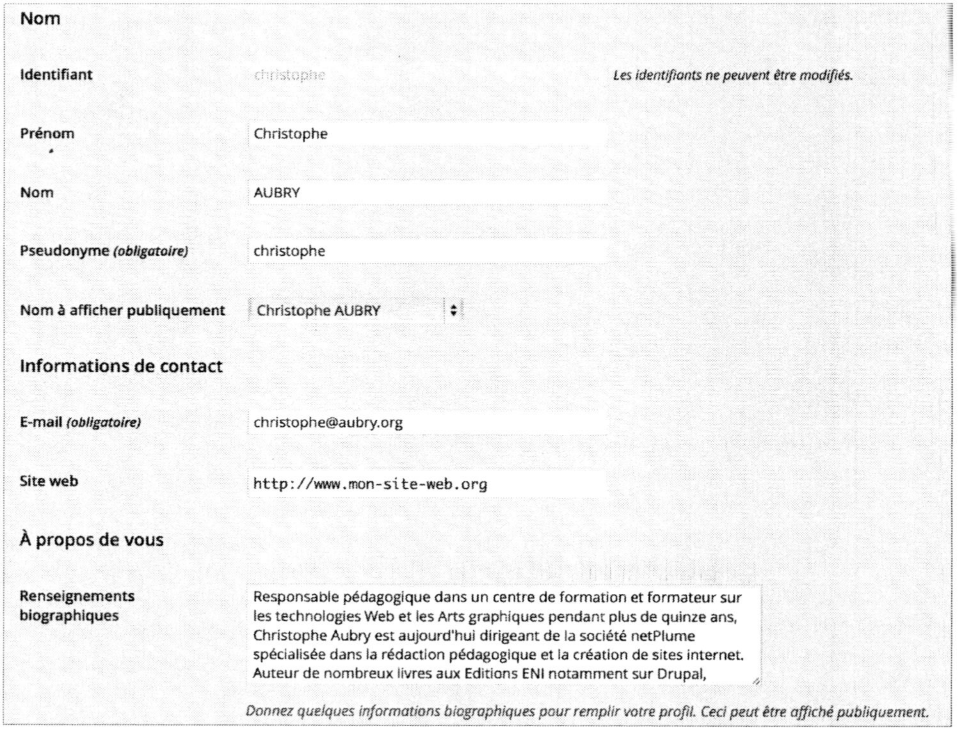

Nous pouvons afficher des éléments du profil avec la fonction `the_author_meta()`. Voici son URL sur le codex de WordPress :
http://codex.wordpress.org/Function_Reference/the_author_meta

Pour afficher cette page avec les renseignements du profil de l'utilisateur, le template utilisé est **author.php**.

→ Créez un fichier nommé **author.php** dans le dossier du thème.

Pour faire plus simple, nous n'affichons pas les sidebars.

➜ Dans ce template, saisissez ce code :

```
<?php get_header(); ?> <!-- Appel au template de l'en-tête -->

<main class="unit-100">
    <h1><?php echo get_the_author(); ?></h1>
    <h2>A propos de l'auteur</h2>
    <p class="auteur"><?php the_author_meta( 'description' ); ?></p>
    <h2>Son profil :</h2>
    <p>
        <strong>Son eMail</strong> : <?php echo
        the_author_meta('user_email'); ?>.<br />
        <strong>Son site web</strong> : <?php echo
        the_author_meta('user_url'); ?>.<br />
    </p>
    <p><?php echo get_the_author(); ?> a écrit <?php echo
get_the_author_posts(); ?> articles dans ce site.</p>
</main>

<?php get_footer(); ?> <!-- Appel au template du pied de page-->
```

- `get_the_author()` permet d'afficher le nom de l'auteur.
- `the_author_meta( 'description' )` permet d'afficher le contenu du champ **Renseignements biographiques**.
- `the_author_meta('user_email')` permet d'afficher l'adresse eMail de l'auteur, saisie dans le champ **E-mail**.
- `the_author_meta('user_url')` permet d'afficher l'URL du site de l'auteur , saisie dans le champ **Site web**.
- `get_the_author_posts()` permet d'afficher le nombre d'articles rédigés par l'auteur.

Voici la mise en forme CSS pour l'affichage des renseignements biographiques, saisis dans le fichier **style.css** :

```
.auteur {
    margin-left: 20px;
    border-left: 1px solid #333;
    background-color: #eee;
    padding: 20px;
}
```

Voici l'affichage obtenu :

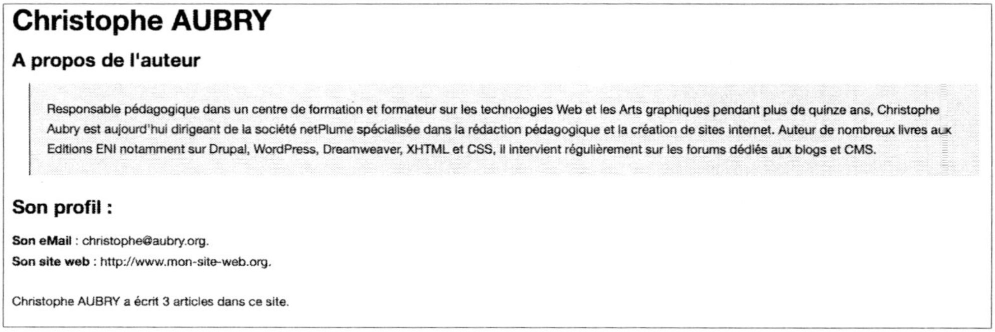

2. Le fichier archive.php

WordPress gère les archives des publications. Ces archives sont accessibles par :

- la classification des articles dans des catégories,
- l'utilisation de mots-clés associés aux articles,
- la date de publication des articles et
- les auteurs des articles.

Vous pouvez gérer l'affichage individualisé de ces archives, avec les templates seconcaires **author.php**, **category.php**, **taxonomy.php**, **date.php** et **tag.php**. Mais vous pouvez aussi utiliser le seul template principal : **archive.php**. C'est ce que nous allons faire.

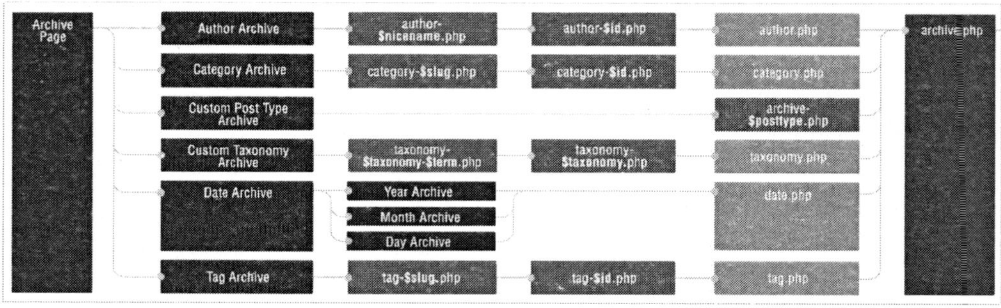

→ Créez un fichier nommé **archive.php** dans le dossier du thème.

Pour faire plus simple, nous n'affichons pas les sidebars.

➜ Dans ce template, saisissez ce code :

```
<?php get_header(); ?> <!-- Appel au template de l'en-tête -->

<main class="unit-100">
    <?php if ( have_posts() ) : ?>
        <h3><?php the_archive_title(); ?></h3>
        <p><?php the_archive_description(); ?></p>
        <?php
            while ( have_posts() ) : the_post();
            get_template_part( 'content', get_post_format() );
            endwhile;
    // Affichage du template si il n'y a pas de contenu à afficher
    else :
        get_template_part( 'content', 'none' );

    endif;
    ?>
</main>
<?php get_footer(); ?> <!-- Appel au template du pied de page -->
```

Nous retrouvons la boucle classique de WordPress.

- `the_archive_title()` permet d'afficher le titre de l'archive selon son type. Voici son URL dans le codex de WordPress : https://developer.wordpress.org/reference/functions/the_archive_title/. Pour les archives des catégories nous aurons le libellé **Catégorie :**, suivi du nom de la catégorie. Pour les archives des mots-clés nous aurons le libellé **Mot-clé :**, suivi du mot-clé cliqué. Pour les archives mensuelles nous aurons le libellé **Mois :**, suivi du nom du mois. Pour les archives des auteurs nous aurons le libellé **Auteur :**, suivi du nom de l'auteur.
- `the_archive_description()` permet d'afficher la description des catégories et des mots-clés. Voici son URL dans le codex de WordPress :
https://developer.wordpress.org/reference/functions/the_archive_description/
- `get_template_part( 'content', get_post_format() )` : dans la boucle, nous affichons la liste des articles, avec le bon template.
- `get_template_part( 'content', 'none' )` : affiche la page de contenu non trouvé, avec le template **content-none.php**.

Voici l'exemple des archives pour une catégorie :

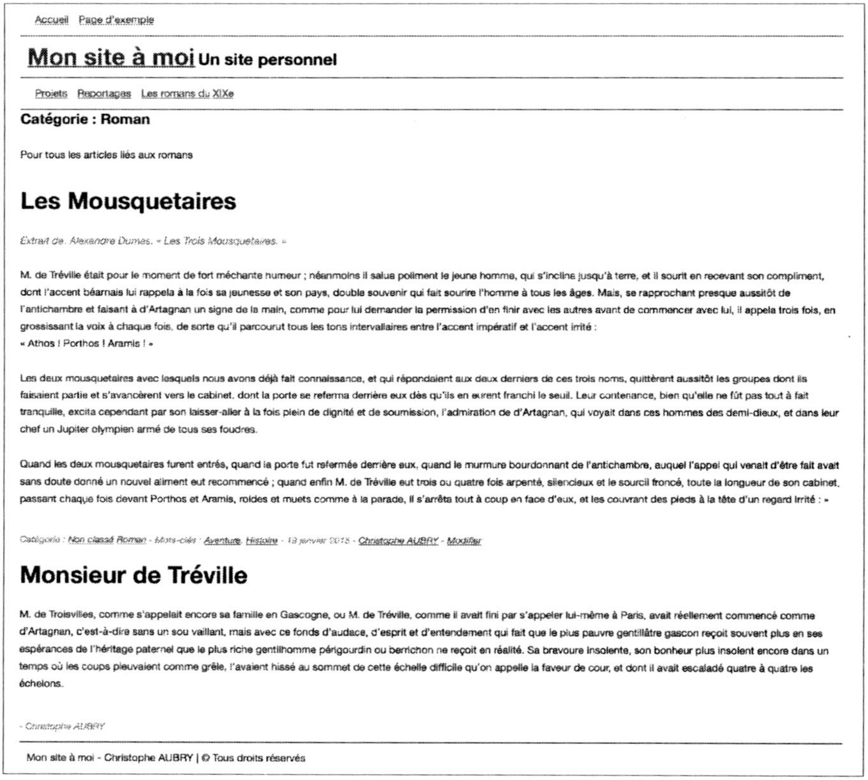
Accueil Page d'exemple

Mon site à moi Un site personnel

Projets Reportages Les romans du XIXe

Catégorie : Roman

Pour tous les articles liés aux romans

Les Mousquetaires

Extrait de. Alexandre Dumas. « Les Trois Mousquetaires. »

M. de Tréville était pour le moment de fort méchante humeur ; néanmoins il salua poliment le jeune homme, qui s'inclina jusqu'à terre, et il sourit en recevant son compliment, dont l'accent béarnais lui rappela à la fois sa jeunesse et son pays, double souvenir qui fait sourire l'homme à tous les âges. Mais, se rapprochant presque aussitôt de l'antichambre et faisant à d'Artagnan un signe de la main, comme pour lui demander la permission d'en finir avec les autres avant de commencer avec lui, il appela trois fois, en grossissant la voix à chaque fois, de sorte qu'il parcourut tous les tons intervallaires entre l'accent impératif et l'accent irrité :
« Athos ! Porthos ! Aramis ! »

Les deux mousquetaires avec lesquels nous avons déjà fait connaissance, et qui répondaient aux deux derniers de ces trois noms, quittèrent aussitôt les groupes dont ils faisaient partie et s'avancèrent vers le cabinet, dont la porte se referma derrière eux dès qu'ils en eurent franchi le seuil. Leur contenance, bien qu'elle ne fût pas tout à fait tranquille, excita cependant par son laisser-aller à la fois plein de dignité et de soumission, l'admiration de d'Artagnan, qui voyait dans ces hommes des demi-dieux, et dans leur chef un Jupiter olympien armé de tous ses foudres.

Quand les deux mousquetaires furent entrés, quand la porte fut refermée derrière eux, quand le murmure bourdonnant de l'antichambre, auquel l'appel qui venait d'être fait avait sans doute donné un nouvel aliment eut recommencé ; quand enfin M. de Tréville eut trois ou quatre fois arpenté, silencieux et le sourcil froncé, toute la longueur de son cabinet, passant chaque fois devant Porthos et Aramis, roides et muets comme à la parade, il s'arrêta tout à coup en face d'eux, et les couvrant des pieds à la tête d'un regard irrité : »

Catégorie : Non classé Roman - Mots-clés : Aventure, Histoire - 13 janvier 2015 - Christophe AUBRY - Modifier

Monsieur de Tréville

M. de Troisvilles, comme s'appelait encore sa famille en Gascogne, ou M. de Tréville, comme il avait fini par s'appeler lui-même à Paris, avait réellement commencé comme d'Artagnan, c'est-à-dire sans un sou vaillant, mais avec ce fonds d'audace, d'esprit et d'entendement qui fait que le plus pauvre gentillâtre gascon reçoit souvent plus en ses espérances de l'héritage paternel que le plus riche gentilhomme périgourdin ou berrichon ne reçoit en réalité. Sa bravoure insolente, son bonheur plus insolent encore dans un temps où les coups pleuvaient comme grêle, l'avaient hissé au sommet de cette échelle difficile qu'on appelle la faveur de cour, et dont il avait escaladé quatre à quatre les échelons.

- Christophe AUBRY

Mon site à moi - Christophe AUBRY | © Tous droits réservés

Voici l'exemple des archives pour un mot-clé :

Accueil Page d'exemple

Mon site à moi **Un site personnel**

Projets Reportages Les romans du XIXe

Mot-clé : Histoire

Pour tous les romans liés à l'histoire

Les Mousquetaires

Extrait de: Alexandre Dumas. « Les Trois Mousquetaires. »

M. de Tréville était pour le moment de fort méchante humeur ; néanmoins il salua poliment le jeune homme, qui s'inclina jusqu'à terre, et il sourit en recevant son compliment, dont l'accent béarnais lui rappela à la fois sa jeunesse et son pays, double souvenir qui fait sourire l'homme à tous les âges. Mais, se rapprochant presque aussitôt de l'antichambre et faisant à d'Artagnan un signe de la main, comme pour lui demander la permission d'en finir avec les autres avant de commencer avec lui, il appela trois fois, en grossissant la voix à chaque fois, de sorte qu'il parcourut tous les tons intervallaires entre l'accent impératif et l'accent irrité :
« Athos ! Porthos ! Aramis ! »

Les deux mousquetaires avec lesquels nous avons déjà fait connaissance, et qui répondaient aux deux derniers de ces trois noms, quittèrent aussitôt les groupes dont ils faisaient partie et s'avancèrent vers le cabinet, dont la porte se referma derrière eux dès qu'ils en eurent franchi le seuil. Leur contenance, bien qu'elle ne fût pas tout à fait tranquille, excita cependant par son laisser-aller à la fois plein de dignité et de soumission, l'admiration de d'Artagnan, qui voyait dans ces hommes des demi-dieux, et dans leur chef un Jupiter olympien armé de tous ses foudres.

Quand les deux mousquetaires furent entrés, quand la porte fut refermée derrière eux, quand le murmure bourdonnant de l'antichambre, auquel l'appel qui venait d'être fait avait sans doute donné un nouvel aliment eut recommencé ; quand enfin M. de Tréville eut trois ou quatre fois arpenté, silencieux et le sourcil froncé, toute la longueur de son cabinet, passant chaque fois devant Porthos et Aramis, roides et muets comme à la parade, il s'arrêta tout à coup en face d'eux, et les couvrant des pieds à la tête d'un regard irrité . »

Catégorie : Non classé Roman - Mots-clés : Aventure, Histoire - 19 janvier 2015 - Christophe AUBRY - Modifier

Mon site à moi - Christophe AUBRY | © Tous droits réservés

Voici l'exemple des archives pour un mois :

Accueil Page d'exemple

Mon site à moi **Un site personnel**

Projets Reportages Les romans du XIXe

Mois : janvier 2015

Les Mousquetaires

Extrait de: Alexandre Dumas. « Les Trois Mousquetaires. »

M. de Tréville était pour le moment de fort méchante humeur ; néanmoins il salua poliment le jeune homme, qui s'inclina jusqu'à terre, et il sourit en recevant son compliment, dont l'accent béarnais lui rappela à la fois sa jeunesse et son pays, double souvenir qui fait sourire l'homme à tous les âges. Mais, se rapprochant presque aussitôt de l'antichambre et faisant à d'Artagnan un signe de la main, comme pour lui demander la permission d'en finir avec les autres avant de commencer avec lui, il appela trois fois, en grossissant la voix à chaque fois, de sorte qu'il parcourut tous les tons intervallaires entre l'accent impératif et l'accent irrité :
« Athos ! Porthos ! Aramis ! »

Les deux mousquetaires avec lesquels nous avons déjà fait connaissance, et qui répondaient aux deux derniers de ces trois noms, quittèrent aussitôt les groupes dont ils faisaient partie et s'avancèrent vers le cabinet, dont la porte se referma derrière eux dès qu'ils en eurent franchi le seuil. Leur contenance, bien qu'elle ne fût pas tout à fait tranquille, excita cependant par son laisser-aller à la fois plein de dignité et de soumission, l'admiration de d'Artagnan, qui voyait dans ces hommes des demi-dieux, et dans leur chef un Jupiter olympien armé de tous ses foudres.

Quand les deux mousquetaires furent entrés, quand la porte fut refermée derrière eux, quand le murmure bourdonnant de l'antichambre, auquel l'appel qui venait d'être fait avait sans doute donné un nouvel aliment eut recommencé ; quand enfin M. de Tréville eut trois ou quatre fois arpenté, silencieux et le sourcil froncé, toute la longueur de son cabinet, passant chaque fois devant Porthos et Aramis, roides et muets comme à la parade, il s'arrêta tout à coup en face d'eux, et les couvrant des pieds à la tête d'un regard irrité : »

Catégorie : Non classé Roman - Mots-clés : Aventure, Histoire - 19 janvier 2015 - Christophe AUBRY - Modifier

Monsieur de Tréville

M. de Troisvilles, comme s'appelait encore sa famille en Gascogne, ou M. de Tréville, comme il avait fini par s'appeler lui-même à Paris, avait réellement commencé comme d'Artagnan, c'est-à-dire sans un sou vaillant, mais avec ce fonds d'audace, d'esprit et d'entendement qui fait que le plus pauvre gentillâtre gascon reçoit souvent plus en ses

Pour l'affichage des archives selon un auteur, il faut "désactiver" le template **author.php** en le renommant **author-off.php** pas exemple.

K. La recherche

1. Le fichier search.php

WordPress intègre un widget de recherche textuelle. L'affichage du résultat de la recherche se fait avec le template **search.php**.

➜ Dans le dossier du thème, créez un fichier nommé **search.php**.

Pour plus de facilité, nous n'affichons pas les sidebars pour tous les templates liés à la recherche.

➜ Dans le fichier **search.php**, saisissez ce code :

```
<?php get_header(); ?> <!-- Appel au template de l'en-tête -->

<main class="unit-100">
     <?php if ( have_posts() ) : ?>
     <h1>Résultat de la recherche pour : <?php echo get_search_query();
     ?></h1>
     <?php while ( have_posts() ) : the_post(); ?>
           <?php
                get_template_part( 'content', 'search' );
                endwhile;
           // Affichage si pas de contenu trouvé
           else :
                get_template_part( 'content', 'none' );

           endif;
           ?>
</main>

<?php get_footer(); ?> <!-- Appel au template du pied de page -->
```

Nous retrouvons la boucle classique de WordPress.

Si des contenus sont trouvés, c'est le template **content-search.php** qui est utilisé, avec la fonction `get_template_part( 'content', 'search' )`.

Si il n'y a pas de contenu, c'est le template **content-none.php** qui est utilisé, avec la fonction `get_template_part( 'content', 'none' )`.

2. Le fichier content-search.php

Pour afficher les articles correspondant au critère de recherche, c'est le template **content-search.php** qui est utilisé.

➜ Dans le dossier du thème, créez un fichier nommé **content-search.php**.

➜ Dans ce fichier, saisissez ce code :

```
<div class="contenu">
    <p><a href="<?php the_permalink(); ?>"><?php the_title(); ?></a></p>
</div>
```

Nous décidons de n'afficher que le titre des contenus, avec un lien vers l'affichage en page seule.

Voici l'affichage obtenu :

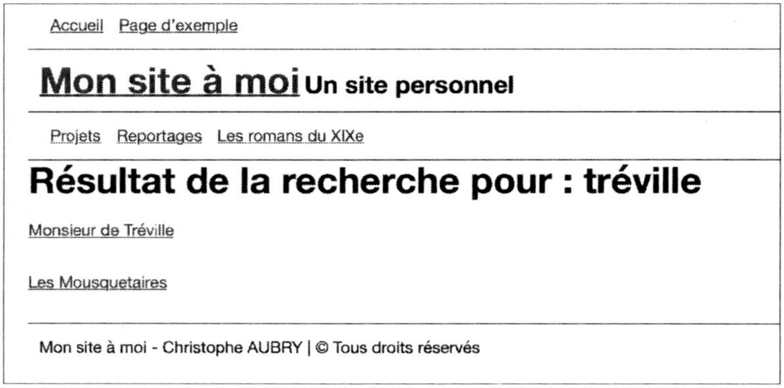

3. Le fichier content-none.php

Nous avons déjà évoqué plusieurs fois le fichier **content-none.php**. Nous allons maintenant le créer.

- Dans le dossier du thème, créez un fichier nommé **content-none.php**.
- Dans ce fichier, saisissez ce code :

```
<main class="unit-100">
      <h1>Contenu non trouvé</h1>
      <p>Le contenu recherché n'a pas été trouvé</p>
      <h3>Refaites une autre recherche ?</h3>
      <?php get_search_form(); ?>
</main>
```

Nous affichons du texte fixe et nous affichons à nouveau le champ de recherche, avec la fonction `get_search_form()`.

Voici l'affichage obtenu, lors d'une recherche infructueuse :

L. Les pages non trouvées

Dans un site web, lorsqu'un visiteur demande à afficher une page qui n'existe pas, c'est la très classique erreur 404 qui est affichée dans la fenêtre du navigateur. Dans WordPress, c'est le template **404.php** qui est utilisé.

➜ Dans le dossier du thème, créez un fichier nommé **404.php**.

Pour plus de facilité, nous n'affichons pas les sidebars.

➜ Dans le fichier **404.php**, saisissez ce code :

```
<?php get_header(); ?> <!-- Appel au template de l'en-tête -->

<main class="unit-100">
      <h1>Oup's ! La page demandée n'existe pas !</h1>
      <p>Voulez-vous faire une recherche ?</h3>
      <?php get_search_form(); ?>
</main>

<?php get_footer(); ?> <!-- Appel au template du pied de page -->
```

Nous affichons un texte fixe et le champ de recherche.

Voici l'affichage obtenu :

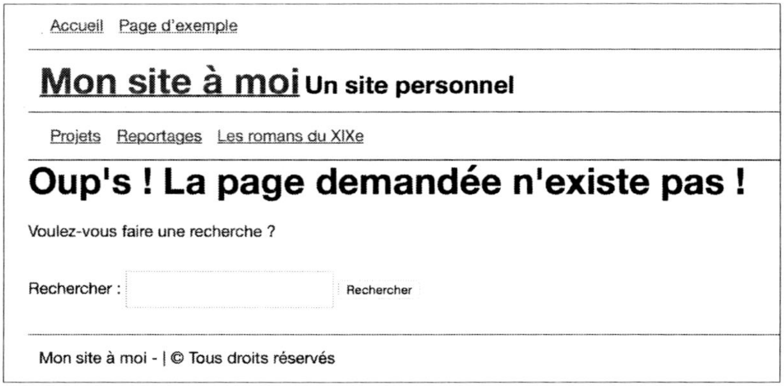

Chapitre 7 : La personnalisation des thèmes

A. L'objectif

En tant que concepteur de thèmes, vous avez la possibilité de proposer aux utilisateurs, une personnalisation de vos thèmes. Vous pouvez déterminer quelles sont les options de personnalisation accessibles aux utilisateurs et ce sont les utilisateurs qui choisissent les valeurs de ces options. Cette personnalisation se fait par l'intermédiaire de l'interface de personnalisation standard de WordPress. Cette interface utilise l'**API Customizer** :
http://codex.wordpress.org/Theme_Customization_API

En utilisant cette API, vous êtes sûr que les utilisateurs auront une interface standard, identique et approuvée par les concepteurs de WordPress.

Toute la personnalisation des thèmes se fait dans le fichier **functions.php** et les paramètres utilisateurs sont envoyés au thème avec la fonction `wp_head()`. Cette dernière est indispensable et doit donc être présente dans le fichier **header.php**.

B. La personnalisation par défaut

Sachez que cette personnalisation des thèmes a été introduite dans la version 3.4 de WordPress. De plus, tous les thèmes WordPress utilisent déjà a minima cette interface standard.

→ Pour afficher l'interface de personnalisation, dans le menu **Apparence**, choisissez **Personnaliser**.

Voilà l'interface initiale pour un thème ne proposant pas ses propres options de personnalisation. Vous avez, quoi qu'il arrive, quatre volets (nommés sections) :

- **Titre de site et description**.
- **Navigation**.
- **Widgets**.
- **Page d'accueil statique**.

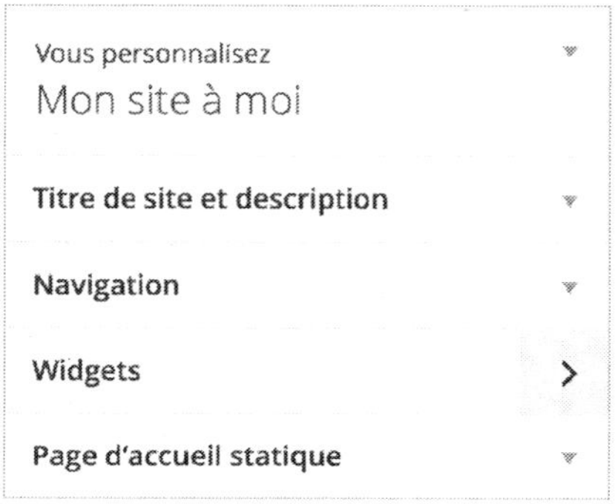

Voici cette même interface, avec le thème par défaut **Twenty Fifteen**, qui propose des options de personnalisation plus complète :

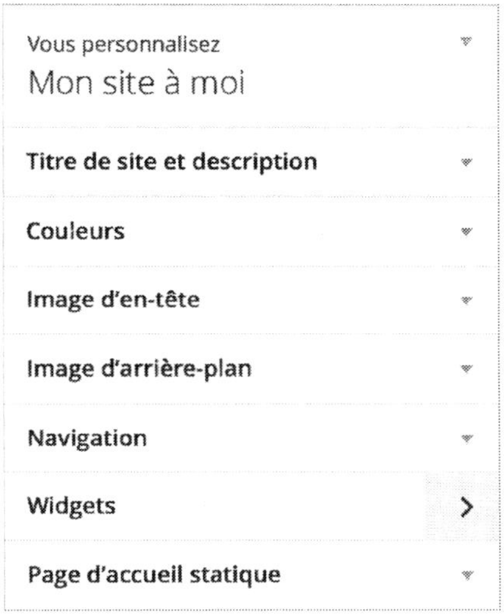

C. Créer une personnalisation

Pour mettre en place une personnalisation de certaines options d'un thème, vous devez utiliser des fonctions de l'API Theme Customization :
http://codex.wordpress.org/Theme_Customization_API

Cela va se faire en plusieurs étapes et à chaque étape vous allez utiliser une fonction précise.

Voici les quatre étapes indispensables :

1. **Créer une personnalisation** pour le thème avec l'action `customize_register()` :
http://codex.wordpress.org/Plugin_API/Action_Reference/customize_register

2. **Ajouter une section** dans l'interface standard avec la méthode `add_section()` (http://codex.wordpress.org/Class_Reference/WP_Customize_Manager/add_section). Cela va permettre de créer une section (un volet) dans l'interface standard de la personnalisation des thèmes.

3. **Ajouter un réglage** avec la méthode `add_setting()` (http://codex.wordpress.org/Class_Reference%5CWP_Customize_Manager%5Cadd_setting). Cela va permettre de créer un réglage qui sera stocker dans la base de données de votre site.

4. **Ajouter un contrôle** utilisable par les utilisateurs, avec la méthode `add_control()` (http://codex.wordpress.org/Class_Reference%5CWP_Customize_Manager%5Cadd_control). C'est ce qui va permettre d'afficher la personnalisation du thème dans la section.

Toutes ces étapes se font dans le fichier **functions.php** du thème.

5. **Appliquer l'option de personnalisation au thème**. Cette dernière étape va permettre d'utiliser la personnalisation de l'utilisateur et de l'appliquer au thème. En fonction du réglage utilisé, cela pourra se faire dans le fichier **functions.php** ou dans un des templates du thème.

D. Personnaliser une couleur

1. L'objectif

Pour ce premier exemple, nous proposons aux utilisateurs de choisir eux-même la couleur des liens du thème. Nous utilisons le premier thème que nous avons créé, le thème **Thème simpliste**, pour mettre en œuvre cette personnalisation.

2. Créer la personnalisation

La première étape consiste à créer une personnalisation, avec l'action `customize_register`.

Cette action WordPress ne nous permet d'utiliser que quatre méthodes :

- `WP_Customize_Manager->add_setting()` : pour ajouter de nouveaux réglages enregistrés dans la base de données.
- `WP_Customize_Manager->add_section()` : pour ajouter une nouvelle section dans l'interface de personnalisation.
- `WP_Customize_Manager->add_control()` : pour ajouter un contrôle personnalisable par les utilisateurs.
- `WP_Customize_Manager->get_setting()` : pour utiliser les contrôles par défaut de WordPress.

➜ Ouvrez le fichier **functions.php** du thème.

➜ Saisissez ce code :

```
function theme_customize_register($wp_customize){
    // Tout le code de la personnalisation du thème
    // se place ici, entre les accolades
}
add_action('customize_register', 'theme_customize_register');
```

- nous créons une fonction personnelle, nommée `theme_customize_register`.
- cette fonction utilise comme argument l'objet `$wp_customize`.
- entre les deux accolades, { et }, devra être inséré tout le code de personnalisation.
- puis nous ajoutons l'action avec le hook `customize_register` et le nom de notre fonction de personnalisation `theme_customize_register`.

3. Ajouter une section

La première étape consiste à ajouter un volet, nommé **section**, dans l'interface de personnalisation.

Avec l'objet `$wp_customize`, nous devons utiliser la méthode `$wp_customize->add_section()` :
http://codex.wordpress.org/Class_Reference/WP_Customize_Manager/add_section

Voici la syntaxe de cette méthode :

```
$wp_customize->add_section($id, $args);
```

Les arguments :

- `$id` : obligatoire. C'est une chaîne de caractères (type `string`) qui est l'identifiant unique de cette section. Nous devrons utiliser cet identifiant dans les autres méthodes, dans le paramètre `section`.
- `$arg` : facultatif. C'est un tableau (type `array`) qui permet d'ajouter des paramètres à la nouvelle section.
  - `title` : titre affiché de la section.
  - `description` : description affichée de la section.
  - `priority` : ordre d'affichage de la section.

Entre les accolades de notre fonction, saisissez ce code :

```
// Création de la section
$wp_customize->add_section('ma_section', array(
    'title' => 'Options de Mon thème',
    'description' => 'Personnalisation du thème Mon thème',
    'priority' => 200,
));
```

- l'identifiant de cette section est `ma_section`.

Voici l'affichage qui sera obtenu :

4. Ajouter un réglage

La deuxième étape consiste à créer un réglage qui sera enregistré dans la base de données de votre site.

Il faut utiliser la méthode `$wp_customize->add_setting()` (http://codex.wordpress.org/Class_Reference%5CWP_Customize_Manager%5Cadd_setting).

Voici la syntaxe de cette méthode :

```
$wp_customize->add_setting($id, $args);
```

Nous avons deux arguments :

- `$id` : obligatoire. C'est une chaîne de caractères (type `string`) qui est l'identifiant unique de ce réglage. On retrouvera cet identifiant dans le contrôle de l'option, dans le paramètre `settings`.
- `$arg` : facultatif. C'est un tableau (type `array`) qui permet d'ajouter des paramètres à la nouvelle section. Voici quelques paramètres :
  - `default` : la valeur par défaut.
  - `type` : quel est le type de stockage pour la couleur choisie ? Nous pouvons choisir `option` ou `theme_mod` qui est la valeur par défaut. Avec la valeur `theme_mod`, nous pourrons ensuite utiliser la fonction `get_theme_mod()` pour appliquer la couleur choisie dans le thème publié.
  - `capability` : quel droit doit avoir l'utilisateur pour modifier cette option ?
  - `sanitize_callback` : fonction permettant de "nettoyer" la valeur indiquée.
  - `transport` : quelle est la méthode utilisée pour générer l'aperçu en direct ?

Nous pouvons choisir `refresh` (valeur par défaut) ou `postMessage` (avec cette valeur, l'aperçu nécessite un développement supplémentaire en AJAX).

Exemple pour le sélecteur de couleur que nous implémentons :

```
$wp_customize->add_setting('couleur_liens', array(
    'default' => '000',
    'sanitize_callback' => 'sanitize_hex_color',
    'capability' => 'edit_theme_options',
    'type' => 'theme_mod',
    'transport' => 'refresh',
));
```

5. Ajouter un contrôle

Maintenant que le réglage est créé, nous devons l'utiliser dans la section créée précédemment, pour qu'il soit affiché dans l'interface de personnalisation. Nous allons afficher ce réglage dans la section, avec un contrôle.

Nous devons utiliser la méthode `$wp_customize->add_control()` :
http://codex.wordpress.org/Class_Reference%5CWP_Customize_Manager%5Cadd_control

Voici la syntaxe de la méthode :

```
$wp_customize->add_control($id, $args);
```

Les arguments :

- `$id` : obligatoire. Cela peut être une chaîne de caractères (type `string`) qui est l'identifiant unique de ce contrôle. Cela peut être aussi une nouvelle instance d'un contrôle existant de WordPress.
- `$arg` : facultatif. C'est un tableau (type `array`) qui permet d'ajouter des paramètres au nouveau contrôle. Il n'est pas nécessaire de l'utiliser, si le contrôle est une nouvelle instance d'un contrôle existant.

Exemple pour le sélecteur de couleur des liens :

```
$wp_customize->add_control( new WP_Customize_Color_Control($wp_customize,
'link_color', array(
    'label' => 'Couleur des liens',
    'section' => 'ma_section',
    'settings' => 'couleur_liens',
)));
```

- `$id` : une nouvelle instance d'un contrôle existant : `new WP_Customize_Color_Control()`.

Les arguments sont ceux de la nouvelle instance :

- `label` : nom du contrôle dans l'interface.
- `section` : identifiant de la section définie initialement.
- `settings` : identifiant du réglage défini précédemment qui est associé à ce contrôle.

6. Le code complet

Voici le code complet de cette personnalisation :

```
// Personnalisation du thème avec l'API Customizer
function theme_customize_register($wp_customize){
    // Ajout de la section
    $wp_customize->add_section('ma_section', array(
        'title' => 'Options de Mon thème',
        'description' => 'Personnalisation du thème Mon thème',
        'priority' => 200,
    ));

    /********* Sélecteur de couleur **********/
    // Ajout du réglage
    $wp_customize->add_setting('couleur_liens', array(
        'default' => '000',
        'sanitize_callback' => 'sanitize_hex_color',
        'capability' => 'edit_theme_options',
        'type' => 'theme_mod',
        'transport' => 'refresh',
    ));
    // Ajout du contrôle
    $wp_customize->add_control( new WP_Customize_Color_Control($wp_customize,
```

```
'link_color', array(
        'label' => 'Couleur des liens',
        'section' => 'ma_section',
        'settings' => 'couleur_liens',
    )));

}
add_action('customize_register', 'theme_customize_register');
```

Voici son affichage dans l'interface, accessible dans le menu **Apparence - Personnaliser** :

Avec la section ouverte :

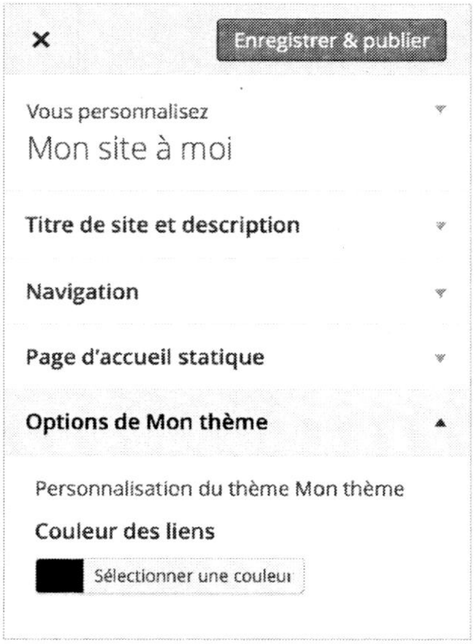

Avec le sélecteur de couleur actif :

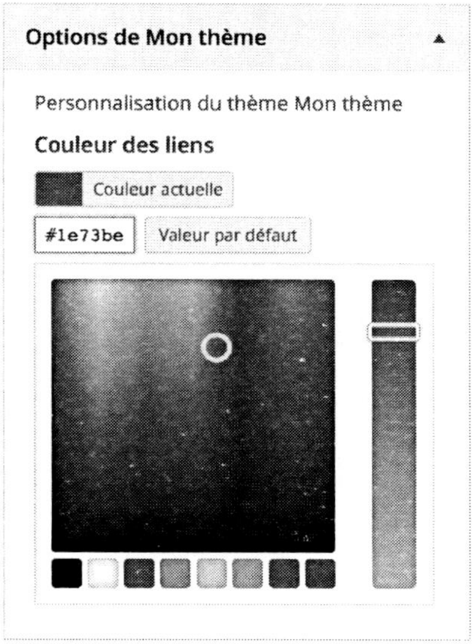

7. Appliquer la personnalisation

Maintenant que nous avons affiché une option de paramétrage à notre thème et que les utilisateurs peuvent choisir une couleur, il faut envoyer cette couleur au thème, afin qu'il puisse l'utiliser pour son affichage.

L'envoi de la valeur du contrôle se fait par la fonction `wp_head()` qui doit être obligatoirement présente dans le fichier **header.php** du thème. Cette fonction doit être placée juste avant la balise de fermeture du `<head>`.

```
<head>
    ...
    <?php wp_head() ; ?>
</head>
```

8. L'aperçu en direct

Dans l'interface de personnalisation, nous demandons à avoir un aperçu immédiat du choix des utilisateurs.

Il faut dans un premier temps que le réglage ait l'argument type avec la valeur `theme_mod` :

```
// Ajout du réglage
$wp_customize->add_setting('couleur_liens', array(
    'default' => '000',
    'sanitize_callback' => 'sanitize_hex_color',
```

```
        'capability' => 'edit_theme_options',
        'type' => 'theme_mod',
        'transport' => 'refresh',
    ));
```

Toujours dans le réglage, il faut que l'argument d'envoi, `transport`, ait la valeur `refresh`.

Voici l'aperçu en direct :

- Dans le menu **Apparence**, choisissez **Personnaliser**.
- Ouvrez la section créée : **Options de Mon thème**.

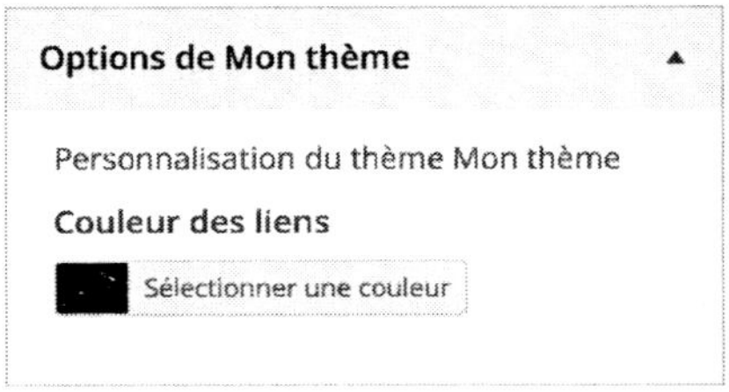

- Cliquez sur le bouton **Sélectionner une couleur.**
- Choisissez une couleur : l'aperçu se fait en direct :

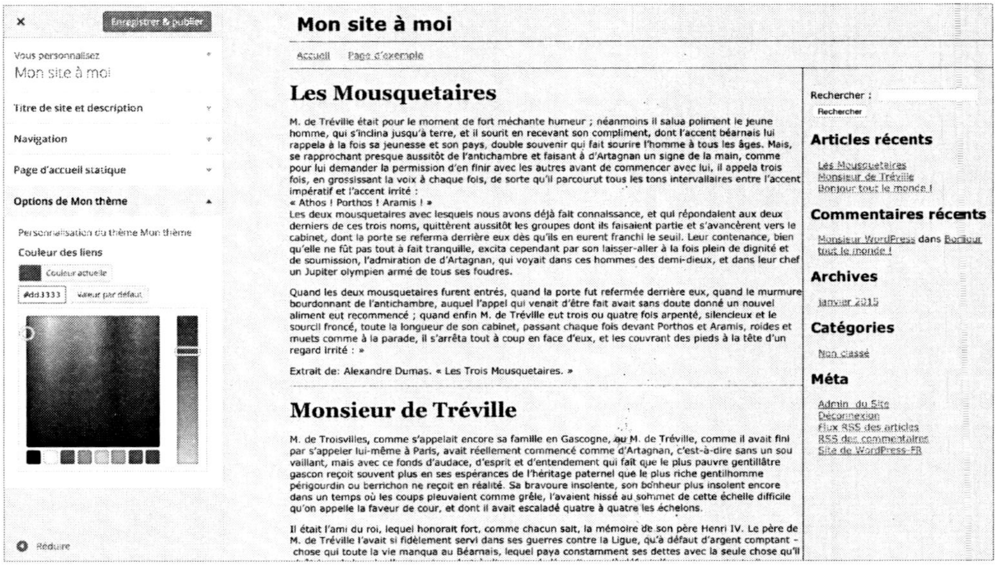

Vous pouvez choisir une autre couleur dans le sélecteur, saisir vous-même le code hexadécimal de la couleur ou cliquer sur le bouton **Valeur par défaut**.

➜ Cliquez sur le bouton **Enregistrer & publier**.

9. Appliquer la couleur au thème

Maintenant il faut que le thème puisse utiliser le choix de l'utilisateur. Précédemment, nous avions valorisé la méthode de transport par `refresh`.

Toujours dans le fichier **functions.php**, nous créons une fonction personnelle et envoyons son résultat à la fonction `wp_head()`. Dans cette fonction, nous écrivons une règle CSS qui utilise la valeur choisie dans le contrôle.

➜ Saisissez ce code :

```
/********** Création de la règle CSS **********/
function theme_customize_css() {
  ?>
    <style type="text/css">
      a { color:<?php echo get_theme_mod('couleur_liens', '#000000'); ?>; }
    </style>
  <?php
}
add_action( 'wp_head', 'theme_customize_css');
```

- nous créons une fonction personnelle nommée `theme_customize_css()`.
- dans cette fonction, nous indiquons le code à écrire, un simple élément HTML `<style>`.
- dans l'élément @, nous indiquons le sélecteur voulu : `a` pour les lien, dans cet exemple.
- la règle CSS utilise la fonction `get_theme_mod()`. Voici l'URL dans le codex de WordPress : http://codex.wordpress.org/Function_Reference/get_theme_mod
- la fonction `get_theme_mod()` utilise comme premier argument obligatoire, la valeur du contrôle par l'intermédiaire de son identifiant : couleur_liens. Le deuxième argument optionnel est la valeur par défaut.

Une fois le choix effectué par l'utilisateur, WordPress génère ce code :

```
<style type="text/css">
    a { color:#dd3333; }
</style>
```

Dans cet exemple, la couleur appliquée est le rouge précédemment choisi.

E. Personnaliser un texte

1. L'objectif

Pour ce deuxième exemple, nous proposons aux utilisateurs de saisir eux-mêmes un texte, pour personnaliser le pied de page.

2. La section

Nous utilisons la même section que pour le premier exemple. Dans le fichier **functions.php**, nous utilisons la section précédente, nommée **ma_section**.

```
function theme_customize_register($wp_customize){
  // Ajout de la section
  $wp_customize->add_section('ma_section', array(
    'title' => 'Options de Mon thème',
    'description' => 'Personnalisation du thème Mon thème',
    'priority' => 200,
  ));
              ...
}
add_action('customize_register', 'theme_customize_register');
```

Nous ajoutons donc le réglage et le contrôle à la suite des éléments concernant le sélecteur de couleur, avant l'accolade de fermeture de `function()`.

3. Ajouter le réglage

Dans un premier temps, nous ajoutons un nouveau réglage avec le minimum de paramètres cette fois.

➜ Saisissez ce code :

```
/********* Champ de texte **********/
// Ajout du réglage
$wp_customize->add_setting('texte_pied_de_page', array(
            'default' => 'Saisissez votre texte',
));
```

- Nous utilisons à nouveau la fonction `add_setting()`.
- Le premier argument est l'identifiant du réglage : `texte_pied_de_page`.
- Le deuxième argument est le tableau des paramètres. Nous n'indiquons que la saisie par défaut : `Saisissez votre texte`.

Pour les autres paramètres, nous laissons les valeurs par défaut (`'type' => 'theme_mod'`, et `'transport' => 'refresh'`).

4. Ajouter le contrôle

Maintenant, nous ajoutons le contrôle pour ce réglage.

➔ À la suite, saisissez ce code :

```
// Ajout du contrôle
$wp_customize->add_control('texte_pied_de_page', array(
    'label' => 'Texte du pied de page',
    'section' => 'ma_section',
    'type' => 'text',
));
```

- Nous utilisons à nouveau la fonction `add_control()`.
- Le premier argument est le nom du contrôle, nous reprenons l'identifiant du réglage pour effectuer le lien entre les deux : `texte_pied_de_page`.
- Le deuxième argument est le tableau des paramètres :
  - `label` indique l'étiquette affichée dans l'interface : `Texte du pied de page`.
  - `section` indique à quelle section appartient ce contrôle, `ma_section` est l'identifiant précédemment créé.
  - `type` indique le type de contrôle, c'est `text` pour avoir un champ de texte.

5. Le code pour le champ de texte

Voici le code complet pour l'utilisation d'un champ de texte :

```
/********* Champ de texte **********/
// Ajout du réglage
$wp_customize->add_setting('texte_pied_de_page', array(
    'default' => 'Saisissez votre texte',
));
// Ajout du contrôle
$wp_customize->add_control('texte_pied_de_page', array(
    'label' => 'Texte du pied de page',
    'section' => 'ma_section',
    'type' => 'text',
));
```

6. L'affichage dans le pied de page

Le texte que va saisir l'utilisateur doit s'afficher dans le pied de page.

→ Ouvrez le fichier **footer.php** du thème.

→ À l'endroit de votre choix, saisissez ce code :

```
<p>
    <?php echo get_theme_mod( 'texte_pied_de_page',
         'Site créé avec WordPress' ); ?>
</p>
```

- Créez par exemple un paragraphe <p>.
- Nous utilisons la fonction get_theme_mod(). En effet, souvenez-vous, le type de stockage par défaut des options de personnalisation est theme_mod. Il faut donc utiliser get_theme_mod() pour récupérer la valeur saisie.
- Le premier argument obligatoire est le nom de la personnalisation qui est à récupérer : texte_pied_de_page dans cet exemple.
- Le deuxième argument facultatif est la valeur par défaut.

7. L'affichage de la personnalisation

Maintenant, nous pouvons afficher cette personnalisation.

→ Dans le menu **Apparence**, choisissez **Personnaliser**.

→ Ouvrez la section **Options de Mon thème**.

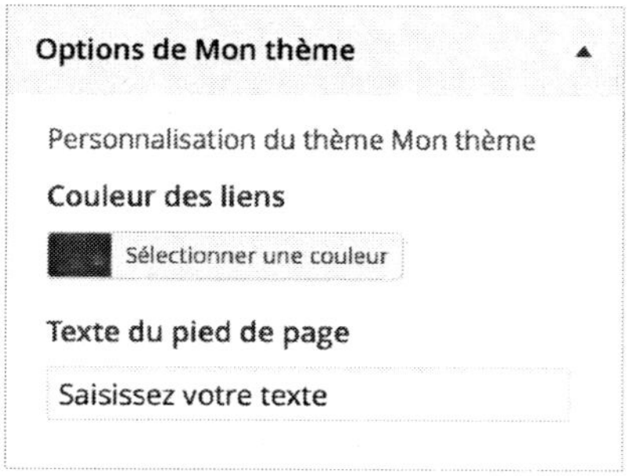

Nous avons toujours l'aperçu en direct :

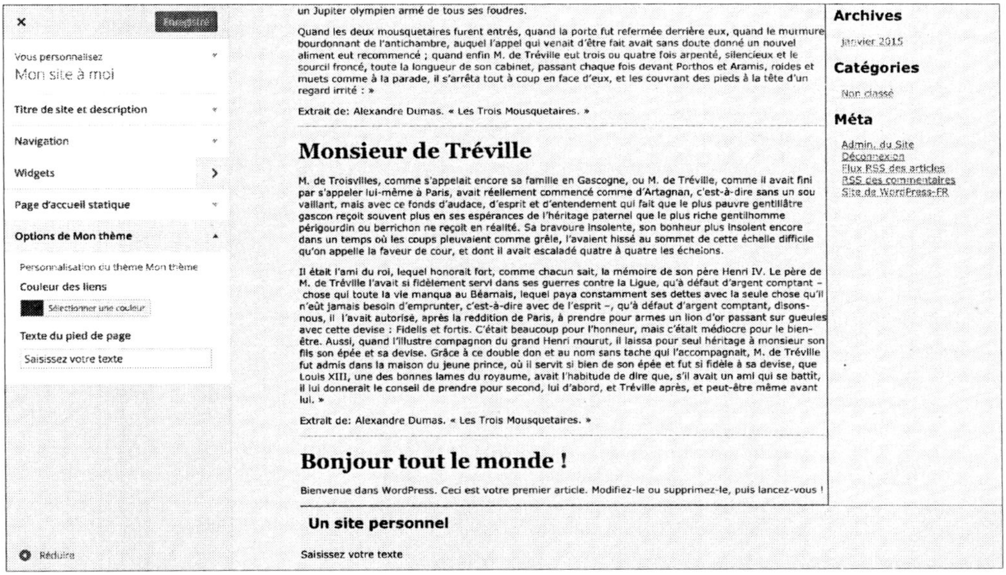

L'utilisateur peut saisir un texte dans le champ **Texte du pied de page**. L'aperçu est bien rafraîchi :

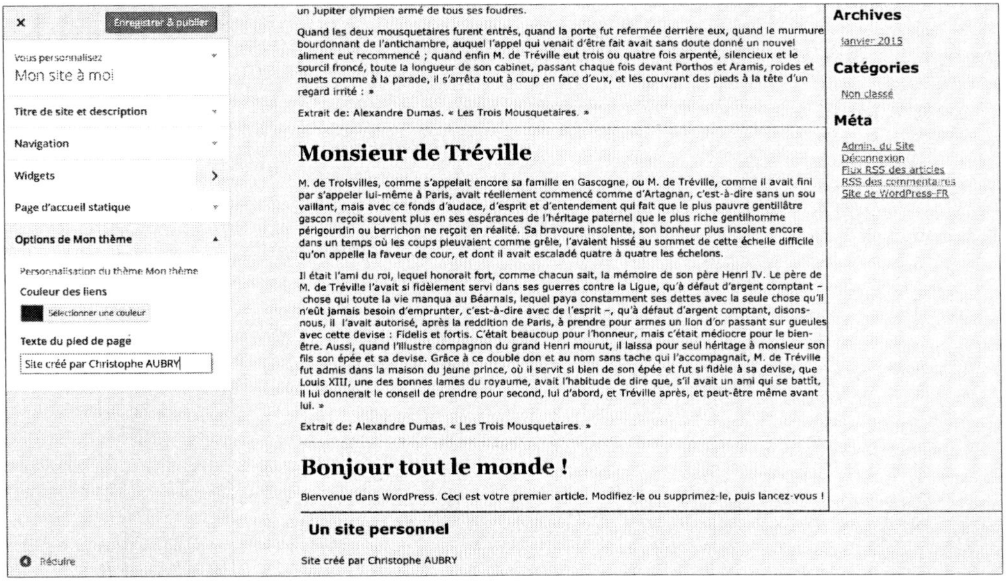

➔ Cliquez sur le bouton **Enregistrer & publier**.

Dans le site publié, nous avons bien la personnalisation qui est affichée :

F. Personnaliser l'affichage du texte

1. L'objectif

Nous allons maintenant permettre aux utilisateurs d'afficher ou non le texte personnalisé précédemment. Pour se faire, ils devront cocher une case à cocher pour afficher le texte. Si la case à cocher n'est pas cochée le texte ne sera pas affiché.

2. Ajouter le réglage et le contrôle

Dans un premier temps, nous ajoutons un nouveau réglage sans paramètre cette fois.

➔ Dans le fichier **functions.php**, dans la fonction de personnalisation, saisissez ce code :

```
/********* Case à cocher **********/
// Ajout du réglage
$wp_customize->add_setting('affiche_text_pdp');
```

- Le réglage est nommé `affiche_text_pdp`.

➔ Maintenant, suite à ce code, ajoutez le code du contrôle :

```
// Ajout du contrôle
$wp_customize->add_control('affiche_text_pdp', array(
    'type' => 'checkbox',
    'label' => 'Afficher le texte du pied de page',
    'section' => 'ma_section',
));
```

- Le type du contrôle est `checkbox` pour une case à cocher.
- Le `label` indique l'étiquette dans l'interface.
- La `section` est toujours `ma_section`.

3. L'affichage dans le pied de page

C'est donc l'utilisateur qui va décider s'il affiche ou non le texte personnalisé du pied de page. Nous conditionnons donc cet affichage selon l'état de la case à cocher.

➔ Ouvrez le fichier **footer.php** du thème.

→ Saisissez ce code, à la place du précédent :

```
<p>
<?php
     if( get_theme_mod( 'affiche_text_pdp' ) == true) {
          echo get_theme_mod( 'texte_pied_de_page',
          'Site créé avec WordPress' );
     }
?>
</p>
```

- Nous utilisons un `if()` pour tester l'état de la case à cocher `affiche_text_pdp`.
- Si la case est cochée, elle prend la valeur `true`.
- Si elle est cochée, nous affichons le contenu du champ de texte `texte_pied_de_page`.

4. L'affichage de la personnalisation

Maintenant, nous pouvons afficher cette personnalisation dans l'interface de WordPress.

→ Dans le menu **Apparence**, choisissez **Personnaliser**.

→ Ouvrez la section **Options de Mon thème**.

→ Cochez la case à cocher **Afficher le texte du pied de page** : le texte est bien affiché dans le pied de page.

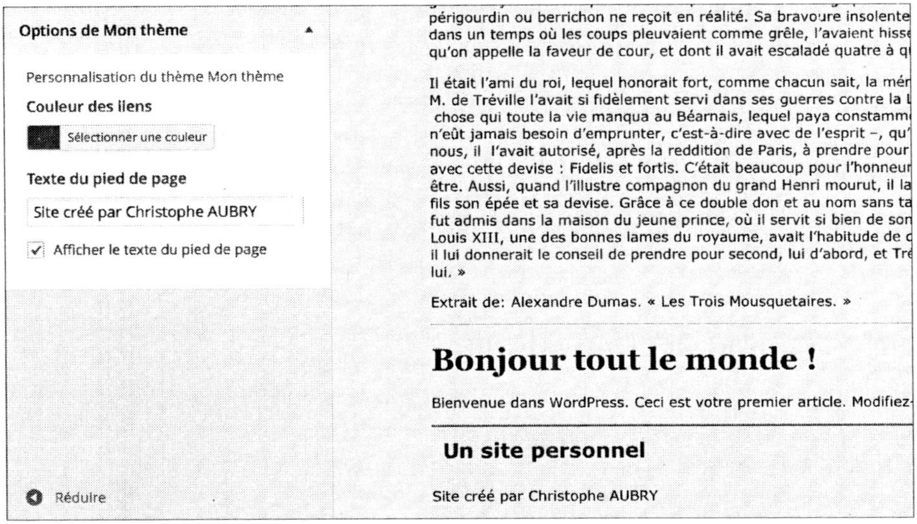

→ Décochez la case à cocher **Afficher le texte du pied de page** : le texte n'est pas affiché dans le pied de page.

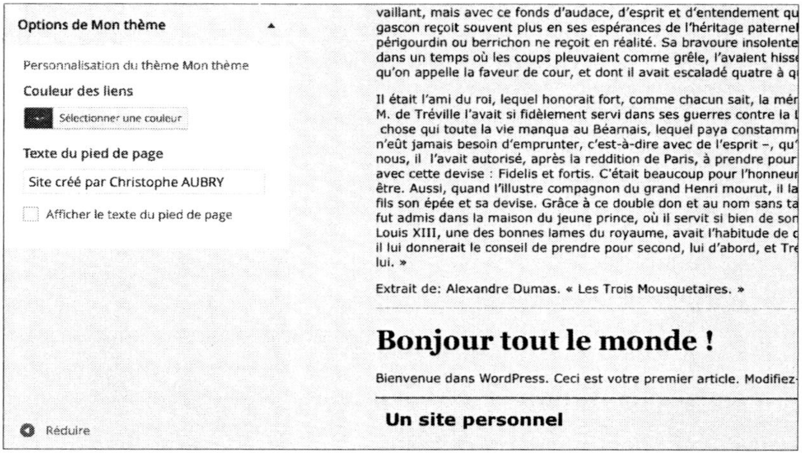

→ Faites votre choix et cliquez sur le bouton **Enregistrer & publier**.

Dans le site publié, nous avons bien la personnalisation qui est affichée selon votre choix.

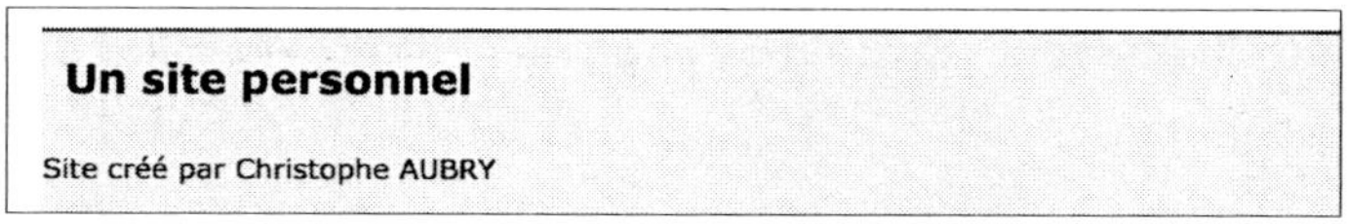

G. Personnaliser l'alignement du titre du site

1. L'objectif

Nous allons maintenant permettre aux utilisateurs de choisir l'alignement du titre dans l'en-tête du site : à gauche, centré ou à droite. Ce choix va se faire par l'intermédiaire d'une liste de boutons radio à choix unique.

2. Ajouter le réglage et le contrôle

Comme toujours, la première étape consiste à ajouter un nouveau réglage avec comme seul paramètre par défaut, un alignement à gauche.

→ Dans le fichier **functions.php**, dans la fonction de personnalisation, saisissez ce code :

```
/********* Liste déroulante **********/
// Ajout du réglage
$wp_customize->add_setting('alignement_titre', array(
            'default' => 'left',
));
```

- L'identifiant du réglage est nommé `alignement_titre`.
- Le tableau des paramètres, ne contient que la valeur par défaut : `left`, pour un alignement à gauche.

➔ Maintenant, suite à ce code, ajouter le code du contrôle :

```
// Ajout du contrôle
$wp_customize->add_control('alignement_titre', array(
    'label' => 'Alignement du titre',
    'section' => 'ma_section',
    'type' => 'radio',
    'choices' => array(
        'left' => 'A gauche',
        'center' => 'Centré',
        'right' => 'A droite',
        ),
));
```

- Le nom du contrôle reprend l'identifiant du réglage ; `alignement_titre`.
- Le label indique l'étiquette affichée dans l'interface, `Alignement du titre`.
- La section est toujours la même : `ma_section`.
- Le type de ce contrôle est `radio`, pour avoir des boutons radio.
- `choices` permet d'indiquer dans un tableau, les différentes valeurs des boutons radio.
- Les valeurs des boutons radio sont des couples indiquant la valeur utilisée pour personnaliser le thème et l'étiquette affichée dans l'interface. Exemple : `'left' => 'A gauche'`. La première valeur, `left`, sera utilisée pour la personnalisation ; la deuxième valeur, `A gauche`, sera utilisée pour l'affichage dans l'interface.

3. L'affichage dans l'en-tête

C'est donc l'utilisateur qui va décider l'alignement du titre du site. Ce titre se trouve dans l'élément `<header id="en-tete">`. C'est dans le fichier **functions.php** que nous créons la règle CSS qui va utiliser le choix de l'utilisateur. Nous avions déjà créé une fonction personnelle pour écrire une règle CSS :

```
/********** Création de la règle CSS **********/
function theme_customize_css() {
    ?>
    <style type="text/css">
        a { color:<?php echo get_theme_mod('couleur_liens',
        '#000000'); ?>; }
    </style>
    <?php
}
add_action( 'wp_head', 'theme_customize_css');
```

Nous allons donc l'utiliser et la compléter.

→ Saisissez ce code, juste après la règle existant pour le sélecteur a :

```
/********** Création de la règle CSS **********/
function theme_customize_css() {
    ?>
    <style type="text/css">
        a { color:<?php echo get_theme_mod('couleur_liens',
        '#000000'); ?>; }
        #en-tete h1 {text-align:<?php echo
        get_theme_mod('alignement_titre','left'); ?>;}
    </style>
    <?php
}
add_action( 'wp_head', 'theme_customize_css');
```

- Nous utilisons le sélecteur `#en-tete h1`.
- La propriété CSS utilisée est `text-align`.
- Avec la méthode `get_theme_mod()`, nous récupérons la valeur choisie par l'utilisateur depuis le réglage `alignement_titre`.

4. L'affichage de la personnalisation

Maintenant, nous pouvons afficher cette personnalisation dans l'interface de WordPress.

→ Dans le menu **Apparence**, choisissez **Personnaliser**.

→ Ouvrez la section **Options de Mon thème**.

→ Dans les options de **Alignement du titre**, choisissez un alignement.

C'est l'option **Centré** dans cet exemple :

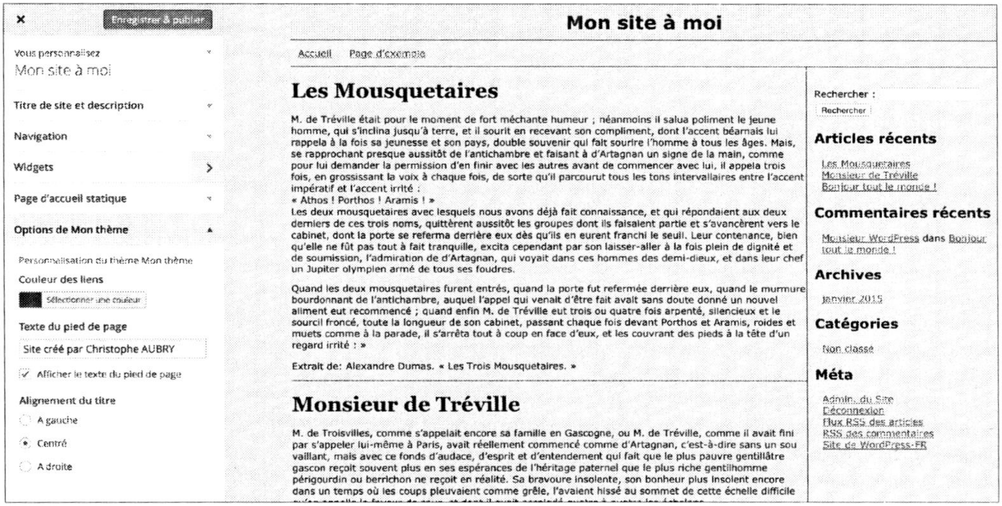

C'est l'option **A droite** dans cet autre exemple :

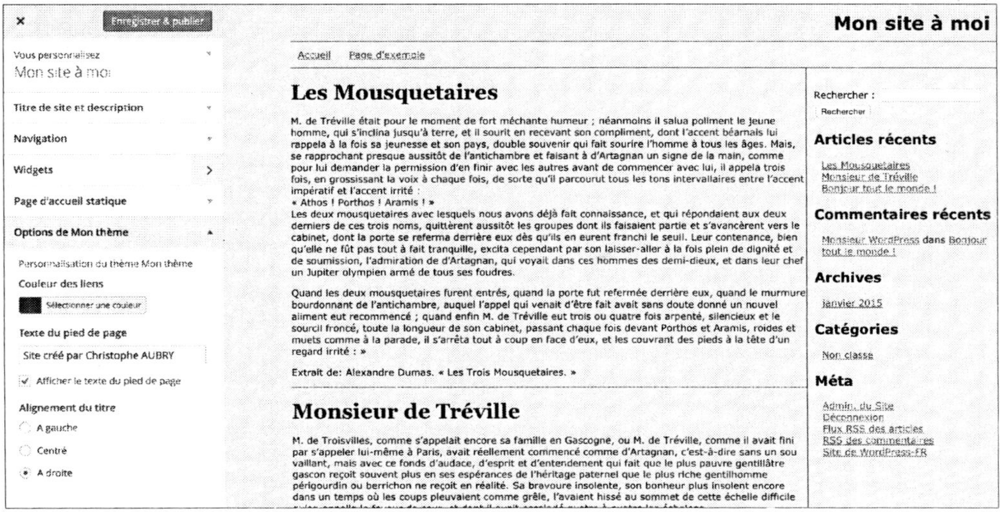

➜ Faite votre choix et cliquez sur le bouton **Enregistrer & publier**.

Dans le site publié, nous avons bien la personnalisation qui est affichée selon votre choix, **Centré** dans cet exemple.

Voici le code généré par notre personnalisation :

```
<style type="text/css">
        a { color:#226b18; }
        #en-tete h1 {text-align:center;}
</style>
```

H. Personnaliser l'image d'arrière-plan de l'en-tête

1. L'objectif

Nous allons maintenant permettre aux utilisateurs de choisir une image pour l'arrière-plan de l'en-tête. Cela va se faire par l'intermédiaire de l'ajout d'image à la bibliothèque des médias de votre site WordPress.

2. Ajouter le réglage et le contrôle

Comme toujours, la première étape consiste à ajouter un nouveau réglage, toujours dans la même section.

```
/********* Chargement d'une image **********/
// Ajout du réglage
$wp_customize->add_setting('charge_image');
```

- L'identifiant du réglage est nommé `charge_image`.

Nous n'appliquons pas d'argument.

➜ Maintenant, suite à ce code, ajoutez le code du contrôle :

```
// Ajout du contrôle
$wp_customize->add_control(new WP_Customize_Image_Control(
    $wp_customize,'charge_image', array(
        'label' => 'Image d\'arrière-plan : 960x250 px',
        'section' => 'ma_section',
        'settings' => 'charge_image'
        )
));
```

Pour ce contrôle, nous utilisons une nouvelle instance du contrôle existant de WordPress, `WP_Customize_Image_Control()`. Ce contrôle natif permet d'utiliser l'ajout d'images à la bibliothèque de votre site WordPress.

Voici les paramètres de cette nouvelle instance :

- Nous utilisons le réglage charge_image, créé précédemment.
- L'étiquette affichée dans l'interface, le label, est Image d'arrière-plan : 960x250 px. Notez le caractère d'échappement \ pour pouvoir afficher correctement l'apostrophe. Précisons dans cette étiquette la taille optimale de l'image : 960 pixels de large, pour 250 pixels de haut.
- La section est toujours la même : ma_section.
- Le réglage est charge_image.

3. L'affichage en arrière-plan de l'en-tête

L'objectif est donc d'afficher l'image en arrière-plan de l'en-tête, dans l'élément <header id="en-tete">.

Dans le fichier **functions.php** du thème, nous utilisons notre fonction personnelle theme_customize_css() pour ajouter une nouvelle règle CSS.

➜ Après les deux règles CSS précédentes, saisissez ce code :

```
/********** Création de la règle CSS **********/
function theme_customize_css() {
  ?>
   <style type="text/css">
     a { color:<?php echo get_theme_mod('couleur_liens', '#000000'); ?>; }
     #en-tete h1 {text-align:<?php echo get_theme_mod(
                                'alignement_titre','left'); ?>;}
     #en-tete {
        background-image: url(<?php echo get_theme_mod(
                                'charge_image','none'); ?>);
        height: <?php if(get_theme_mod('charge_image')!=='')
                                { echo '250px' ; } else { echo 'auto' ; } ?>;
          }
   </style>
  <?php
}
add_action( 'wp_head', 'theme_customize_css');
```

- Nous utilisons la propriété CSS background-image.
- L'URL est récupérée avec la fonction get_theme_mod('charge_image','none'), qui utilise la valeur du réglage charge_image.
- Nous utilisons ensuite la propriété CSS height. Nous testons, if(), si une image est utilisée. Si c'est le cas, la hauteur est de 250 pixels, si il n'y a pas d'image, la hauteur est auto.

4. L'affichage de la personnalisation

Maintenant, nous pouvons afficher cette personnalisation dans l'interface de WordPress.

- Dans le menu **Apparence**, choisissez **Personnaliser**.
- Ouvrez la section **Options de Mon thème**.

- Dans le contrôle **Image d'arrière-plan**, cliquez sur le bouton **Sélectionner une image**.
- Dans l'interface standard de WordPress, ajoutez et sélectionnez l'image voulue.
- Cliquez sur le bouton **Choisir une image**.

L'image est ajoutée au contrôle et est appliquée à l'arrière-plan de l'en-tête :

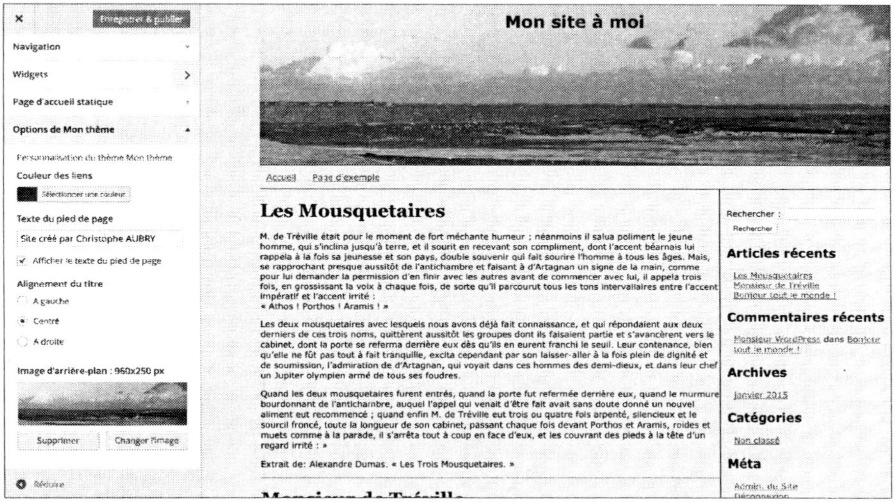

Notez l'apparition des boutons **Supprimer**, pour supprimer l'image ajoutée et **Changer l'image**, pour choisir une autre image.

➜ Cliquez sur le bouton **Enregistrer & publier**.

L'image est bien appliquée à l'arrière-plan de l'en-tête du site publié :

Voici le code généré, en local dans cet exemple :

```
#en-tete {
        background-image:
url(http://localhost:8888/wp41/wp-content/uploads/2015/01/baie-somme.jpg);
        height: 250px;
}
```

Chapitre 8 : Le thème Twenty Fifteen

A. L'objectif

Dans ce chapitre nous allons « décortiquer » le thème par défaut de la version 4.1 de WordPress, le thème **Twenty Fifteen**.

Nous passons en revue tous les fichiers constitutifs, pour bien comprendre comment fonctionne ce thème. Ainsi vous disposerez d'une base solide pour créer votre propre thème et pour, pourquoi pas, créer un thème enfant, basé sur **Twenty Fifteen**.

B. Les fichiers du thème

1. Les fichiers

Voilà la liste des fichiers du thème **Twenty Fifteen**, par ordre alphabétique, contenus dans le dossier **/wp-content/themes/twentyfifteen** :

- **404.php** : c'est le template utilisé pour afficher la page d'erreur quand la page demandée par le visiteur n'existe pas.
- **archive.php** : c'est le template utilisé pour afficher les archives. C'est-à-dire la liste des articles par année ou par mois, selon un mot-clé ou pour un auteur choisi.
- **author-bio.php** : ce template affiche les renseignements biographiques des auteurs des contenus.
- **comments.php** : c'est le template utilisé pour afficher les commentaires.
- **content-link.php** : c'est le template utilisé pour afficher les articles ayant le format **Lien**.
- **content-none.php** : c'est le template utilisé pour afficher la page indiquant une recherche infructueuse ou qu'il n'y a pas de contenu à afficher.
- **content-page.php** : c'est le template utilisé pour afficher le contenu des pages.
- **content-search.php** : c'est le template utilisé pour afficher la liste des contenus suite à une recherche.
- **content.php** : c'est le template utilisé pour afficher le contenu des articles.
- **footer.php** : ce fichier contient tous les éléments HTML et PHP pour gérer le pied de page du thème.
- **header.php** : ce fichier contient tous les éléments HTML et PHP pour gérer l'en-tête du thème.
- **index.php** : ce fichier contient tous les éléments HTML et PHP pour gérer l'affichage des pages du thème. C'est le fichier "maître".
- **page.php** : c'est le template utilisé pour afficher les pages.
- **search.php** : c'est le template utilisé pour afficher la page du résultat d'une recherche.
- **sidebar.php** : ce fichier contient tous les éléments HTML et PHP pour gérer la colonne latérale, la sidebar du thème.
- **single.php** : c'est le template utilisé pour afficher les articles en page seule.

2. Les dossiers

Voilà la liste des dossiers du thème **Twenty Fifteen**, par ordre alphabétique :

- **css** : ce dossier contient les fichiers .css des feuilles de style spécifiques.
- **genericons** : ce dossier contient tous les fichiers nécessaires à l'utilisation des icônes pour les affichages sur les écrans à haute définition.
- **inc** : ce dossier contient des fichiers utiles pour la personnalisation du thème.
- **js** : ce dossier contient des fichiers JavaScript utilisés dans le thème.
- **languages** : ce dossier contient les fichiers de traduction du thème.

3. Les autres fichiers

Voilà la liste des autres fichiers du thème **Twenty Fifteen**, par ordre alphabétique :

- **functions.php** : ce fichier contient tout le code de personnalisation et de paramétrage du thème et du site.
- **readme.txt** : ce fichier texte affiche des informations sur le thème **Twenty Fifteen**.
- **rtl.css** : ce fichier contient tous les styles pour les écritures de droite à gauche.
- **screenshot.png** : c'est le fichier qui affiche l'aperçu du thème dans la gestion des thèmes dans l'administration.
- **style.css** : c'est le fichier qui contient les règles CSS du thème.

C. La structure du thème

1. L'affichage du thème

Rappelons l'affichage du thème Twenty Fifteen : nous avons sur la gauche la colonne latérale, la sidebar, dans la partie centrale est affiché le contenu demandé par les visiteurs et en dessous, le pied de page.

2. Les fichiers de structure

Pour l'affichage de la page d'accueil, quatre fichiers interviennent :

- **header.php** : pour gérer l'affichage de l'en-tête.
- **sidebar.php** : pour gérer l'affichage de la colonne latérale.
- **footer.php** : pour gérer l'affichage du pied de page.
- **index.php** : qui agence ces trois fichiers.

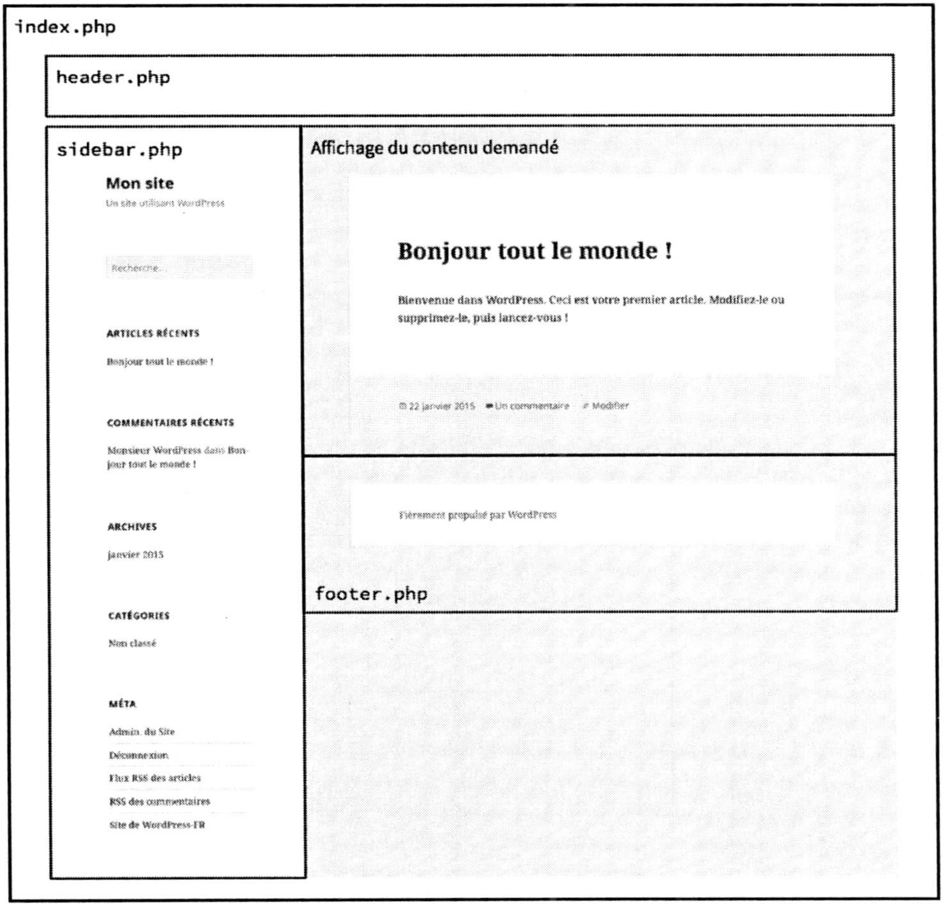

Voici la structure HTML/PHP gérant l'affichage du thème, avec les appels aux fichiers PHP et les éléments HTML d'affichage :

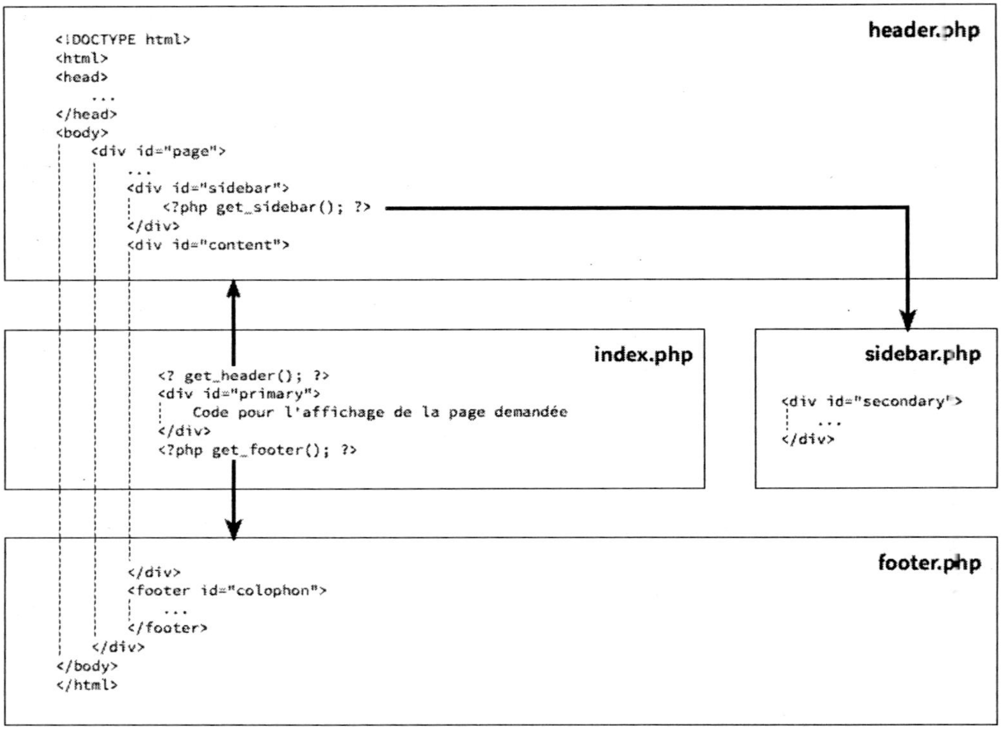

3. Le fichier header.php

Le fichier **header.php** contient l'en-tête HTML de toutes les pages du site et tous les éléments HTML et PHP structurels, communs à toutes les pages du site.

→ Ouvrez le fichier **header.php** dans le dossier du thème **Twenty Fifteen**.

L'élément `<head>` contient plusieurs éléments dynamiques :

- `<meta charset="<?php bloginfo( 'charset' ); ?>">` : le thème récupère l'encodage des caractères.
- `<meta name="viewport" content="width=device-width">` : le thème est prêt pour le Responsive Web Design.
- `<link rel="profile" href="http://gmpg.org/xfn/11">` : le thème utilise les valeurs standardisées de l'attribut `rel`.

- `<link rel="pingback" href="<?php bloginfo( 'pingback_url' ); ?>">` : le thème prend en compte le réglage des rétroliens définis dans les réglages du site.
- `<!--[if lt IE 9]> <script src="<?php echo esc_url( get_template_directory_uri() ); ?>/js/html5.js"> </script> <![endif]-->` : le thème prend en compte les spécificités des versions inférieures à 9, de Microsoft Internet Explorer.

Ensuite nous visualisons l'appel à la fonction de référence `wp_head()`. Cette fonction est indispensable pour qu'un thème fonctionne parfaitement. C'est à travers cette fonction que sont envoyées aux pages web du site, des fonctionnalités provenant des **thèmes**, des **plugins** et du fichier de personnalisation **functions.php**. Par la fonction `wp_head()`, transitent l'affichage du `<title>`, les liaisons vers les fichiers CSS et JavaScript. Essentiel et indispensable donc ! Le chargement des éléments transitant par `wp_header()` s'effectue au chargement de l'en-tête HTML, avant le chargement du corps de la page.

Ensuite, dans le corps du template, apparaissent les divers éléments de structure des pages du thème : `<body>`, des boîtes `<div>` et l'appel à la colonne latérale avec la fonction `get_sidebar()`.

4. Le fichier footer.php

➜ Ouvrez le fichier **footer.php** dans le dossier du thème **Twenty Fifteen**.

Le fichier **footer.php** permet l'affichage du pied de page et la fermeture de deux boîtes `<div>` ouvertes dans le fichier **header.php**.

Enfin, juste avant la fermeture de l'élément `<body>`, nous trouvons la fonction `wp_footer()` pendant de la fonction `wp_header()`.

5. Le fichier sidebar.php

La colonne latérale s'affiche à gauche dans le thème **Twenty Fifteen**. Le template **sidebar.php** est appelé dans le fichier **header.php**, à l'aide de la fonction `get_sidebar()`.

Dans ce thème, la sidebar affiche les menus et les widgets.

➜ Ouvrez le fichier **sidebar.php** dans le dossier du thème **Twenty Fifteen**.

Le template teste si des menus sont placés dans les deux emplacements disponibles : `if ( has_nav_menu( 'primary' )` et `if ( has_nav_menu( 'social' ) )`. Si c'est le cas, les menus y sont affichés avec `wp_nav_menu()`.

Même principe avec l'emplacement des widgets nommé **Zone de widgets** dans l'administration. Nous avons le test : `if ( is_active_sidebar( 'sidebar-1' ) );` puis l'affichage des widgets : `dynamic_sidebar( 'sidebar-1' )`.

D. L'affichage des contenus

C'est le visiteur qui choisit ce qu'il veut afficher dans les sites WordPress. C'est donc ses demandes qui vont déterminer quel est le contenu à afficher. Cela peut être la page d'accueil, un article en page seule, les archives des articles pour un mois, une page, la liste des articles d'une catégorie choisie… Les possibilités sont très nombreuses.

En fonction de la demande du visiteur, WordPress détermine quel est le type de page demandé. Ensuite, selon la hiérarchie des templates, il utilise le bon template pour afficher le contenu demandé.

Pour rappel, voici la hiérarchie des templates que nous avions étudiée dans un chapitre précédent.

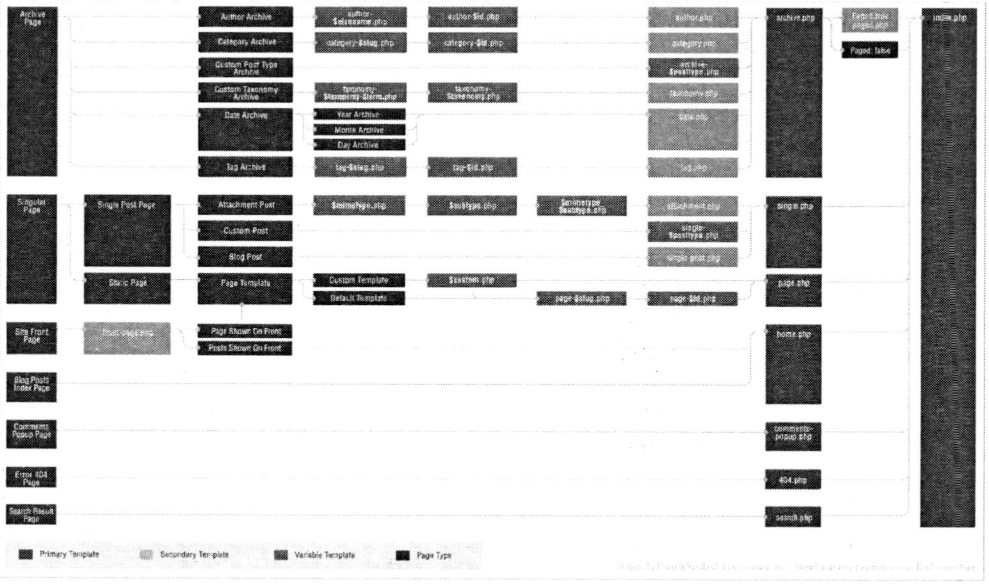

Dans chaque type d'affichage, page d'accueil, article, page…, c'est la boucle de WordPress qui détermine les éléments à utiliser et à afficher.

E. La page d'accueil

1. Le fichier index.php

Nous allons créer une page d'accueil dite " classique ", c'est-à-dire une page d'accueil dont la mise en page affiche la liste des derniers articles publiés. Cette mise en page se gère dans le menu **Réglages**, **Lecture**, avec dans les options **La page d'accueil affiche**, l'option **Les derniers articles** cochée.

Notez que le thème **Twenty Fifteen** ne propose pas les templates **home.php** et **front-page.php**. Reportez-vous au chapitre sur la hiérarchie des templates, pour revoir l'utilisation de ces deux templates. C'est donc le template **index.php** qui est utilisé.

➜ Ouvrez le fichier **index.php**.

Étudions la boucle WordPress, **The Loop**, qui permet l'affichage du contenu demandé.

Dans un premier temps, le code teste s'il y a des articles :

```
<?php if ( have_posts() ) : ?>
```

S'il y a des articles, WordPress teste s'il la page d'accueil est de type **Home** ou **Front Page** :

```
<?php if ( is_home() && ! is_front_page() ) : ?>
```

Ensuite c'est la boucle qui est activée :

```
// Start the loop.
while ( have_posts() ) : the_post();
    get_template_part( 'content', get_post_format() );
// End the loop.
endwhile;
```

La boucle fait appel au type de format d'article utilisé avec la fonction `get_template_part()`.

Si c'est le format d'article **Par défaut** qui est utilisé, c'est le template **content.php** qui est utilisé. Le thème **Twenty Fifteen** ne propose qu'un seul autre template pour les formats des articles : le template **content-link.php** qui est utilisé pour le format **Lien**. Si l'utilisateur choisit un autre format (**En passant**, **Citation**...), c'est le template **content.php** qui est utilisé.

Suite à la boucle `while()`, nous avons la suite du `if()` initial qui teste la présence d'articles à afficher. S'il n'y a pas d'article à afficher en page d'accueil, WordPress utilise le template **content-none.php**.

Voici le schéma récapitulatif des appels aux fichiers et aux templates du thème :

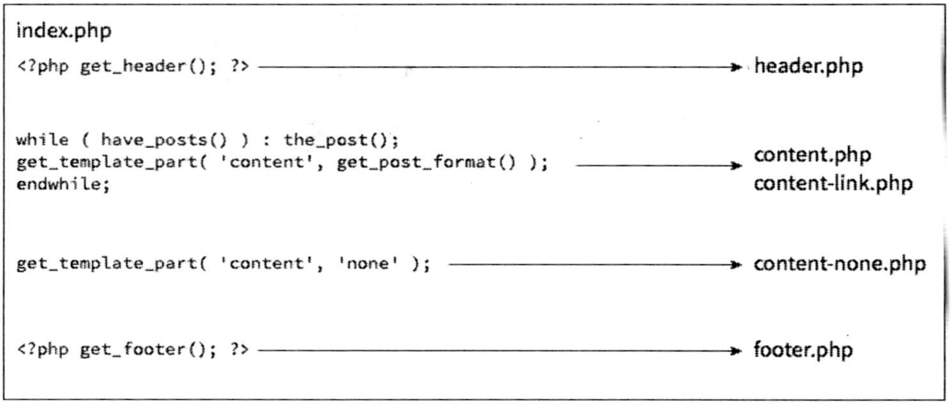

2. Le fichier content.php

Nous venons de la voir, c'est le fichier **content.php** qui est utilisé par défaut pour afficher les articles en page d'accueil.

En début de code, l'appel à la fonction `twentyfifteen_post_thumbnail()` permet d'afficher une miniature de l'article.

Dans l'élément `<header>` qui affiche le titre de l'article, WordPress teste (`if()`) si l'article est affiché en page seule avec la fonction `is_single()`. Si c'est le cas le titre est affiché avec la fonction `the_title()`. Si ce n'est pas le cas, si nous sommes en page d'accueil (ou une autre page), le titre (`the_title()`) est affiché avec un lien cliquable, grâce à la fonction `get_permalink()`. Cette fonction est placée dans la fonction de "nettoyage" des URL, `esc_url()`.

```
<header class="entry-header">
<?php
    if ( is_single() ) :
        the_title( '<h1 class="entry-title">', '</h1>' );
    else :
        the_title( sprintf( '<h2 class="entry-title"><a href="%s"
        rel="bookmark">', esc_url( get_permalink() ) ), '</a></h2>' );
    endif;
?>
</header><!-- .entry-header -->
```

Ensuite le template affiche le contenu de l'article avec la fonction `the_content()`.

Puis, nous trouvons à nouveau un test (`if(is_single())`) pour savoir si l'article est en page seule. Si c'est le cas, le template affiche les renseignements biographiques de l'auteur. Sinon, il n'affiche rien, comme pour cette page d'accueil.

```
<?php
    // Author bio.
    if ( is_single() && get_the_author_meta( 'description' ) ) :
        get_template_part( 'author-bio' );
    endif;
?>
```

Le template se termine par l'utilisation d'un élément `<footer>`, pour l'affichage des métadonnées de l'article, avec la fonction `twentyfifteen_entry_meta()` et la possibilité de modifier l'article si l'auteur est connecté avec la fonction `edit_post_link()`.

Voici la structure du template **content.php** :

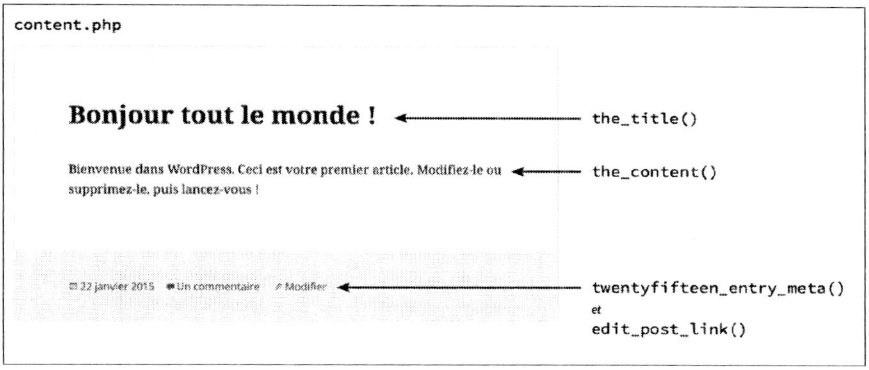

3. Le fichier content-link.php

Si le format de l'article est de type **Lien**, c'est le template **content-link.php** qui est utilisé.

Nous avons un affichage similaire, avec en plus une icône spécifique à droite du titre.

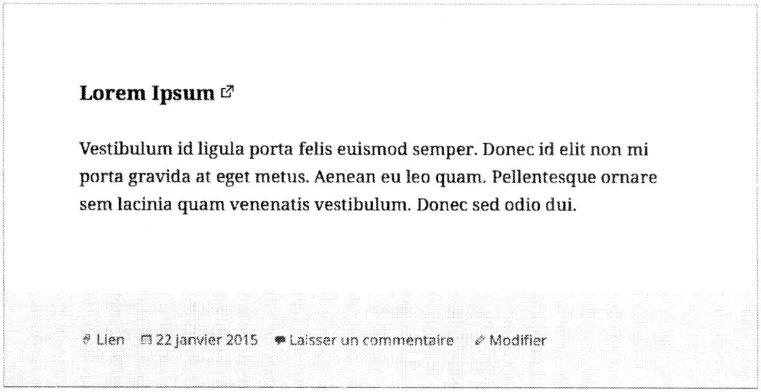

F. Les articles en page seule

1. Le fichier single.php

Lorsqu'un visiteur clique sur le titre d'un article en page d'accueil ou dans une autre page, c'est le template principal **single.php** qui est utilisé.

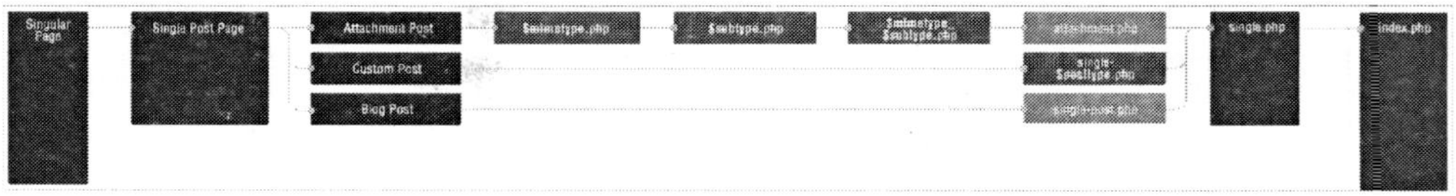

→ Ouvrez le fichier **single.php**.

Nous retrouvons la boucle WordPress pour afficher l'article cliqué :

```
<?php
      while ( have_posts() ) : the_post();
            get_template_part( 'content', get_post_format() );
      endwhile;
?>
```

À nouveau, WordPress utilise le template qui correspond au format d'article utilisé :

```
get_template_part( 'content', get_post_format() );
```

Nous l'avons vu précédemment, le thème **Twenty Fifteen**, ne propose qu'un seul template de format d'article, le template **content-link.php**, qui est utilisé pour le format **Lien**. Sinon, c'est le template du format d'article **Par défaut** qui est utilisé, le template **content.php**.

Ensuite et toujours dans la boucle, WordPress teste `(if())` si les commentaires sont ouverts. Dans ce cas, il les affiche avec le template dédié : **comments.php**, grâce à la fonction `comments_template()`.

```
<?php
    while ( have_posts() ) : the_post();
    get_template_part( 'content', get_post_format() );
        if ( comments_open() || get_comments_number() ) :
             comments_template();
        endif;
    endwhile;
?>
```

La boucle se termine par l'affichage d'une navigation vers les articles précédents et/ou suivants avec la fonction `the_post_navigation()`.

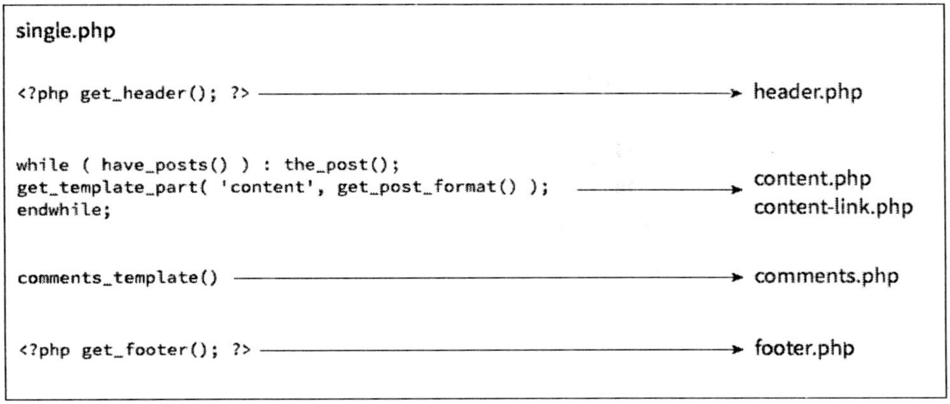

2. Le fichier content.php

Nous avons précédemment étudié le template **content.php**, dans le contexte de la page d'accueil.

Dans l'élément `<header>`, WordPress teste si le contenu est à afficher dans une page seule. Ce qui est le cas ici.

```
<header class="entry-header">
<?php
      if ( is_single() ) :
          the_title( '<h1 class="entry-title">', '</h1>' );
      else :
          the_title( sprintf( '<h2 class="entry-title"><a href="%s"
          rel="bookmark">', esc_url( get_permalink() ) ), '</a></h2>' );
      endif;
?>
</header><!-- .entry-header -->
```

Dans ce cas, le titre de l'article, `the_title()`, est affiché dans un élément `<h1>`, sans lien.

Ensuite c'est le contenu de l'article qui est affiché avec `the_content()`.

Puis, si l'article est très long et paginé, nous avons l'affichage d'un système de navigation avec l'utilisation de la fonction `wp_link_pages()`.

Sont ensuite affichés les renseignements biographiques de l'auteur, si nous sommes en page seule et si ces renseignements existent (menu **Utilisateurs - Tous les utilisateurs**, puis le profil du rédacteur ; les renseignements sont saisis dans le champ **Renseignements biographiques**).

```
<?php
    // Author bio.
    if ( is_single() && get_the_author_meta( 'description' ) ) :
            get_template_part( 'author-bio' );
    endif;
?>
```

L'affichage se termine par la présentation des métadonnées de l'article, avec la fonction `twentyfifteen_entry_meta()` et la possibilité de modifier l'article si l'auteur est connecté : `edit_post_link()`.

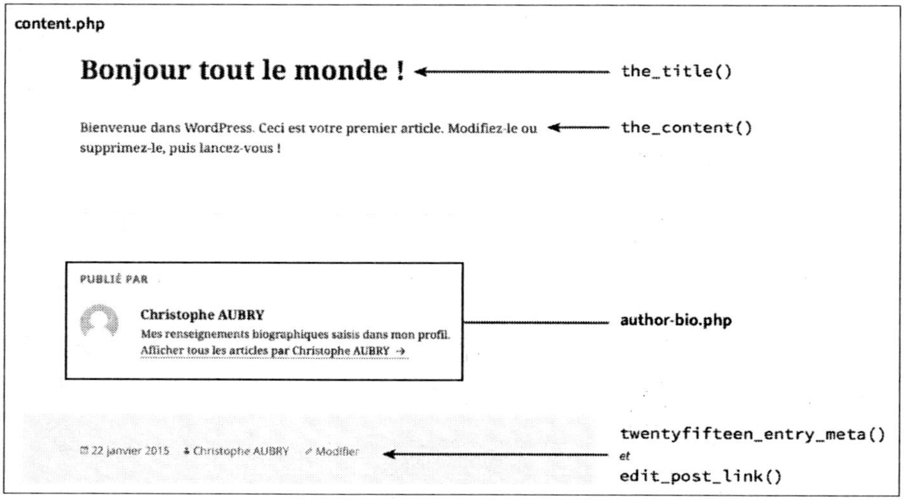

3. Le fichier author-bio.php

Dans un article affiché en page seule, si les renseignements biographiques sont saisis, ils sont affichés avec l'utilisation du template **author-bio.php**.

Tout d'abord c'est l'avatar de l'auteur qui est affiché avec la fonction `get_avatar()`. À sa droite nous visualisons le nom de l'auteur, affiché avec la fonction `get_the_author()`, puis ses renseignements biographiques, `the_author_meta( 'description' )`.

Enfin, nous avons un lien vers tous les articles de cet auteur : `get_author_posts_url( get_the_author_meta( 'ID' ) )`.

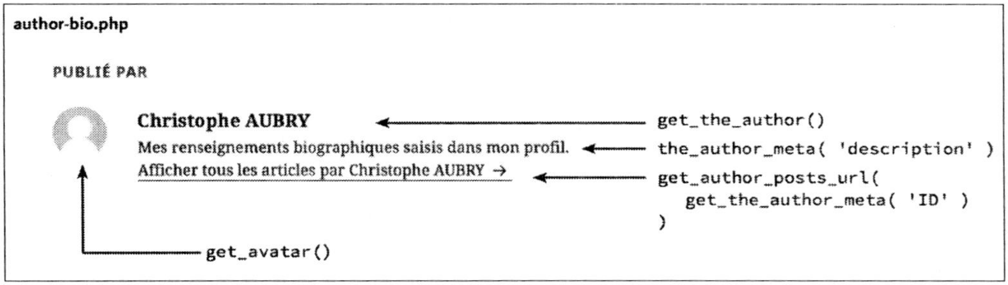

4. Le fichier comments.php

Quand un article est affiché en page seule, avec le template **single.php**, et si les commentaires sont ouverts, WordPress les affiche avec l'utilisation de la fonction `comments_template()`.

```
if ( comments_open() || get_comments_number() ) :
        comments_template();
endif;
```

Le template utilisé est **comments.php**.

➜ Ouvrez ce template.

Dans un premier temps, WordPress évalue s'il faut un mot de passe pour accéder aux commentaires :

```
if ( post_password_required() ) {
    return;
}
```

S'il n'est pas nécessaire de saisir un mot de passe, WordPress utilise un test `if()` pour afficher la gestion des commentaires :

```
<?php if ( have_comments() ) : ?>
```

Ensuite le nombre de commentaires est affiché avec la fonction `get_comments_number()`., avec le titre de l'article affiché, `get_the_title()`.

Si cela est nécessaire, un système de navigation dans les commentaires est utilisé avec la fonction `twentyfifteen_comment_nav()`.

La liste des commentaires est affichée dans un élément `<ol>` avec la fonction `wp_list_comments()`.

Si les commentaires sont fermés (`if ( ! comments_open()`), WordPress affiche le message traduit : `_e( 'Comments are closed.', 'twentyfifteen' )`.

Puis la page se termine par l'affichage du formulaire des commentaires : `comment_form()`.

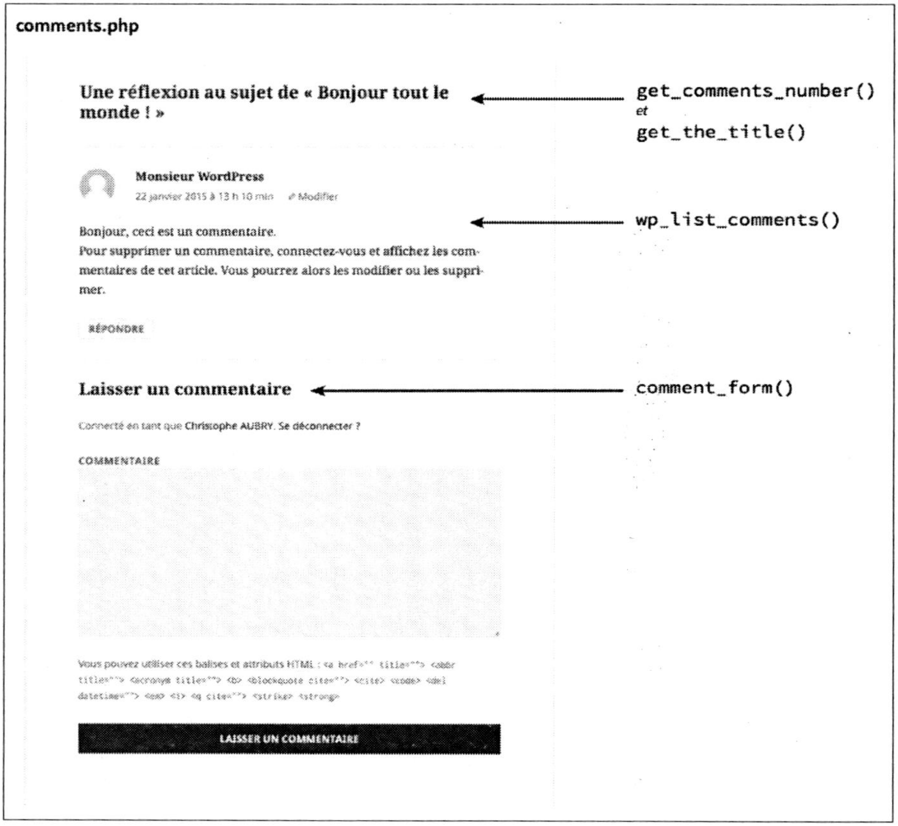

5. La structure du fichier single.php

Voici un schéma récapitulatif de la structure du template **single.php** :

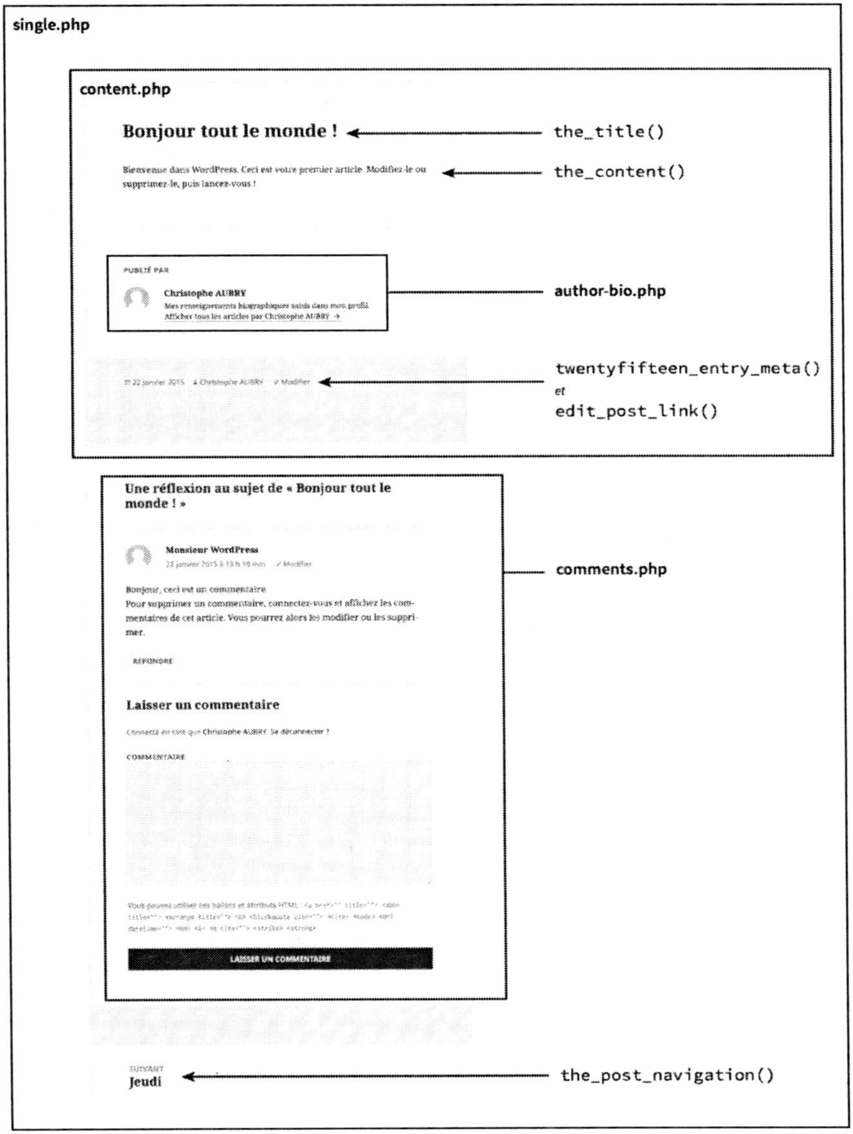

G. Les pages

1. Le fichier page.php

Lorsqu'un visiteur clique sur une page dans la barre des menus, c'est le template principal **page.php** qui est utilisé.

➜ Ouvrez le template **page.php** du thème **Twenty Fifteen**.

Le template commence par la boucle WordPress. S'il y a une page à afficher, c'est le template **content-page.php** qui est utilisé, avec l'appel à la fonction `get_template_part( 'content', 'page' )`.

```
while ( have_posts() ) : the_post();
get_template_part( 'content', 'page' );
endwhile;
```

Dans la boucle, WordPress teste `(if())` si les commentaires sont ouverts et si il y en a à afficher. Si c'est le cas, c'est le template **comments.php** qui est utilisé, avec l'appel à la fonction `comments_template()`.

```
if ( comments_open() || get_comments_number() ) :
        comments_template();
endif;
```

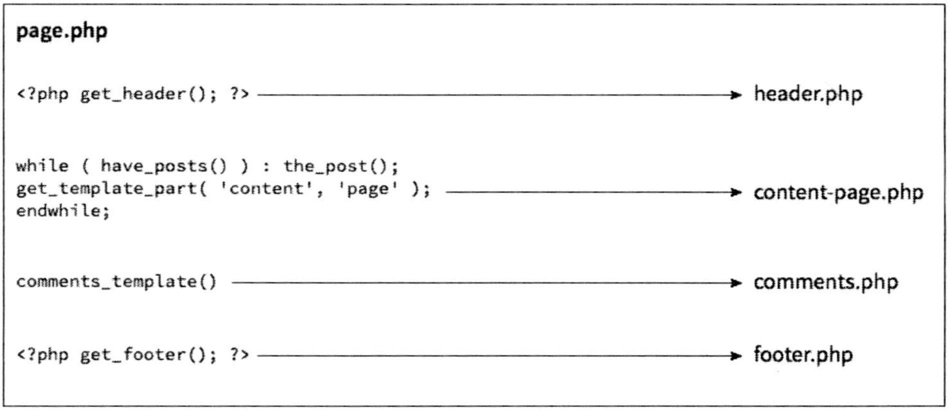

2. Le fichier content-page.php

L'affichage du contenu rédactionnel de la page, se fait avec le template **content-page.php**.

➜ Ouvrez le fichier **content-page.php** du thème **Twenty Fifteen**.

Dans un élément `<header>`, puis dans un élément `<h1>`, le titre de la page est affiché, avec la fonction `the_title()`.

Puis, la fonction `the_content()` affiche le contenu rédactionnel de la page.

Ensuite, si l'article est très long et paginé, un système de navigation est proposé avec l'utilisation de la fonction `wp_link_pages()`.

Enfin, nous avons le lien pour modifier la page, si l'auteur est connecté, avec `edit_post_link()`.

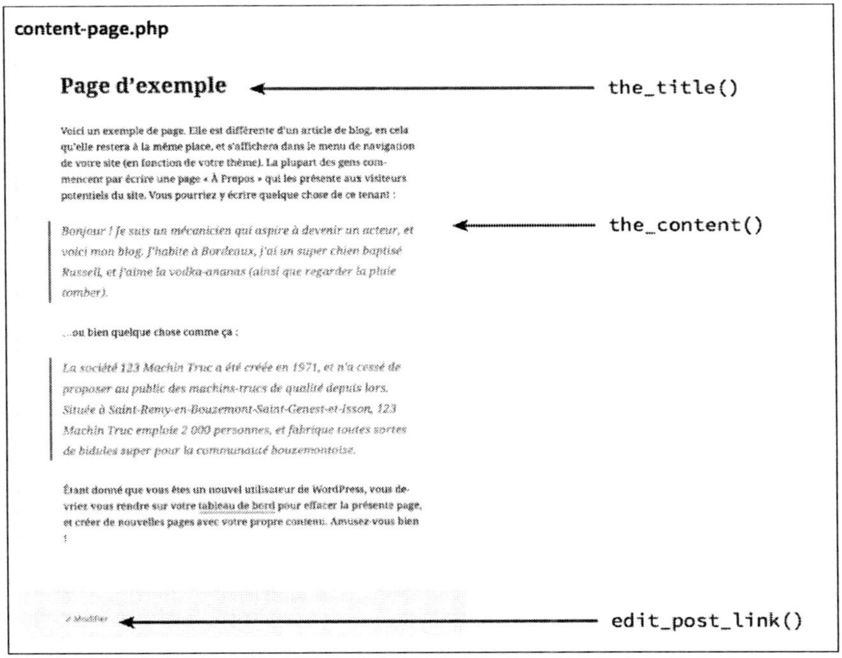

H. Les archives

1. Le fichier archive.php

Lorsqu'un visiteur affiche tous les articles d'un auteur, d'une catégorie donnée, d'un mot-clé cliqué ou d'une date (année, mois ou jour), c'est le template principal **archive.php** qui est utilisé.

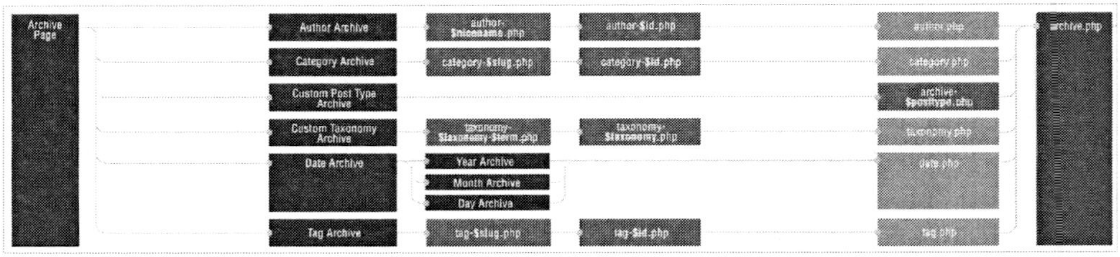

Le thème **Twenty Fifteen** n'utilise pas les templates secondaires **author.php**, **category.php**, **taxonomy.php**, **date.php**, ni **tag.php**.

➜ Ouvrez le fichier **archive.php** du thème **Twenty Fifteen**.

Le fichier commence par tester (`if ( have_posts() )`) s'il y a des articles à afficher. Si c'est le cas, dans un élément `<header>`, WordPress affiche le titre de l'archive (`the_archive_title()`) et sa description (`the_archive_description()`).

Puis nous avons la classique boucle WordPress qui affiche les articles concernés.

```
while ( have_posts() ) : the_post();
     get_template_part( 'content', get_post_format() );
endwhile;
```

Les articles sont affichés avec le template qui correspond à leur format, avec l'utilisation de `get_template_part()`. Si aucun template spécifique n'est présent, c'est le template **content.php** qui est utilisé.

Ensuite, un système de navigation est utilisé avec la fonction `the_posts_pagination()`, pour passer, si besoin est, de page en page.

S'il n'y a pas d'article à afficher, c'est le template **content-none.php** qui est utilisé : `get_template_part( 'content', 'none' )`.

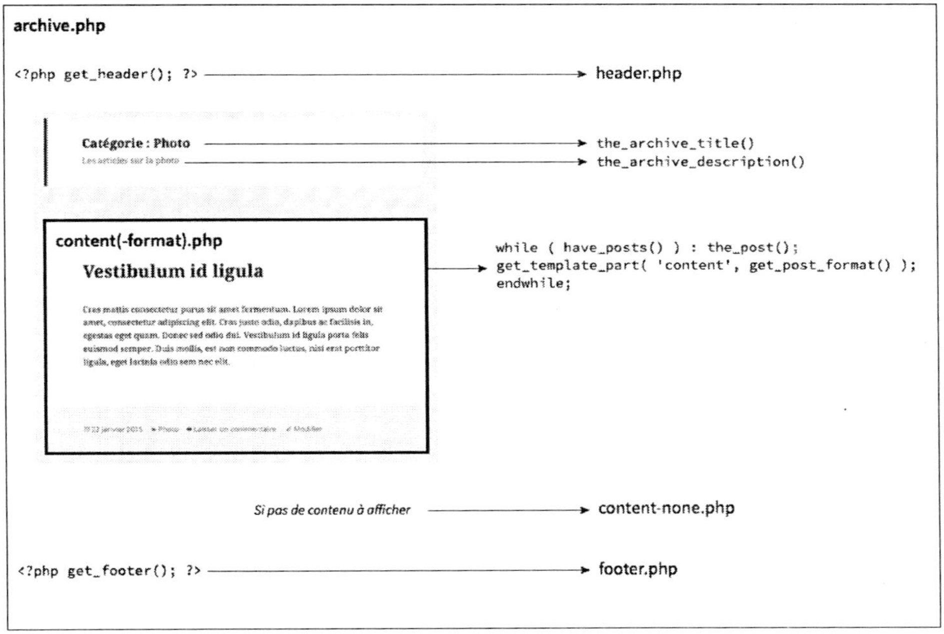

2. Le fichier content-none.php

S'il n'y a pas d'article à afficher, c'est le template **content-none.php** qui est utilisé.

➜ Ouvrez le fichier **content-none.php** du thème **Twenty Fifteen**.

En fonction de la demande du visiteur, recherche infructueuse, pas de contenu à afficher... le message traduit affiché varie. Pour cela, WordPress utilise une condition `if()` à multiples réponses.

I. La recherche

1. Le fichier search.php

WordPress propose nativement de faire une recherche textuelle dans le contenu rédactionnel du site. Lorsque le résultat de cette recherche est affiché, c'est le template **search.php** qui est utilisé.

➜ Ouvrez le fichier **search.php** du thème **Twenty Fifteen**.

WordPress commence par tester s'il y a des contenus qui contiennent les mots recherchés : `if ( have_posts() )`.

Si c'est le cas, les mots recherchés sont insérés dans un élément `<header>`, puis `<h1>`, avec l'utilisation de la fonction `get_search_query()`.

Ensuite, nous avons la boucle qui affiche tous les contenus, avec le template **content-search.php**.

```
while ( have_posts() ) : the_post(); ?>
      get_template_part( 'content', 'search' );
endwhile;
```

Ensuite, un système de navigation est utilisé avec la fonction `the_posts_pagination()`, pour passer, si besoin est, de page en page.

S'il n'y a pas d'article à afficher, c'est le template **content-none.php** qui est utilisé : `get_template_part( 'content', 'none' )`.

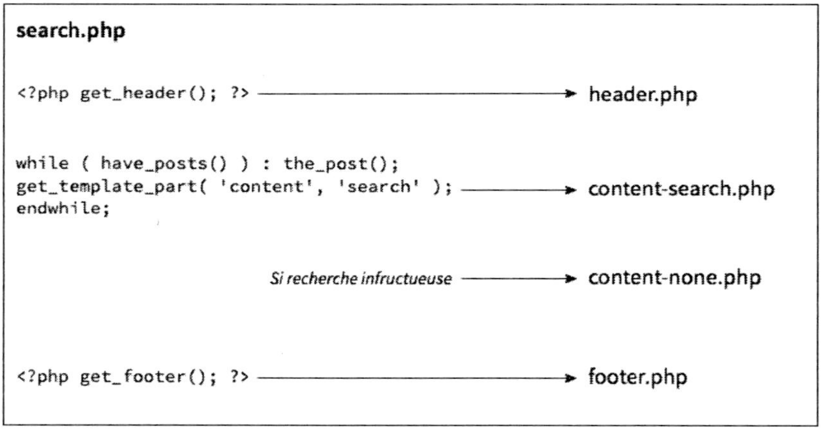

2. Le fichier content-search.php

La liste des contenus répondant à la recherche est affichée avec le template **content-search.php**.

- Ouvrez le fichier **content-search.php** du thème **Twenty Fifteen**.

Le template affiche le titre (`the_title()`) de chaque contenu avec un lien `<a>` vers l'affichage du contenu en page seule (`esc_url( get_permalink() )`).

Ensuite, c'est le début du contenu qui est affiché, avec la fonction `the_excerpt()`.

Puis nous avons l'affichage des métadonnées (`twentyfifteen_entry_meta()`) et le lien pour modifier le contenu, si l'auteur est connecté (`edit_post_link()`).

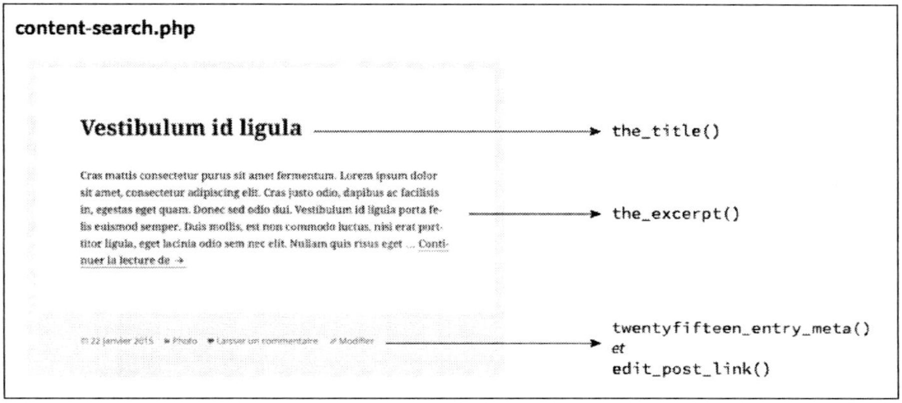

3. Le fichier content-none.php

S'il n'y a pas d'article à afficher, si la recherche est infructueuse, c'est le template **content-none.php** qui est utilisé et que nous avons déjà étudié.

J. Les autres templates

1. Le fichier 404.php

Dans un site web, lorsqu'un visiteur demande à afficher une page qui n'existe pas, le serveur affiche la page d'erreur nommée 404. WordPress vous permet de personnaliser cette page d'erreur, en modifiant le fichier **404.php**.

➜ Ouvrez le fichier **404.php**, dans le dossier du thème **Twenty Fifteen**.

Dans un élément `<header>`, puis dans un élément `<h1>`, WordPress affiche le message d'erreur traduit.

```
<header class="page-header">
    <h1 class="page-title"><?php _e( 'Oops! That page can&rsquo;t be
    found.', 'twentyfifteen' ); ?></h1>
</header>
```

Juste en dessous, vous avez un autre message traduit, vous proposant d'effectuer une recherche. Vous trouvez également l'affichage du formulaire de recherche, avec la fonction `get_search_form()`.

```
<div class="page-content">
    <p><?php _e( 'It looks like nothing was found at this location.
    Maybe try a search?', 'twentyfifteen' ); ?></p>
    <?php get_search_form(); ?>
</div>
```

Voici la structure de ce template :

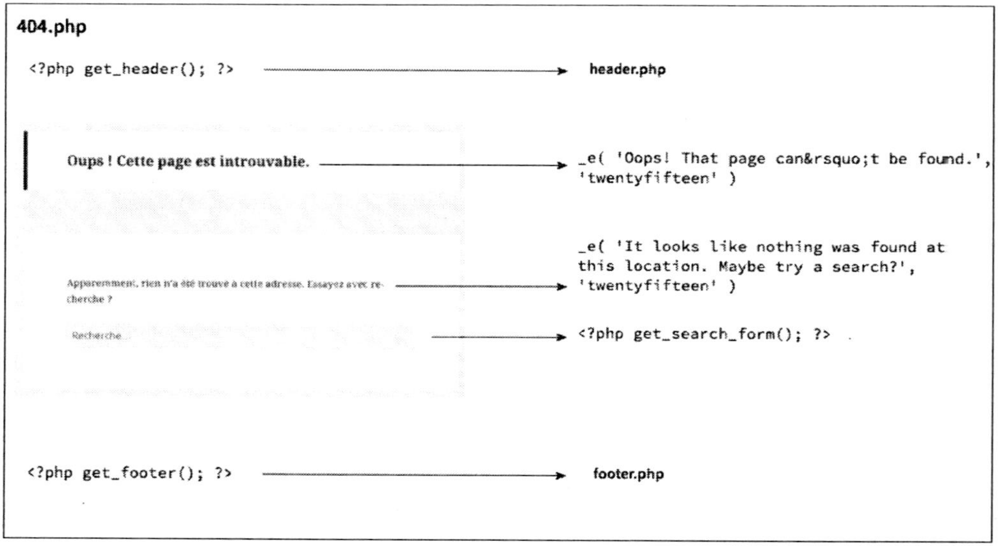

2. Le fichier image.php

Lorsque vous ajoutez une image à vos contenus, dans la fenêtre d'ajout, vous devez choisir comment sera affichée cette image si le visiteur clique sur celle-ci. C'est dans le réglage **RÉGLAGES DE L'AFFICHAGE DU FICHIER ATTACHÉ**, dans la liste déroulante **Lier à** que vous faites votre choix. Si vous choisissez **Page du fichier attaché**, lorsque le visiteur clique sur l'image, celle-ci est affichée en page seule.

Voici un affichage d'un article contenant une image :

Vestibulum id ligula

Cras mattis consectetur purus sit amet fermentum. Lorem ipsum dolor sit amet, consectetur adipiscing elit. Cras justo odio, dapibus ac facilisis in, egestas eget quam. Donec sed odio dui. Vestibulum id ligula porta felis euismod semper. Duis mollis, est non commodo luctus, nisi erat porttitor ligula, eget lacinia odio sem nec elit. Nullam quis risus eget urna mollis ornare vel eu leo.

Cum sociis natoque penatibus et magnis dis parturient montes, nascetur ridiculus mus. Vestibulum id ligula porta felis euismod semper. Maecenas sed diam eget risus varius blandit sit amet non magna. Nullam quis

Affichage de l'image en page seule, lorsque le visiteur a cliqué sur celle-ci :

C'est le template **image.php** qui est utilisé :

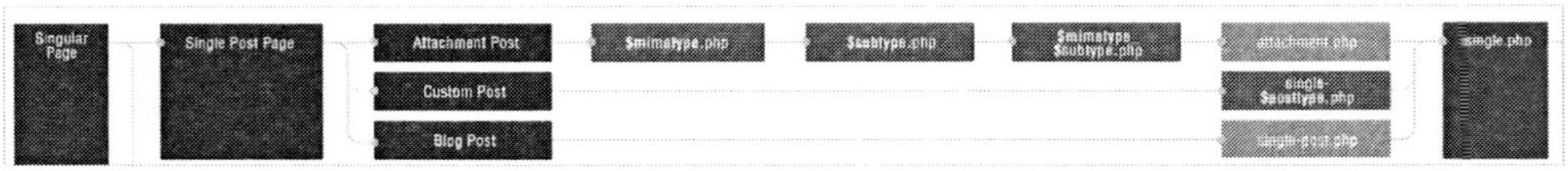

Dans la hiérarchie des templates, cela correspond au template variable **$mimetype.php** où le type MIME est **image**.

➜ Ouvrez le fichier **image.php**, dans le dossier du thème **Twenty Fifteen**.

Le template commence par une boucle `while()` classique.

Nous avons ensuite un système de navigation qui est utilisé lorsqu'il y a plusieurs images en **Page du fichier attaché** intégrées au contenu. Ce système va permettre de passer d'une image à l'autre, avec des liens **IMAGE SUIVANTE** et **IMAGE PRÉCÉDENTE**.

```
<nav id="image-navigation" class="navigation image-navigation">
     <div class="nav-links">
          <div class="nav-previous">
               <?php previous_image_link( false, __( 'Previous Image',
                      'twentyfifteen' ) ); ?>
          </div>
          <div class="nav-next">
               <?php next_image_link( false, __( 'Next Image',
                      'twentyfifteen' ) ); ?>
          </div>
     </div><!-- .nav-links -->
</nav>
```

Ensuite, dans un `<header>` et un `<h1>`, le template affiche le nom de fichier de l'image, sans son extension.

```
<header class="entry-header">
    <?php the_title( '<h1 class="entry-title">', '</h1>' ); ?>
</header>
```

Puis, l'image est affichée en grande taille avec un filtre **Twenty Fifteen** :

```
<?php
    $image_size = apply_filters( 'twentyfifteen_attachment_size', 'large' );
    echo wp_get_attachment_image( get_the_ID(), $image_size );
?>
```

Ensuite, si l'image possède une légende, celle-ci est affichée.

Si l'image possède une description, celle-ci est affichée avec la fonction `the_content()`.

Sous l'insertion de l'image, nous retrouvons les fonctions d'affichage des métadonnées et de modification que nous avons déjà vues dans de très nombreux templates.

```
<footer class="entry-footer">
    <?php twentyfifteen_entry_meta(); ?>
    <?php edit_post_link( __( 'Edit', 'twentyfifteen' ),
        '<span class="edit-link">', '</span>' ); ?>
</footer>
```

Enfin, si les commentaires sont ouverts, ceux-ci sont affichés avec la fonction `comments_template()`.

Pour terminer cette page, nous avons l'affichage du nom du contenu dont est issue cette image avec la fonction `the_post_navigation()`.

Voici la structure de ce template :

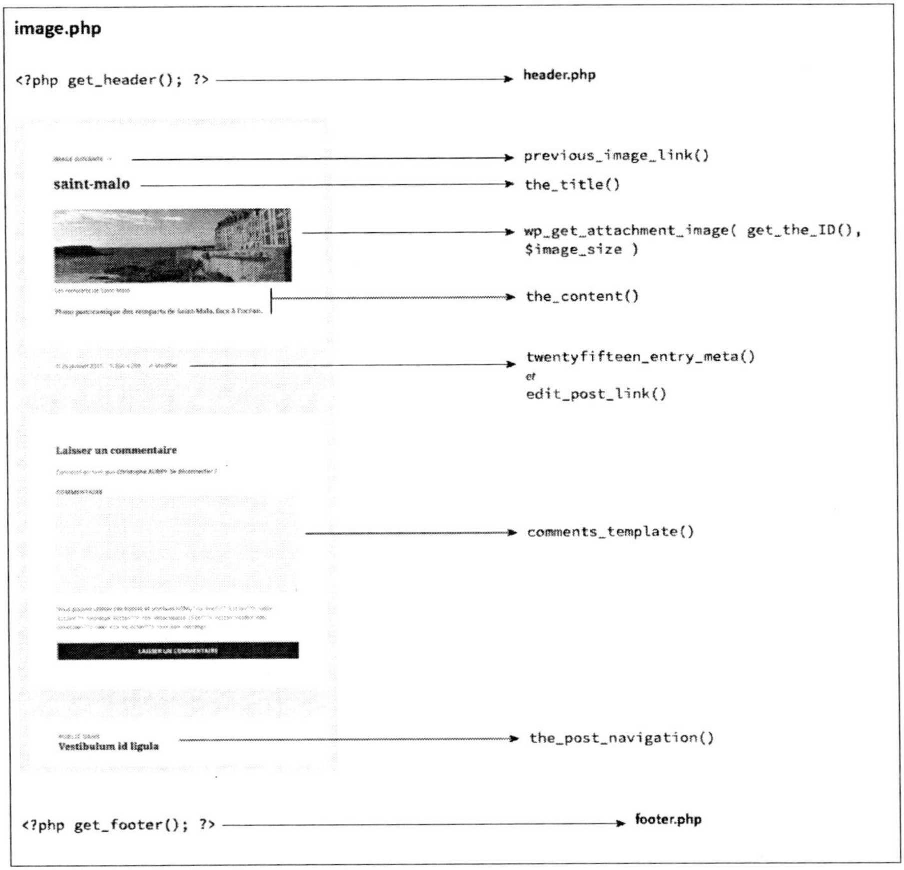

Chapitre 9 : Les thèmes enfants

A. L'objectif

Pour simplifier la création de votre premier thème, vous pouvez opter pour la création d'un **thème enfant** (**child theme** en anglais), basé sur un **thème parent**.

Le principe est simple et efficace : vous partez avec un thème contenant les fonctionnalités essentielles que vous souhaitez utiliser, avec une architecture et un design globalement adéquat vis-à-vis de votre projet. Vous prenez donc comme base ce thème qualifié de **thème parent**. Vous créez ensuite un **thème enfant** basé sur le thème parent en y ajoutant les fonctionnalités qui vous manquent et en adaptant les styles CSS pour que le design soit en accord avec votre projet.

Ainsi vous n'avez pas à tout refaire, vous partez sur des bases saines d'un point de vue code, design, fonctionnalités et interface d'administration. De plus, autre avantage non négligeable, si le thème parent évolue avec les nouvelles versions de WordPress, la mise à jour de celui-ci va automatiquement se répercuter sur le thème enfant.

Il est toujours conseillé de créer un thème enfant plutôt que de modifier le thème original. Si vous transformez le thème parent plus ou moins en profondeur, vous perdez tout le bénéfice des mises à jour correctives du thème. En créant un thème enfant, vous adaptez le thème à vos besoins, sans modifier l'intégrité du thème parent. C'est l'idéal.

Pour cet exemple simple, nous allons partir du thème installé par défaut avec WordPress 4.1, le thème **Twenty Fifteen**. Ce thème sobre, est très orienté blog.

B. Le dossier du thème enfant

Nous allons créer un nouveau dossier pour notre thème enfant, nommez-le **twentyfifteenchild**.

Nous y placerons bien sûr les fichiers constitutifs. Puis nous créerons le package et nous installerons le thème dans notre site WordPress comme nous l'avons vu dans le chapitre Gérer les thèmes.

C. La vignette du thème enfant

Pour la vignette du thème enfant affichée dans l'administration des thèmes, nous vous proposons de reprendre celle du thème parent et d'y ajouter un texte par-dessus.

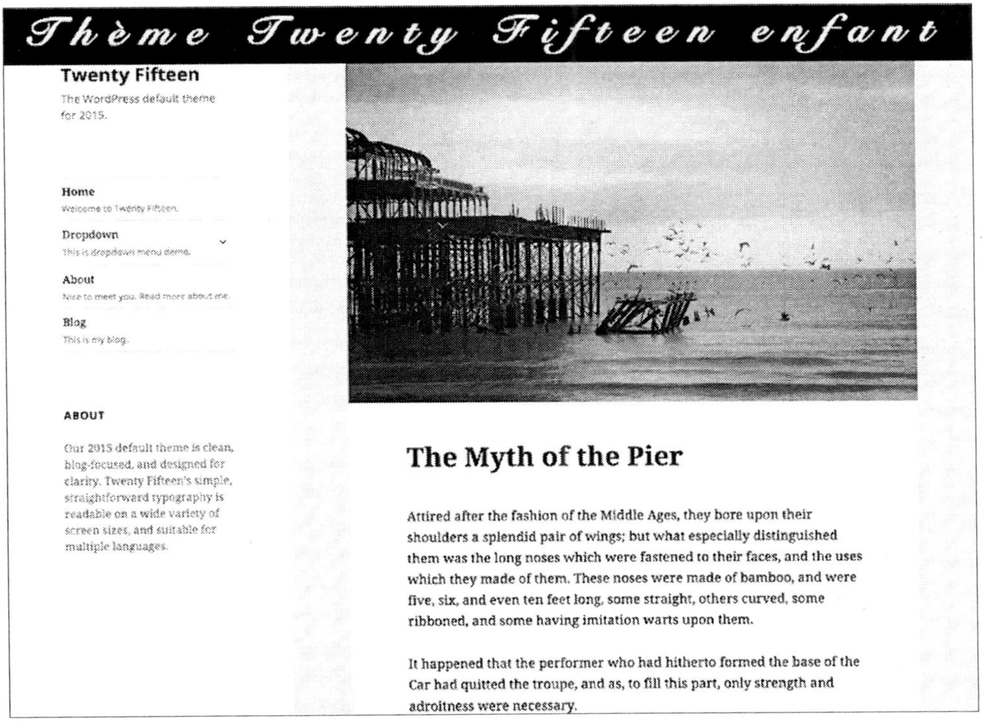

D. La feuille de style du thème enfant

1. Le fichier CSS

Dans le dossier de notre thème enfant, pour que le thème soit valide, il faut obligatoirement créer une feuille de style CSS. Nous la nommons **style.css**.

Comme nous l'avons vu dans le chapitre Un thème simpliste, la feuille de style commence par un commentaire où sont indiquées un certain nombre d'informations.

Voilà le début de la feuille de style du thème enfant :

```
/*
Theme Name: Twenty Fifteen Child
Theme URI: https://www.monsite.fr/themes/twentyfifteenchild
Author: Christophe AUBRY
Author URI: http://www.netplume.net
Description: C'est un thème enfant basé sur le thème Twenty Fifteen
de WordPress 4.1
Version: 0.1
Tags: black, blue, gray, pink, purple, white, yellow, dark, light,
two-columns, left-sidebar, fixed-layout, responsive-layout,
accessibility-ready, custom-background, custom-colors, custom-header,
custom-menu, editor-style, featured-images, microformats, post-formats,
rtl-language-support, sticky-post, threaded-comments, translation-ready
Template: twentyfifteen
*/
```

Voici les principaux éléments de ce commentaire :

- **Theme name** : nom du thème qui apparaîtra dans la gestion des thèmes dans l'administration de WordPress.
- **Theme URI** : accès à la page web du thème.
- **Author** : nom de l'auteur de ce thème.
- **Author URI** : accès à la page web de l'auteur de ce thème.
- **Description** : description de ce thème.
- **Version** : version du thème proposé.
- **Tags** : mots-clés caractérisant ce thème, utilisés pour la recherche des thèmes.
- Et le plus important : **Template: twentyfifteen**. C'est ici que vous indiquez le nom du thème parent. Vous devez indiquer le **nom du dossier du thème parent** en respectant scrupuleusement la casse (majuscules et minuscules) du nom.

2. Importer les styles parents

Maintenant il faut récupérer les styles du thème parent dans la feuille de style du thème enfant. Nous allons tout simplement utiliser une règle d'importation.

```
@import url("../twentyfifteen/style.css");
```

- Nous utilisons la règle d'importation de feuille de style `@import url()`.
- Nous indiquons le chemin d'accès à cette feuille de style :
  - `..` : nous remontons l'arborescence des fichiers d'un cran.
  - `/tewtyfifteen/` : nous entrons dans le dossier du thème parent nommé **twentyfifteen**.
  - Nous importons la feuille de style nommée **style.css**.

3. Créer des styles enfants

Nous venons d'importer les styles du thème parent dans la feuille de style du thème enfant. Donc pour le moment il n'y a aucun changement. Le design reste le même. Il faut donc créer nos propres styles. Nos styles enfants seront prioritaires sur les styles parents.

Comme nous reprenons les styles parents, il faut reprendre les mêmes noms de sélecteur.

Par exemple nous souhaitons modifier la couleur du titre du site dans l'en-tête et le mettre en italique :

```
h1.site-title a {
   color: purple;
   font-style: italic;
}
```

Voilà l'affichage :

Et il en va de même pour tous les styles que vous souhaitez adapter à vos besoins.

E. Les autres fichiers

Maintenant, imaginons que vous vouliez personnaliser le pied de page pour vous ou votre client. Nous l'avons vu précédemment, c'est le fichier **footer.php** qu'il faut modifier. Mais bien sûr ce n'est pas le fichier du thème parent qu'il faut travailler, mais bien celui du thème enfant.

Pour le moment il n'y a pas de fichier **footer.php** dans le dossier du thème enfant. Il nous suffit tout simplement d'en créer un ou de dupliquer celui du thème parent et de placer cette copie dans le dossier du thème enfant. Ensuite, vous y apportez les modifications voulues.

Voilà une simple modification apportée dans le fichier **footer.php** : nous ajoutons un texte après le lien vers WordPress.

```
<a href="<?php echo esc_url( __( 'https://wordpress.org/',
'twentyfifteen' ) ); ?>"><?php printf( __( 'Proudly powered by %s',
'twentyfifteen' ), 'WordPress' ); ?></a> - Thème enfant créé à partir
du thème parent <strong>Twenty Fifteen</strong> et personnalisé
```

À l'affichage :

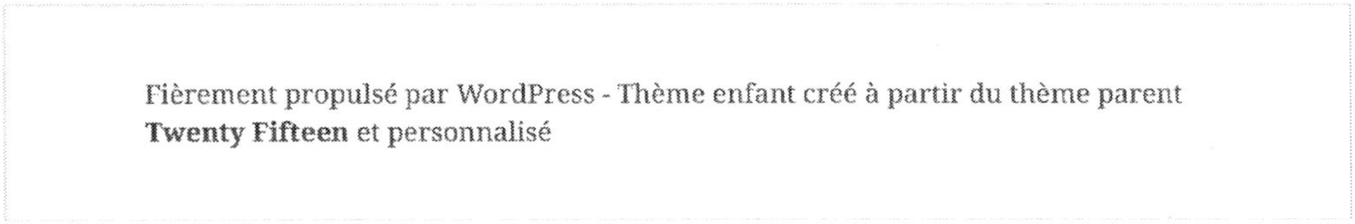

Il en sera de même pour les autres fichiers de structure que vous souhaitez personnaliser. Voilà donc la solution la plus raisonnable et la plus sûre : dupliquez le fichier du thème parent dans le dossier du thème enfant.

Conséquence de cette duplication du fichier **footer.php** : la mise à jour du thème parent ne se fera pas sur le thème enfant. Pour bénéficier des nouveautés du thème parent, il faudra alors modifier le fichier **footer.php** du thème enfant.

F. Le fichier functions.php

1. L'ouverture des fichiers

Nous l'avons vu précédemment, le fichier **functions.php** permet entre autres de paramétrer le thème utilisé. Dans le cas de l'utilisation d'un thème enfant, c'est bien le fichier **functions.php** du thème parent qui est utilisé. Il ne faut pas faire une duplication du fichier parent dans le dossier du thème enfant, cela va provoquer une erreur, car le fichier **functions.php** de l'enfant ne va ni remplacer, ni écraser celui du parent. Les deux fichiers seront ouverts : d'abord celui de l'enfant, puis celui du parent.

2. Ajouter une fonction

Nous allons très simplement personnaliser l'interface d'administration de WordPress. Par défaut, en bas à gauche de l'administration, vous avez les remerciements de WordPress :

Nous allons créer une fonction pour masquer ce message.

➜ Créez et ouvrez le fichier **functions.php** du thème enfant.

➜ Saisissez ce code :

```
<?php
// Masquer les remerciements WordPress
function masquer_merci_wp () {
  return '';
}
add_filter ('admin_footer_text','masquer_merci_wp');
?>
```

- Nous créons une fonction personnelle, nommée `masquer_merci_wp()`.
- Cette fonction ne renvoie rien : `return()`.
- Nous utilisons l'action `add_filter()`, pour le message ciblé `admin_footer_text` et nous y plaçons le renvoi de notre fonction personnelle `masquer_merci_wp()`.
- Et comme la fonction ne renvoie rien, rien n'est affiché !

G. Installer le thème enfant

Une fois notre thème enfant créé, vous le compressez pour créer une archive au format **.zip** et vous l'installez et l'activez dans l'administration de votre site WordPress.

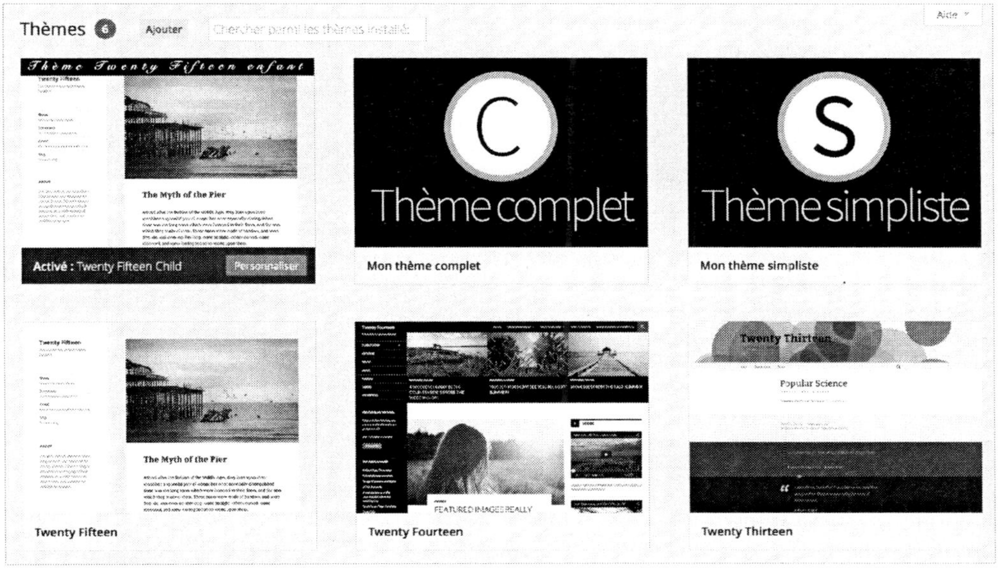

➜ Dans la gestion des thèmes, au survol de ce thème enfant, cliquez sur le bouton **Détails du thème**.

Il est clairement indiqué que ce thème est un thème enfant : **Ceci est un thème enfant de Twenty Fifteen**.

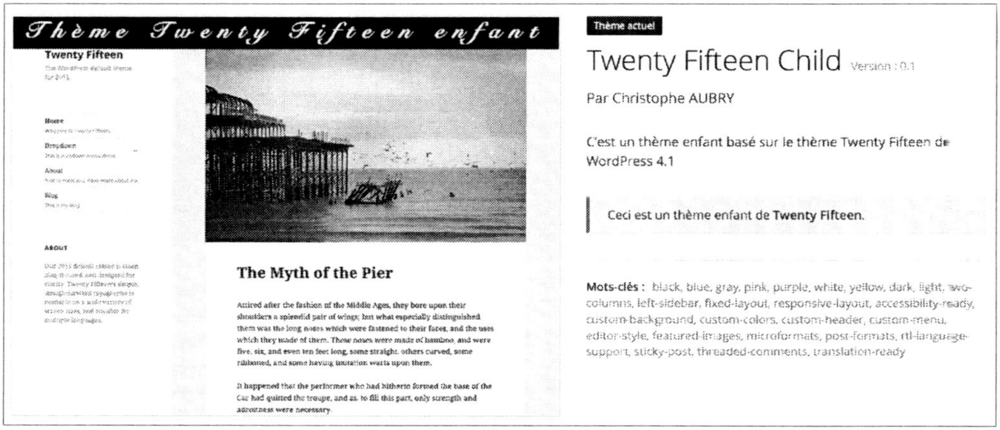

Chapitre 10 : Les thèmes starter

A. L'objectif

Les thèmes starter sont des thèmes de base, souvent minimalistes, que vous allez pouvoir personnaliser comme vous le souhaitez, pour créer votre propre thème. Les thèmes starter contiennent toutes les fonctionnalités essentielles des thèmes WordPress, avec tous les fichiers indispensables. Ils sont en général très sobres en termes de design, ce qui vous permet de les adapter aisément à vos propres besoins.

Avec cette solution, vous évitez de partir de zéro, de partir d'une page blanche. Vous aurez ainsi toutes les bases saines du thème starter pour personnaliser votre thème. C'est à vous ensuite, avec la connaissance de la hiérarchie des templates, de personnaliser les différents templates d'affichage du thème starter.

Attention, les thèmes starter ne sont pas à utiliser comme des thèmes parents. Ils sont vraiment faits pour les concepteurs de thèmes qui veulent partir d'une base solide.

B. Des thèmes starter

Il existe de très nombreux thèmes starter pour WordPress. Voici une courte liste, non exaustive, parmi les plus utilisés :

- **Underscores** : http://underscores.me
- **Roots** : http://roots.io
- **Skeleton** : http://themes.simplethemes.com/skeleton/
- **Bones** : http://themble.com/bones/
- **HTML5BLANK** : http://html5blank.com
- **Quark** : http://quarktheme.com
- **Responsive** : https://wordpress.org/themes/responsive

C. Le thème starter underscores

1. Utiliser le thème

Underscores est le premier thème stater que nous alllons analyser : http://underscores.me

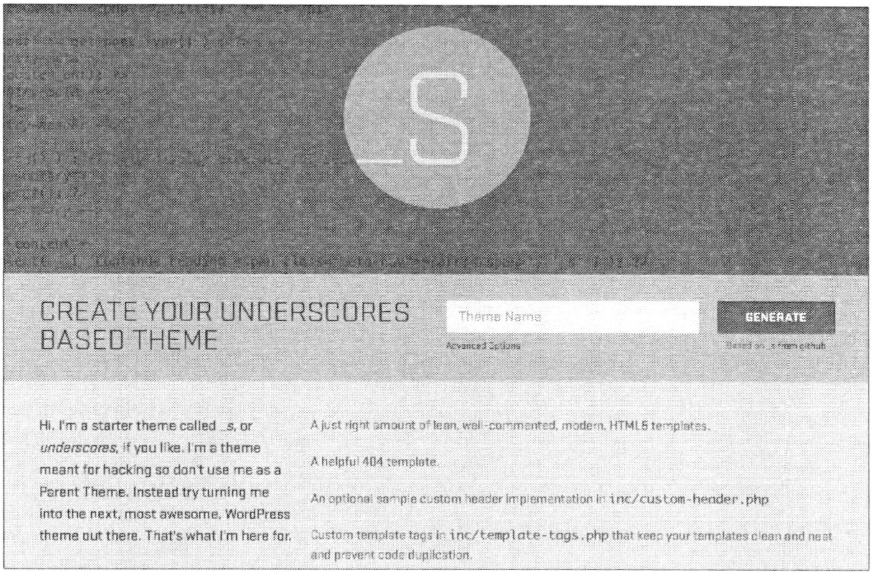

C'est un thème ultra-minimaliste, sans règles CSS de mise en page. Les règles CSS ne concernent que la mise en forme. Le fichier **style.css** précise l'application des règles CSS aux différents éléments constitutifs :

```
/*--------------------------------------------------------------
>>> TABLE OF CONTENTS:
----------------------------------------------------------------
1.0 Normalize
2.0 Typography
3.0 Elements
4.0 Forms
5.0 Navigation
            5.1 Links
            5.2 Menus
6.0 Accessibility
7.0 Alignments
8.0 Clearings
9.0 Widgets
10.0 Content
            10.1 Posts and pages
            10.2 Asides
            10.3 Comments
11.0 Infinite scroll
12.0 Media
            12.1 Captions
            12.2 Galleries
```

2. Créer son thème

Nous créons maintenant un thème basé sur **underscores**.

- Sur la page d'accueil du site, dans le champ **Theme Name**, saisissez le nom de votre thème.
- Cliquez sur le bouton **GENERATE**.

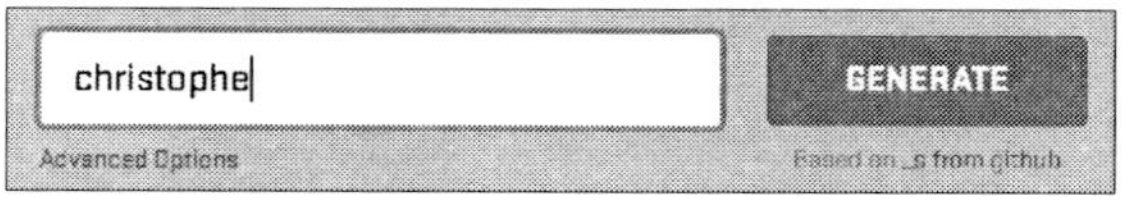

Sous le champ du nom du thème, notez la présence du lien **Advanced Options** qui permet de personnaliser les informations liées au thème que vous créez.

Vous téléchargez votre thème sous la forme d'une archive .zip, nommé **christophe.zip**, dans cet exemple.

- Installez le thème de manière usuelle dans l'administration de votre site WordPress.
- Activez le thème et affichez votre site.

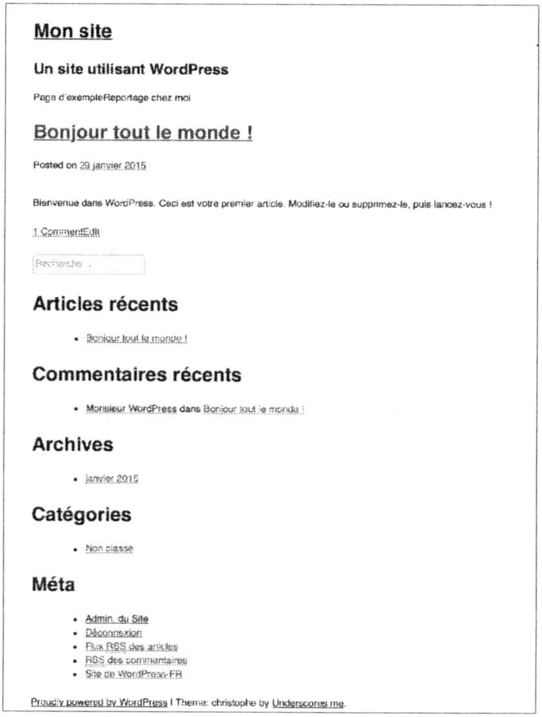

3. Les fichiers disponibles

Voici la liste des fichiers disponibles pour personnaliser ce thème :

- **404.php** : le template d'erreur pour les pages non trouvées.
- **archive.php** : le template des archives par auteur, catégorie, mot-clé et calendaire.
- **comments.php** : le template pour afficher les commentaires.
- **content-none.php** : le template pour les contenus non trouvés.
- **content-page.php** : le template pour afficher le contenu des pages.
- **content-search.php** : le template pour le résultat des recherches.
- **content-single.php** : le template pour afficher le contenu des articles.
- **content.php** : le template pour afficher le contenu des articles en page d'accueil.
- **footer.php** : fichier gérant l'affichage du pied de page du thème.
- **functions.php** : fichier gérant la personnalisation du thème.
- **header.php** : fichier gérant l'affichage de l'en-tête du thème.
- dossier **inc** : ce dossier contient des fichiers de personnalisation du thème.
- **index.php** : fichier "maître" du thème.
- dossier **js** : ce dossier contient des fichiers JavaScript.
- dossier **languages** : ce dossier contient le fichier de traduction .pot.
- dossier **layouts** : ce dossier contient des fichiers CSS pour la mise en page du thème.
- **page.php** : le template pour l'affichage des pages.
- **rtl.css** : la feuille de style pour les écritures de droite à gauche.
- **screenshot.png** : le fichier de la vignette d'aperçu du thème.
- **search.php** : le template pour l'affichage du résultat des recherches.
- **sidebar.php** : le template pour afficher la sidebar.
- **single.php** : le template pour l'affichage des articles.
- **style.css** : le fichier des règles CSS.

D. Le thème starter Bones

1. Utiliser le thème

Nous allons maintenant voir le thème starter **Bones** : http://themble.com/bones/

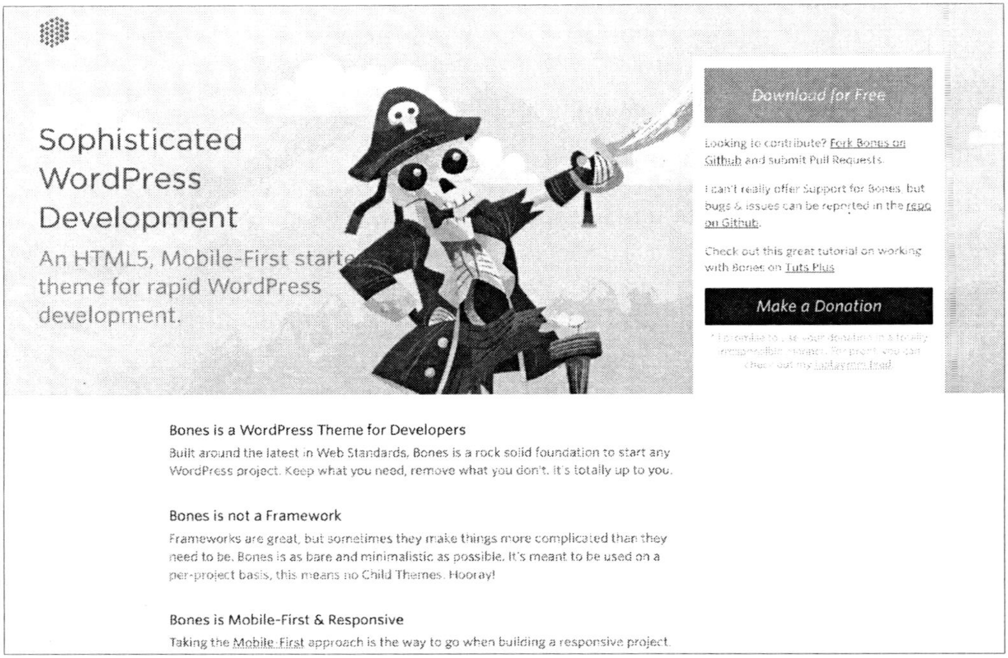

→ Sur la page d'accueil du site, cliquez sur le bouton **Download for Free**.

Vous téléchargez une archive nommée avec le numéro de version : **eddiemachado-bones-v1.06-702-gcfbfb62.zip**.

→ Installez le thème de manière usuelle dans l'administration de votre site WordPress.

→ Activez le thème et affichez votre site.

Le thème starter **Bones** propose une mise en forme et une mise en page un peu plus élaborée :

2. Les fichiers disponibles

Voici la liste des fichiers disponibles pour personnaliser ce thème :

- **404.php** : le template d'erreur pour les pages non trouvées.
- **archive-custom_type.php** : le template pour les archives des nouveaux types de contenu personnalisé.
- **archive.php** : le template des archives par auteur, catégorie, mot-clé et calendaire.
- **comments.php** : le template pour afficher les commentaires.
- **favicon.ico** et **favicon.png** : deux favicônes pour l'affichage dans la barre d'adresse du navigateur.
- **footer.php** : fichier gérant l'affichage du pied de page du thème.
- **functions.php** : fichier gérant la personnalisation du thème.
- **header.php** : fichier gérant l'affichage de l'en-tête du thème.

- **index.php** : fichier "maître" du thème.
- dossier **library** : ce dossier contient des fichiers de personnalisation du thème.
- **page-custom.php** : un template d'exemple pour un modèle de page.
- **page.php** : le template pour l'affichage des pages.
- dossier **post-formats** : ce dossier contient tous les templates pour les formats d'article.
- **screenshot.png** : le fichier de la vignette d'aperçu du thème.
- **search.php** : le template pour l'affichage du résultat des recherches.
- **searchform.php** : le template pour le formulaire des recherches.
- **sidebar.php** : le template pour afficher la sidebar.
- **single-custom_type.php** : un template d'exemple pour les types de contenu personnalisé.
- **single.php** : le template pour l'affichage des articles.
- **style.css** : le fichier des règles CSS.
- **taxonomy-custom_cat.php** : un template d'exemple pour l'affichage des catégories des types de contenu personnalisé.

E. Le thème starter Quark

1. Utiliser le thème

Terminons par le thème starter Quark : http://quarktheme.com

➙ Sur la page d'accueil du site, cliquez sur le bouton **Download Quark**.

Vous êtes dirigé sur le site de téléchargement des thèmes WordPress : https://wordpress.org/themes/quark

➙ Cliquez sur le bouton **Download Version 1.3**.

Vous téléchargez une archive nommée **quark.1.3.zip**.

➙ Installez le thème de manière usuelle dans l'administration de votre site WordPress.

➙ Activez le thème et affichez votre site.

Le thème starter **Quark** propose, lui aussi, une mise en forme et une mise en page un peu plus élaborée :

2. Les fichiers disponibles

Voici la liste des fichiers disponibles pour personnaliser ce thème :

- **404.php** : le template d'erreur pour les pages non trouvées.
- **author-bio.php** : le template pour afficher les renseignements biographiques des auteurs.
- **author.php** : le template pour afficher la liste des articles d'un auteur.
- **category.php** : le template pour afficher la liste des articles d'une catégorie.
- **comments.php** : le template pour afficher les commentaires.
- **content-aside.php**, **content-audio.php**, **content-chat.php**, **content-gallery.php**, **content-image.php**, **content-link.php**, **content-quote.php**, **content-status.php** et **content-video.php** : les templates pour afficher les articles ayant un format spécifique.
- **content-page.php** : le template pour afficher le contenu des pages.
- **content-postarchives.php** : le template pour afficher les archives des catégories.
- **content.php** : pour afficher les contenus en page seule, dans les archives, dans la recherche et sur la page d'accueil.
- le dossier **css** contient les fichiers des feuilles de style CSS.
- **editor-style.css** : contient les règles CSS pour l'éditeur de texte TinyMCE.
- le dossier **fonts** contient les fichiers des polices de caractère utilisées par le thème.
- **footer.php** : fichier gérant l'affichage du pied de page du thème.
- **functions.php** : fichier gérant la personnalisation du thème.
- **header.php** : fichier gérant l'affichage de l'en-tête du thème.
- le dossier **images** contient des images utilisées par le thème.
- dossier **inc** : ce dossier contient des fichiers de personnalisation du thème.
- **index.php** : fichier "maître" du thème.
- dossier **js** : ce dossier contient les fichiers JavaScript du thème.
- dossier **languages** : ce dossier contient des fichiers de traduction .pot.
- **no-results.php** : template pour afficher le résultat d'une recherche infructueuse.
- **options.php** : fichier contenant des options de personnalisation du thème.
- le dossier **page-templates** contient des modèles de page.
- **page.php** : le template pour l'affichage des pages.
- **screenshot.png** : le fichier de la vignette d'aperçu du thème.
- **search.php** : le template pour l'affichage du résultat des recherches.
- **sidebar-front.php** : ce template gère l'affichage de la sidebar en page d'accueil.
- **sidebar.php** : le template pour afficher la sidebar.
- **single.php** : le template pour l'affichage des articles.
- **style.css** : le fichier des règles CSS.

A

B

C

E

F

SITE

STRUCTURE DES THÈMES

STYLE

T

TABLEAU (PHP)

TANT QUE

TEST (PHP)

TEXTE

THÈME